जय जय जयते

- श्री सत्यमेव जयते

महेन्द्र सिंह राठौड़

notionpress.com

INDIA • SINGAPORE • MALAYSIA

ISBN 979-8-88975-555-5

अंतर्वस्तु

PART – 1

जय-जय जयते

सम्पूर्ण जगत ने हमारे राष्ट्र भारत को विश्वगुरु के रूप में आदि-आदि काल से जाना है व माना है तथा सम्पूर्ण विश्व को हर युग में कुछ न कुछ नवीन, अनमोल, अद्भुत, दिव्य व भव्य ज्ञान विज्ञान युक्त भक्ति साधना से शांति, सुख व समृद्धि को बाँट कर सदैव आनंद की अनंत यात्रा की है तथा अन्य राष्ट्रों को भी कराई हैं।

आदि काल से वर्तमान काल तक के ऐसे गुरु भगवन्तो की अमर अजर जय-जय-जय गाथा के गीत हम और आप जितना गाये कम है। मुझे भी मेरे आत्मीय गुरु दादा श्री राज राजेंद्र सुरिश्वर महाराज सा के द्वारा कई आध्यात्मिक धर्म गुरुओं की कृपा दृष्टि में एक अनोखी सृष्टि की साक्षात् यात्रा का अनोखा, अद्भुत, सत्य व सम्पूर्ण जीवन योग मिला तथा दादा गुरुओं द्वारा प्रतिदिन व प्रति क्षण जो-जो प्राप्त हुआ वह सब का सब तो शब्दों में वर्णन करना मेरे लिए असंभव है मगर थोड़ा सा सार रूप में छोटी सी प्रस्तावना व प्रस्तुति आप सभी को सादर भेंट है।

पाठक कृपया क्रम तोड़कर मन में कोई भ्रम या भ्रान्ति न रखें और ह्रदय को जो कुछ भी अच्छा या सच्चा लगे उसे स्वयं व अन्यों को भी जीव, जीवात्मा तथा जीवन के सम्पूर्ण कल्याणार्थ में पूर्ण सार्थक भाव व भावना में अर्जित व अर्पित करने का श्रम करें।

"मानव ब्रह्मांड की सबसे अद्भुत व अनमोल परमात्मा रचित प्रकृति का एक सर्व समर्थ सिद्ध व श्रेष्ठ दैवीय दैवत्व पदार्थ का सम्पूर्ण अंश होता है"।

श्री अमर अजर व अनंत अद्भुत सम्पूर्ण ब्रह्मांड तथा सम्पूर्ण ब्रह्मांड के समस्त धर्मयोगी व कर्मयोगी रचयता एवं स्वामी मेरे आराध्य दिव्य साक्षात देवी देवताओं तथा उनकी समस्त संतान (ग्रहों पृथ्वी सहित, उपग्रहों, तारों) सत्य व सम्पूर्ण यथार्थ युक्त धर्म, ज्ञान विज्ञान, समय (प्रारब्ध से वर्तमान व भविष्य के अनंत महाकाल) की उपस्थिति में सदैव साक्षात व प्राकृत धर्ममय जीवन को आदि-आदि कालो से

अनुभूत कर उपासना में ध्यानमग्न रहने वाले हमारे समस्त परिपूर्ण गुरुदेवों व गुरुमाताओ को हमारा (सम्पूर्ण जगत) ह्रदय की अनंत गहराई में निवास आत्मा को अद्‌भुत व अलौकिक वंदना अर्ज हो।

अत्यंत विशाल व विस्तृत साक्षात परम सत्य व परम परमात्मा के रूप में फैले अनंत अन्तरिक्ष रूपी ब्रह्मांड में दूर-दूर तक फैले व फुले निश्चित आकार, रंग, रूप, गुण व विशिष्ट असंख्य दैवीय तत्वों की स्वगति, स्वसमय, स्वप्रकाश, स्वधर्म (प्रकृति), स्वशासन व स्वअनुशासन, स्वधैर्य, स्वधारण, स्वज्ञान व स्वविज्ञान में परिपूर्णता लिएअसंख्य एक-एक ग्रह, उपग्रह व उपग्रहों के उपग्रह, समस्त तारों की अस्तित्वता को निश्चित संतुलित गति व वेग युक्त पूर्ण सार्थकता में पालन पोषण कर अमर-अजर बनाने की अद्‌भुत, दिव्य, विराट व विपुल सार्थक शक्ति, अनंत ऊर्जा व अनंत प्रकाश (प्राकृत धर्म का क्रम बद्ध ज्ञान विज्ञान) हो हम सभी पृथ्वीवासी समस्त जीवों (जल, थल व नभ) के मूलाधार परम माता-पिता व परमात्मा हैं।

परमात्मा द्वारा रचित हमारी सृष्टि की समग्र उपयोगिता, सार व समय (प्रारब्ध से आज तक व भविष्य में अनंत युगों तक) की सही पहचान, सोच समझ रख कर पूर्ण संजीदगी से ब्रह्मांडीय प्रकृति व सम्पूर्ण सृष्टि में रहकर प्रकृति की पालना व अनुपालना (प्रकृति धर्म) ही सर्वोच्च सम्पूर्ण व सार्थक उपासना होती हैं।

हमारी माँ (हमारी पृथ्वी) स्वयं इस सृष्टि में विशाल समुद्र में रेत के एक कण के सामान सूक्ष्म सजीव अंश के सामान हैं। यघपि यह (पृथ्वी) सूक्ष्म अंश हैं तो क्या सम्पूर्ण सृष्टि व ब्रह्मांड को देख पाना आज के मानव के लिए संभव हैं?

प्रश्न सरल व सत्य हैं मगर उत्तर को परमात्मा के ज्ञान विज्ञान के अनुरूप शब्दों में बयान करना निश्चित रूप से कठिन व जटिल हैं। सार गंभीर रूप समझते हुए हम यही कह सकते हैं कि इस सृष्टि को देखने समझने व जानने के लिए दिव्य नेत्रों में दिव्य अलौकिक दृष्टि का भव्य व विशाल होना अति आवश्यक हैं तथा प्रकृति की प्राकृत उपासना केवल शब्दों में ही न कर यथार्थ क्षमता सामर्थ अनुरूप प्राकृत कर्म के पथ पर पथिक बन कर ही की जा सकती हैं। यह पथिक पर निर्भर है कि वह कौन से पथ पर चलें।

एक पथ प्रकृति के परम माता पिता की शरण में वात्सल्य की अद्‌भुत ब्रह्मांडीय वाटिका की ओर जाता हैं तो दूसरा आधुनिकता की चकाचौंध में प्राचीनता, पवित्र

प्रकृति व परमात्मा की उपेक्षा कर प्रकृति व परमात्मा के प्राकृत नियम सिद्धांतो के विपरीत बिना धर्मयुक्त कर्म के येनकेन प्रकारेण अनियंत्रित व असंतुलित इच्छाओ आकांक्षाओ के अतृप्त सूखे सरोवर व अंधी आंधी में स्वस्वार्थ व सीमित दायरे व अनमोल मानव जीवन रत्न को प्रकाशित किये बिना इस संसार सागर से आगे द्वितीय दिव्य ग्रह के योग्य बनें बिना संसार से विदा होना।

अरबों-खरबों की भारी भरकम भीड़ में सभी अपनी-अपनी अर्जित सोच, समझ व विचार क्षमता के अनुरूप भिन्न-भिन्न भाव भावना से जीवन के पथ पर चलते हैं। परम माता-पिता (परमात्मा) का दिया अद्‌भुत व अनमोल मानव जीवन एक निश्चित व अल्प समयावधि (क्षण भंगुर) के लिए ब्रह्मांडीय वाटिका में खिलें सुगन्धित फूल के सामान होता है। फूल यदि परमार्थ की पवित्र प्रार्थना करते हुए सूख भी जाता है तो परमात्मा उसकी सुगंध को ब्रह्मांडीय तत्वों में हमेशा सुगंधित व सुरक्षित रखते हैं।

हमारे सम्पूर्ण विश्व मानव समाज में रोज करोड़ो फूल खिलते हैं और करोड़ो फूल मुरझाते हैं।

वे पौधे (मानव) जो निरंतर सुगंधित फूलों की खुशबू से परमात्मा को मनमोहक भक्ति में इस धरा (पृथ्वी) से सम्पूर्ण ब्रह्मांड को लयबद्ध अद्‌भुत मिठास का प्रसाद सहृदय भेंट करते हैं, तो वे पौधे पृथ्वी रूपी ब्रह्मांडीय बगीचों के देव गुणी पौधे कुदरती करिश्मे से सदा हरे भरे व अमर अजर कल्याणी कालजयी प्रकृति व परमात्मा के सौभाग्यवान सृष्टि सेवक के सुख से कभी न सूखने (अमर) का वरदान सहजता व सरलता से प्राप्त कर लेते हैं।

ठीक इसी तरह से मिलते-जुलते जीवन का यथार्थ आप और हम सभी का भी होता है। प्रकृति व परमपिता ने समय के सत्य यथार्थ जीवन में हम सभी संसारी प्राणियों को भी एक निश्चित समयावधि की प्राकृत डोर से बांधे हुए हैं। यह हम पर निर्भर है कि हम उस डोर को कब तक थामे रखते हैं। यदि हम उस डोर से हजारों-लाखों को सत्यनिष्ठ परमार्थ का सहारा देकर जीवन की जीवटता को प्रदान करते हैं तो परमात्मा उस परमार्थी को सदैव अपने समा में सदभाव व समभाव में बांधे रखते हैं। वे दुर्भाग्यशाली मानव होते हैं जो प्रकृति व परमात्मा की डोर को ना समझ कर जीवन की जीवटता को मिथ्या व भ्रामक उधेड़बुन में खुद भी उलझते हैं और

दूसरों को भी उलझाते हैं। परमपिता परमात्मा को ऐसे उलझे लोगों की कहीं कोई आवश्यकता नहीं होती हैं। अत: ऐसे कर्महीन व प्राकृत धर्महीन प्राणी के जीवन का कोई औचित्यपूर्ण अस्तित्व ही नहीं होता है।

सम्पूर्ण ब्रह्मांड क्या है? समय क्या है? समय के निर्माता कौन है? समय की सत्य उपज जगत क्या है? जगत में जीव क्या है? जीव का जीवन क्या है?जीव की जीवटता व अमरता क्या हैं?

इस ब्रह्मांड की समस्त संधारित शक्ति को अनंत-अनंत आदि काल खंडों से प्रकाश युक्त ऊर्जा को निरंतर धारा प्रवाह कर रहे हैं। उनका दर्शन सौभाग्यशाली व समर्थ गुरु से ही संभव है।

गुरु बिन घोर अँधेरा होता है। अँधेरे को प्रकाश (धर्म युक्त ज्ञान कर्म) की अविरल व अटूट धैर्य की ऊर्जा से ही सदा-सदा के लिए दूर किया जा सकता है। व्यक्ति के जीवन में जब तक अँधेरा है, वह प्रकाश को प्राप्त नहीं कर सकता है। गुरुदेवों के द्वारा जब वह प्रकाश को प्राप्त कर लेता है तो अँधेरा स्वतः ही दूर हो जाता हैं। उसे सभी दिशाओं में अनंत प्रकाश की अद्‌भुत व अनमोल सृष्टि व सृजनकर्ता साफ-साफ दिखाई देते है।

हमारा देश भारत इस सम्पूर्ण पृथ्वी का ही नहीं अपितु सम्पूर्ण ब्रह्मांड में धर्म, धैर्य व श्रद्धा की अद्‌भुत देव भूमि है।

आप और हम सभी भारतीयों के लिए इस पुण्य व परमार्थ से सींची गई सुसमृद्ध गौरव व धर्मपूर्ण विविध सभ्यता एवं अद्‌भुत प्राकृत धर्म संस्कृति की मंगलमय माटी में जन्म लेना सौभाग्य व गर्व की बात हैं।

धर्म, धैर्य व शौर्य की संस्कृति व सभ्यता के सुन्दर व सुगन्धित फूल यहाँ आदि-आदि काल खंडों से हर युग में फलते फूलते आए हैं।

हजारों-लाखों धर्म संस्कृति प्रिय साधु साधको, ऋषिमुनियों, ऋषि कुमार, ऋषि कन्याओं व असाधारण विशिष्ट प्रतिभा संपन्न शूरवीरों व परमप्रतापी भक्तगणों ने अपने गुरु कृपा व आशीष को आत्मसात व आत्मसंयम के पथ पर परम माता-पिता परमेश्वर को जीवन के हर कदम पर अनुभूत व अभिभूत किया है।

इस ब्रह्मांड की समस्त शक्ति को अनंत-अनंत आदि काल खंडों से कौन अनंत अक्षीण प्रकाश युक्त ऊर्जा को निरंतर प्रवाह कर रहें हैं।

असंख्य रंगों की रचना, असंख्य तत्वों की रचना, असंख्य जीव, जगत की रचना, असंख्य भिन्न-भिन्न प्राणियों के प्राणतत्वों की रचना व गुणधर्मों की रचना व संरचना किसने की तथा कैसे संभव हुआ होगा।

ब्रह्मांड की वह कौन सी दैवीय शक्ति है जिसने ब्रह्मांड की रचना कर ब्रह्मांड के शून्य को अनंत आत्मीय भाव व भावना से अद्‌भुत, अद्वितीय व अनुपम रंगों से भरा तथा आज भी भर रहे हैं।

ब्रह्मांडीय शक्ति को यह सत्य व यथार्थ कर्म धर्म की केंद्रीय साधना के मूलाधार व यथार्थ उत्तर सिर्फ और सिर्फ परमशक्ति संपन्न, परमसंयमी, परमज्ञानी, परमविज्ञानी, परमसत्य व साक्षात स्वरूप वान परम माता-पिता परमात्मा ही हैं।

जिन्हें साधक अपनी आत्मा से अनुभूत कर सकता है।

इन सभी सत्यनिष्ठ समस्त प्रश्नों का एक मात्र उत्तर परम माता-पिता परमात्मा ही हैं। आइए अपनी आत्मा से परमात्मा की एक झलक, एक अनुभूति को सत्य प्राकृत प्रकृति के अद्‌भुत दर्शन, श्रवण व मनन करें।

ॐ जय श्री वीर वसुधा वासुदेवाय नमः जय-जय श्री, जय-जय श्री जय श्री माँ गंगा, जगत जननी माँ नव दुर्गा, ऋषि दादू श्री ब्रह्म ब्रह्मा जी महाराजसा, माता गायत्रीजी, माता सावित्री जी, भगवान श्री अमरनाथ महादेव जी, श्री बद्रीनाथ जी, श्री केदारनाथ जी माता पार्वती जी, श्री सूर्यनारायण जी, माता संध्या (संज्ञा) जी, श्री भागीरथ जी महाराजसा, श्री राजा दशरथ जी एवं सम्पूर्ण धर्म धन्य परिवार, श्री वासुदेव जी महाराज एवं सम्पूर्ण धर्म धन्य परिवार, श्री लक्ष्मी नारायण जी, परम ज्ञानेश्वरी माँ शारदे भवानी, भगवान इंद्रदेव, श्री चारभुजानाथ, श्री राधे कृष्णा, धर्मराज श्री शनिदेव एवं धर्मदेवी माँ, विशिष्ट ऋषिकुमार एवं ऋषिदेवी, श्री शुक्रदेव जी, श्री गजानंद जी महाराज एवं माता रिद्धि सिद्धि जी, श्री कार्तिक देव जी, श्री चंद्रदेव, श्री सत्यनारायण जी, श्री धर्मराज जी, श्री कर्मराज जी, श्री तुलसी जी, श्री जमना जी, वीर बजरंग बली जी महाराज, श्री रामचन्द्र जी महाराज, श्री लक्ष्मण जी, श्री भरत जी, श्री शत्रुघ्न जी, श्री सद्‌सत क्षत्रानियां, श्री ऋषि कुमार,

श्री ऋषि कुमारी जी, श्री नारायण जी, श्री शुभ, श्री लाभ, श्री लव, श्री कुश, कुमार श्रवण जी, भक्त ध्रुव जी, राजेश्वर , श्री हरिश्चंद्र महाराज जी, भक्त प्रह्लाद, केवल ज्ञान व अहिंसा के अग्रदूत श्री-श्री समस्त २४ तीर्थ तीर्थंकर (जैन), भगवान गौतम बुद्ध, श्री सत्य साईंनाथ महाराज, आदि-आदि मेरे आराध्य देवी देवताओं को प्रारब्ध से वर्तमान कल तक स्तुति कर केवल ज्ञान को प्राप्त करने वाले परम श्रद्धेय भक्त शिरोमणि गुरु, भगवंतों श्री कबीर जी महाराज, श्री रहिम जी, गुरु श्री नानक देव जी, श्री राज राजेंद्र सूरीश्वर जी महाराज (भरतपुर नगरी वाले), स्वामी परमानन्द जी महाराज, स्वामी अडगडानन्द जी महाराज, श्री शांति सूरीश्वर जी महाराज, श्री शांतिनाथ महाराज, श्री विजय सागर सूरीश्वर जी महाराज, श्री पूर्णानंद सूरीश्वर महाराज, श्री विजय वल्लभ सूरीश्वर जी महाराज, श्री बजरंग दास जी महाराज, श्री कस्तूर नाथ जी महाराज, श्री अलख जी महराज, श्री मिश्रीमल जी महाराज, श्री सोला राम जी महाराज, श्री ललितप्रभा जी महाराज, श्री रुपजी महाराज, श्री शगुन मुनि महाराज, श्री अमृत मुनि महाराजसा १३ पंथ के समस्त आचार्य देव देवी, श्री तुलसी जी, श्री महाप्रज्ञ जी, श्री महाश्रमण जी, दिव्य श्री भगवंत महावीर के समस्त श्री श्वेताम्बर जी, श्री दिगम्बर जी आदि-आदि श्री-श्री गुरु भगवंतों, धर्म शिरोमणियो को मेरे जीवन में जीवटता, धर्म, कर्म, सत्य, निष्ठा, कर्मठता, अभयता, एकाग्रता, शांति स्मृति, अनुभव, अनुभूति, दिव्य एवं सत्य विराट संजीवता, नित्य ईश परिचय, सदाचार ज्योति, बिंदु, सिन्धु, सृष्टि, दृष्टि, अनंत आत्मज्ञान, दिव्य विहार भ्रमण, सुख श्रमण, संताप, सांतवना, अटूट अटल विश्वास, धैर्य कुशाग्रता, आनंद तथा संतोष भाव की सत्यनिष्ठ साकारता प्रदान करने के लिए अपार एवं अटूट श्रद्धा सुमन समर्पित हो।

ॐ जय वीर वीराऐ वसुधा वासुदेवाय नमो नमः

जय-जय जयते, जय-जय श्री जयते, जय-जय श्री माँ जगदम्बा (जगतजननी), जय-जय श्री माँ जगदम्बा के सर्व श्री जगदीप श्री जगदीश।

प्रस्तुत सत्य धर्मप्रधान एवं सत्य भाव प्रधान "माँ भारती" की पुस्तक तथा पुस्तक में वर्णित संदर्भ तथ्यों का एक-एक अमर अक्षरों से बना एक-एक सजीव शब्द गुरु भगवंतों द्वारा हमें साक्षी भाव में हृदय आशीष से श्री सौभाग्य भेंट है।

अतः इस पुस्तक का संपूर्ण श्रेय श्रद्धा सौभाग्य के पात्र आज भी मेरे समस्त सत सत गुरु ही हैं।

मैं स्पष्ट करना चाहता हूँ कि प्रस्तुत पुस्तक माँ भारती को और माँ भारती के भारत भाग्य विधाताओं को अमर आत्मीय ह्रदय से शाश्वत श्री सद्सत श्रद्धा सुमिरन प्रसन्न भेंट हैं।

प्रस्तुत पुस्तक के माध्यम से किसी धर्म, संप्रदाय, जाति, वर्ण के किसी भी व्यक्ति विशेष की भव भाव भावना को ठेस पहुँचाना या एक दूसरे को श्रेणी विभाजन या श्रेष्ठता सिद्ध करने का कतई उद्देश्य नहीं है अपितु संपूर्ण जगत को कुटुम्ब व परिवार मानकर शांति, सदभाव, ज्ञान विज्ञान के विस्तार करण एवं आत्मीय समन्वय तथा प्राकृतिक धर्म के माध्यम से पूर्ण सत्य निष्ठा से सैद्धांतिक एवं व्यवहारिक दैनिक जीवन तथा जीवन काल को आदि प्रारब्ध से वर्तमान तक के परिदृश्य को शब्दों एवं आत्मनिष्ठ भावों के पंखों पर सवार होकर यथार्थ यशोधरा की अनंत आनंददायी कर्मयोग यात्रा पर जहाँ तक जा पाए वहाँ तक वर विद्या विनय से जय-जय जयते की वंदना में श्री श्रद्धा, श्री शक्ति स्वरूपा की सृष्टि के सुखद क्षितिज तक प्रकाश प्रकाशित पर्व तक जाना है।

युग योग धर्म धन्य धूरी तक जाना है।
कर्मधन्य परिष्कृत पुरूषार्थ में परमार्थ तक जाना है।

मैं उम्मीद करता हूँ कि आप अत्याधुनिक वर्तमान युग में भी प्राकृत प्रकृति एवं मानव (मनु) धर्म को पूरा-पूरा समझने का यथासंभव परमार्थ कर्म में सदैव अग्रणी योगदान दे व यथार्थता को आधुनिक विशिष्ट जटिल युग में भी सरल व सहज रूप में भागीदार बनकर अपने जीवन में जारी यात्रा में श्री साक्षी बनें, श्री सौभाग्य बनें।

किसी भी ज्ञान विज्ञान को जानने से पहले श्री गुरुवर के मतानुसार स्वयं को सत्यनिष्ठ सद्भाव एवं समभाव के सांचे में ढालकर महाकाल क्या है? जीवन क्या है? जीवन की जीवटता क्या है? जीवन प्रदान कराने वाली शक्ति व स्वरूप को आत्मानुभूत करने की वास्तविक विधि व विधान क्या है? क्या मूल शक्ति स्वयं सिद्ध होती है? शून्य क्या है? संपूर्णता क्या है? जीवन के विभिन्न स्वरूप, प्रकार तथा भिन्नता क्यों

है? सभी अन्य जीवों में मानव श्रेष्ठ क्यों है? मानव क्या है? मानव जीवन में धर्म की आवश्यकता क्यों एवं धर्मप्रधान पोषक तत्व कौन-कौन से हैं?

क्या ब्रह्मांड की विशालता अनंत एवं असीम है? क्या ब्रह्मांड में वसुधा के अतिरिक्त कहीं और किसी ग्रह उपग्रह पर जीवन है? संपूर्ण ब्रह्मांड की रचना कहाँ से व कैसे हुई होगी? विशाल एवं विराट शक्ति संपन्न संपूर्णता को धर्म धैर्य के साथ धारण करने वाले परम शक्तिमान कौन है?

आत्मा, मन और शरीर क्या है तथा इनमें क्या भिन्नता है? स्वर्ग और नरक क्या है? स्वर्ग और नरक में प्रवेश विश्राम एवं ठहराव की सही क्रिया प्रक्रिया प्रणाली कैसे संभव होती है? जन्म मरण की क्रिया को फलीभूत करने वाले कारक क्या है? मोक्ष धर्म की मर्यादा क्या है? अनंत सुख असीम ज्ञान की पूर्णता व प्राप्ति कैसे संभव है?

आहार में भिन्नता व शाकाहार क्यों सर्वश्रेष्ठ है तथा सत्य धर्म में माँसाहार क्यों वर्जित तथा निम्नतम श्रेणी में है?

क्या संपूर्ण ब्रह्मांड व अन्तरिक्षीय ज्ञान विज्ञान की यात्रा को मानव मन ध्यान व प्रेक्षा के माध्यम से करने की अद्‌भुत अनुभूति संभव है?

क्या ज्ञानमणि की प्राप्ति व साक्षात दिव्य दर्शन संभव है? उपरोक्त आदि-आदि प्रश्नों को पूर्ण ध्यान केंद्र में जाकर समझने का सार्थक एवं सतत प्रयास हमें गुरु भगवंतों के सानिध्य में ही संभव है अतः गुरु भगवंतों से आग्रह है कि वे हमें उक्त प्रश्नों को प्रकाशित करने की अनंत आशीष रूपी अनमोल ज्ञानरत्नावली को दिव्य अलौकिक अनुभूति से अवगत करा कर संपूर्ण जगत (वसुधा) की मंगल महिमा में निष्काम कर्म योग के ज्ञान यज्ञ योगपथ के युग योग को अमर अविरल करने का सामर्थ्य प्रदान करने की एक विशेष एवं विशिष्ट कृपा करावे।

श्री ऋषि दादू ब्रह्म ब्रह्मा जी की अद्‌भुत अनुपम अतुल्य रचना संरचना में ब्रह्म ब्रह्मांड को अद्‌भुत दिव्य हाथों व ह्रदय में थामे युगों युगों के युगयोग योगेश्वर काल के महाकाल की मंगल महिमा में सृष्टि को साधते श्री का सर्वभूते सर्वकाले समय सत्य है। सृष्टि सत्य है, सद्‌सत शाश्वत श्री साधनारत है। सृष्टि का कण-कण और समय का क्षण-क्षण श्री का है। श्री से है। श्री के सर्व से है। श्री एवं श्री के सारथी का रथ

भी दिव्य है। श्री एवं श्री के सारथी के रथ को श्री संयम श्री सद्सत समर्थ सामर्थ्य साधना से श्री निष्काम कर्म योग पथ पर दौड़ते दौड़ाते घोड़े भी दिव्य है।

श्री के रथ के पहिए ना धीरे चले हैं, न तेज चले हैं। युग योग में ह्रदय योग में युगों-युगों से आज भी श्रद्धा से, शक्ति से, श्री शाश्वता से चल रहे हैं। संपूर्ण ब्रह्म ब्रह्मांड में समय स्वयं ज्ञान ध्यान की पालना कर रहा है। पुण्य परंपरा को आज भी निभा रहा है।

अनंत महाकाल खंडों का सजीव एवं शाश्वत साक्षात रुप में अमरता को प्राप्त दैवीय उत्पन्न संपूर्ण ब्रह्मांड को प्रदत्त अंश है। जो कभी भी किसी से भी बिना रुके नियमित दैनिक चाल से पल-पल नवीनता एवं सृजनता को प्राप्त सत्यम शिवम सुंदरम का साकार ईश्वरीय रूप है। श्री का ही सत्य स्वरूप है।

समय ईश्वरीय अनुपालना में स्वयं श्री काल के महाकाल ही चला रहे हैं। किसी से कोई प्रतिस्पर्धा नहीं होती है। अपना विपुल एवं विराट ज्ञान, अनुभव को भविष्य के अनंत कालों में संपूर्ण सृष्टि को और अधिक सृजनात्मक बनाने में दिव्य दायित्वों में महत्वपूर्ण एवं मूल योग ह्रदय दान देता रहेगा।

संपूर्ण ब्रह्मांड को एकता, अनंतता एवं अमरता में बांधे रखने वाले समय एवं समय के सारथी ही संपूर्ण देवतत्व जगत को शत-शत शुभ-शुभ वंदना का श्री मंगलगान कराने वाले समस्त विश्व वसुधा वासुदेवाय भगवंतों की जय-जय जय-जय श्री अर्ज हो।

समय श्री का है, श्री से है, समय (काल) में श्री है, श्री में समय है, श्री एवं समय सर्वत्र व्याप्त है। समय सभी का साथ देता है सभी सजीव निर्जीव समय की ही देन है।

समय स्वयं श्री ईश्वरीय अंश होने के कारण समस्त ब्रह्मांड को सींच रहा है और हम सभी सजीव धर्म प्रधान कर्म करते हुए जन्म मरण की पुनरावृत्ति तथा मोक्ष धर्म की प्राप्ति स्वयं समय की देन है।

समय को सत्य निष्ठा के साथ पल-पल साधने वाले श्री शिव साधक तथा समय की पवित्रता को बनाए रखने वाले पालनार्थी जब समय और श्री शिव को शिरोधार्य मान जीवन को जीते हैं तो उस समय और श्री सदैव उनका साथ देते हैं और जीवन को और अधिक भव्यता एवं दिव्यता प्रदान करते हैं।

परम को पूर्ण करने का और अधिक पुरूषार्थ करते हैं।

इस जगत से प्राप्त किया हुआ, ह्रदय युग योग को छुआ हुआ अमर आत्मीय ज्ञान विज्ञान ही हमारे जीवन को जीवित रूप जीते हुए तथा संसार सागर से मुक्त होने के बाद भी आत्मा के उत्कृष्ट उत्थान व उदार में मुक्त मोक्षिय मणि है।

संपूर्ण शत-शत श्री ब्रह्म ब्रह्मा जी महाराज के हाथों ह्रदय रचित संपूर्ण श्री ब्रह्म ब्रह्मांड में समय स्वयं श्री गुरु और सुज्ञान की पालना कर रहा है। पुण्य परम पूर्ण परंपरा निभा रहा है।

श्री काल के महाकाल भगवान शिव के सत्यम शिवम सुंदरम रूप में, स्वरूप में "समय" श्री सिद्ध श्री समर्थ श्री सर्व होते हुए भी कभी अभिमान नहीं करता है, अपितु वह तो प्रारब्ध आदिकाल से वर्तमान काल खंड एवं वर्तमान काल खंड से आगे अपने भावी अनंत काल तक की योग यात्रा में संपूर्ण सृष्टि के सजीवों, निर्जीवों को तथा विशेष कर सृष्टि के सबसे अनुपम जीवों में मनु को माता-पिता के रूप में सदैव ज्ञानपिपासुओ की ज्ञान सुधा को तृप्त प्रेरक एवं पोषक रूप में अनुग्रहित करता रहेगा।

समय एवं सृष्टि दोनों श्री के है। श्री की रचना है। श्री शिव को शत-शत साधना है। श्री को शत-शत संस्कार संस्कृति में सदाशिवाय श्री के हाथों व हृदय में कालजयी से कर्मजयी कल्याणजयी है।

प्राकृत धर्म इसकी (समय) परंपरा व संपूर्ण कर्मयोग पूर्ण पुण्य प्रणाली है।

समय अपने पथ पर अति सूक्ष्म, सहिष्णु एवं संजीदगी के साथ सुख में सुख, दुख में दुख को अनुभव एवं अभिभूत होकर समस्त जीव जगत के ह्रदय हितार्थ में ही अपनी प्रेरक परमार्थ भूमिका सदैव निभाता आता है तथा सदा निभाता रहेगा।

श्री का समय श्री सृष्टि संस्कार संस्कृति में रुके बिना हारे बिना झुके बिना अपने कर्म कर्तव्यो की क्रमिकता पर प्रतिबद्ध है तथा अमर अनंत तक सदा गतिशील बना रहेगा।

परमपूर्ण परमार्थ श्री काल के महाकाल भगवान अमरनाथ के सिवाय समय को विलंब अवरुद्ध या रोक नहीं सकता है।

सर्वश्री को साधने वाले, समय को बनाने वाले 'श्री' ही समय को रोक सकते हैं और ऐसा कभी होगा नहीं क्योंकि परम शक्ति स्वरूपा स्वयं परमपूर्ण ज्ञानी है और परम ज्ञानी पूर्ण ज्ञानी कभी कोई गलती (त्रुटि) नहीं करते हैं।

परम श्री देवों के देव महादेव जी को पता है कि समय ही सृष्टि व जीव जगत का पालनकर्ता है।

पालनकर्ता, परोपकारी सत्य परंपरा कार्य प्रणाली, समस्त रचना, संरचना, विभिन्न तत्व व तत्वों के अनु-परमाणु, ऊर्जा, जल, वायु, अग्नि, धरती, असंख्य अनगिनत अरबों खरबों तारों, तारामंडलों, ग्रहों, उपग्रहों धरा के समस्त जलीय एवं थलीय सूक्ष्म से विशाल विभिन्न प्रजातियों के संजीवों तथा लाखों प्रजातियों के वनस्पति जगत के मूल रचयिता हैं।

समय स्वयं श्री ज्ञानी श्री विज्ञानी होने के फलस्वरूप अनंत अंतरिक्ष में धरा के साथ-साथ समस्त ग्रहों के उपग्रहों को संजीदगी व श्रम साधना से रोशन कर रहा है।

मानव "मनु" ज्ञान विज्ञान को रातदिन एक कर श्रम श्रद्धा साहस समर्पित रहने वाले धरा के वीर वैज्ञानिक अपनी विद्या विनय तथा विवेक के बल पर भविष्य में अपने श्रम शोध, प्रयोगों, कंप्यूटर तकनीकी प्रौद्योगिकी तथा विश्व मानव संसाधन विकास को समर्पित शिक्षा के उच्चतर शिक्षा सेवा संस्थानों के सहयोग एवं योगदान से धरा के मानव को नई अन्तरिक्षीय धरा के मानव की खोज अवश्य करेंगे या अन्य ग्रहों पर हमारी धर्म धरा से भी ज्यादा प्राचीन सभ्यतामय अत्याधुनिक युग के पूर्ण विकसित संस्कार संस्कृतिवान मानव मित्रों वाला The Second Earth अद्भुत योग संयोग समय और विज्ञान के भविष्यरूपी गर्भ में है।

समय ही ज्ञान विज्ञान का उत्कृष्ट एवं परिष्कृत रूप स्वरूप में शाश्वत है, अमर युग दृष्टा है, अजर योग दृष्टा है, अमर आचार्यों में, दिव्य देवों में, देवों की दिव्य दृष्टि में समय श्री का है। श्री से सृष्टि और दृष्टि से दिव्य दृष्टि में श्री सिद्ध समर्थ सामर्थ्यवान है।

क्षण-क्षण के नवीनतम रूप को, स्वरूप को, स्वरूप को और अधिक सरलता एवं सहजता से इस जीवन से मुक्त होकर अन्यत्र अन्तरिक्षीय नव ग्रह (श्री स्वर्ग) या पुनः धर्म धन्य धरा (पृथ्वी) पर किसी भी जैविक संपदा (सजीव) में आने पर पुनः श्री के समय व सर्व सार्थक ज्ञान विज्ञान को सही-सही एवं परिपूर्ण अवस्था में

पुनः प्राप्त हो तथा भावी भविष्य की धरा को नये रूप, नये रंग, नये आकार, नये साकार में प्रकृति व परमात्मा को सहज व सरल आत्म अनुभूति कर अनंत-अनंत सदियों तक जीव व जीवन की जीवटता को बिना किसी भ्रम से, भय से, बिना किसी बाधा, गति अवरोध श्री समय की अमर यात्रा सदैव युग योग पूर्ण है।

इसी क्रम में मैं यहाँ स्पष्ट और सत्य आत्मनिष्ठ संपूर्ण भव भाव भावना व धन्य धर्म धारणा से श्री को स्वीकार करता हूँ तथा मानता हूँ कि जीवन को सार गंभीर सागररूपी जीने व अपार अनंत प्रसन्नता पूर्ण आनंदमय नैतिक मनु धर्म तथा संपूर्ण धरा धन्य धर्म के लिए परम प्रज्ञावान बनने के लिए, विपुल विद्या के लिए, स्वविवेक के लिए, वर वन्दनीय विनय के लिए, जीवन अमृत रसपान के लिए, ज्ञान सुधा की तृप्ति के लिए, तृष्णा से मुक्ति के लिए, मरुस्थल में भी श्री मंगल के लिए, नेत्रों में अद्‌भुत नूर के लिए, श्री चेतना एवं पंच तत्वों से निर्मित जैव मंडल के जीव कल्याण के लिए, शरीर मन व अमर आत्मा को जानने, समझने व मानने के लिए हम सभी ज्ञान विज्ञान व धर्म प्रेमियों को अपने-अपने गुरु भगवंतों की नितांत आवश्यकता उनके प्रति अपार श्रद्धापूर्ण अमर आस्था रखनी चाहिए।

श्री रूप में गुरुदेवों के प्रति सद्‌सत गहन आस्था हो, हमारे ज्ञान विज्ञान व जीवन चक्र को समय अनुरूप संजीदा व श्रृंगारित कर ज्ञान को पल-पल परिष्कृत करते आए हैं तथा अनंत-अनंत भावी कालखंड में और अधिक उमदा व उत्कृष्ट संजीदा करते रहेंगे।

श्री सृष्टि में आदि प्रारब्ध से वर्तमान तक हर युग समस्त सर्वश्रेष्ठ सफल व सार्थक व्यक्ति विशेष को विश्व जगत में विशिष्ट व महत्वपूर्ण निष्काम कर्म पहचान को बनाने में उनके गुरु भगवंतों का ही सदा यश यथार्थ योगदान रहा है।

गहन गगन योगी गुरु में ही श्री का शाश्वत रूप व स्वरूप होता है। यह पूर्ण सत्य है, कि श्री गुरुदेवों के बिना कोई भी जीव ज्ञान व मोक्ष की प्राप्ति कभी नहीं कर सकता है।

गुरु भगवंत केवल ज्ञान व गंगोत्री के पोषक व पालनहार परम शक्ति की कठिन सद्‌सत साधना कर स्वयं व सेवकजन को निरंतर साधते सधते रहते हैं तथा सच्चे अर्थों में देखें तो वे साधक सेवक शिष्ट शिष्यों को अटूट व अनंत भरोसे के साथ स्वयं

से दो कदम आगे देखकर ही आत्म प्रसन्न गर्व गौरव को महसूस कर जीवन ज्योति में जय-जय जगदीश जय-जय जगदीप हुए हैं।

श्री के सर्व में श्री सर्व के श्री का सौभाग्य सदा गुरु भगवंतों ने जय-जय जयते के मंगलगान को हर युग जब भी गाया है श्री के नाथ सर्व के नाथ आदि-आदि श्री आदिनाथ के श्री अमरनाथ के अमरपंथ के अमर पथिक ही नहीं पथ भी गुरु भगवंत ही है।

गुरु भगवंतों के पर्व में धरा धरोहर के हर युग श्री युग श्री योग के यथार्थ यश-यशस्वी ह्रदय योगियों, युग योगियों, गुरु भगवंतों की जय-जय जयते में जय बन जय की जयघोष बन आए हैं।

श्री का युग भी गुरु है। श्री का योग भी गुरु है।
श्री गुरु से गर्व है तो गर्व से श्री गुरु ही सर्व हैं।

गुरु भगवंतों में श्री के भगवत श्री भागवत बन स्वयं सजधज कर श्री सिद्ध समर्थ शाश्वत श्री शास्त्र में आते हैं। श्री के सर्व श्री शास्त्रों में आते हैं।

गुरुओं के गुणगान में आते हैं, गुरुओं के गुरुधर्म में आते है। गुरुओं के गुणगान से आते हैं, गर्व से आते हैं, गौरव में आते हैं।

अनंत-अनंत के आदिनाथ के श्री अमरनाथ बन आते हैं। अनंत-अनंत के श्री आदिनाथ के श्री नाथ बन आते हैं।

नव युग, नव अवतार में हर युग अमर श्री और श्री के सर्व आते है। जिन्हें श्री सौभाग्य से श्री गुरु मिल जाते हैं उन्हें श्री भी मिल जाते है और जिन्हें श्री मिल जाते हैं उन्हें सर्व मिल जाता है।

श्री के सर्व श्री सौभाग्य मिल जाते है।

सर्व सृष्टि के दाता दरबार के ह्रदय योग में युगों -युगों हर युग जय की ज्योति अद्‌भुत गुरु भगवंत ही हुए हैं।

श्री भागवत सदा श्री भगवत में तथा श्री गुरु भगवत सदा श्री भागवत में एक एकत्व हुए हैं।

श्री के सर्व शास्त्रों को हृदय कमल से श्री के ज्ञान सरोवर पर बैठकर मानसरोवर पर विराजमान सद सत वर विद्या विनय वंदना की देवी माँ शारदे स्वयं गुरु की श्री वाणी में श्री वेद और श्री वेद में श्री वाणी में वर वंदनीय श्री भागवत तथा माँ भगवती के "श्री शास्त्रों " को सदा श्री गुरु भगवन्तो ने रचे हैं।

श्री भरत और श्री भरत के श्री भारत के भाग्योदय को भव्य दिव्य दिव्यता से रचने वाले सर्व श्री-श्री शाश्वत सिद्ध समर्थ युग योगी श्री गुरु भगवंतों व श्री भगवंतों की हृदय तन मन से जय-जय श्री जय-जय जयते, जय-जय श्री सत्यमेव जयते, जय-जय श्री जगत जगदीशमय जयते माँ भगवती वसुधा वासुदेवाय जय-जय श्री वीर वसुधा वासुदेवाय कर्मयोगी श्री कृष्ण जय-जय श्री कालजयी कर्मयोगी श्री कृष्ण वासुदेवाय जय-जय श्री राज राजेश्वर राजेंद्र दादागुरु जय-जय श्री सद्सत श्री क्षत्रिय सूर्य नारायण, जय-जय श्री संपूर्ण राजराजेश्वर रघुवंश जय-जय श्री संपूर्ण भगवान श्री राम, जय-जय श्री राम चंद्र देव जय-जय श्री चंद्र देव, जय-जय श्री सर्व ब्रह्म देवों जय-जय श्री सर्वकाल सर्वकल्याणी माँ कामधेनु (श्री गौ) जय-जय श्रीगौगायत्री पुत्र श्री गोरक्षनाथाय नमो नमः श्री-श्री नाथ नाथाय नमो नमः, जय-जय श्री, जय-जय श्री।

माँ भगवती पुत्र भरत से भारत और भारत से भरत सदा बना हैं। हर युग भरत का भारत ही बना है भारत ही भरत बना हैं।

धर्म धन्य श्री गुरुओं ने सदा गर्व गौरव से श्री भरत को स्वयं रचा है, श्री भारत को स्वयं रचा है।

श्री भरत के भाग्य और श्री भारत के सौभाग्य सदा श्री-श्री गुरु सदा रहें, श्री-श्री का सर्व रहें, श्री कालजयी रहें, श्री कर्मजयी रहें।

जय-जय भरत जय-जय श्री भारत जय-जय श्री भरत भारत भाग्योदय जय-जय श्रीश्री भरत भारत भाग्योदय, जय-जय श्री जय-जय श्री स्वामी नारायण जय-जय श्री सूर्य नारायण देवों नमो नमः ॐ जय श्री।

श्री का शाश्वत सद-सत स्वरूप श्री गुरु होते हैं।

श्री के वचन में परम वंदनीय श्री गुरु होते हैं।

श्री के सर्व सौभाग्य श्री गुरु होते हैं।

श्री के श्री गुरु ब्रह्म ब्रह्मा जी दाता दरबार को भी परमप्रिय श्री गुरु होते हैं।

श्री के सर्व श्री-श्री गर्व गौरवशाली गुरु भगवंतों की जय-जय श्री जय-जय जयते, जय-जय श्री जगत जननी माँ जगदम्बा जोगमाया, जय-जय श्री युग यशस्वी योग माया, जय श्री, जय-जय श्री, जय-जय श्री जयते।

जिन्हें भाग्य से जय-जय जयते श्री गुरु मिल जाते हैं उन्हें सौभाग्य से श्री भी मिल जाते हैं।

श्री से श्री का सर्व उन्हें मिल जाता है जिनके शीश सदा श्री गुरु चरण में गर्व से झुक जाते हैं।

यह संपूर्ण श्री जगत जिसमें आदि अनंत काल से वर्तमान तक जितने भी विश्वस्तरीय व्यक्ति विशेष या दिव्य व भव्य अमर आत्मीय महामानव (मनु) हुए हैं तथा जिन्होंने अपने संपूर्ण जीवन का एकमात्र लक्ष्य व उद्देश्य से श्री सेवा को पूर्ण तन, मन, वचन से सद्सत समर्पित रहकर जो गौरवपूर्ण सौभाग्यशाली जीवन को प्राप्त कर अनंत की श्री प्रकृति को श्री मंगलमय श्री मूर्त रूप को प्राप्त हुए हैं। श्री सृष्टि शक्ति समर्थो को सम्पूर्ण, सर्वांग शिष्टाचारमय सदैव सुविचारणीय सत्य यथार्थ बोधता, अनंत सुज्ञान, विज्ञान, विवेक, विनय, क्षमा सहिष्णुता मुक्त विपुल विद्या के मनोबल से जीवन की जीवटता को शिखर तक यात्रा और यात्री का मूल आधार (नींव) श्री गुरु भगवंतों के अतुल्य व असीम ज्ञान कर्म व बोध बुद्ध कृपा के सतत व साक्षात श्री सिद्ध समर्थ शाश्वत भक्ति योग से ही संभव है।

यह सत्य है, कि मजबूत नींव (आधार) के बिना कोई भी कंगुरा (शिखर) अपना स्थापत्य स्थान को कभी प्राप्त नहीं कर सकता है। नींव की अडिग व अटल दृढ़ता तथा पूर्ण सामर्थ्य, शक्तिमान बल (कर्म) ही शिखर को कीर्तिमान स्वरूप प्रदान करते हैं। नींव का पूर्ण परिष्कृत उत्कृष्ट योग की मूल पूंजी शिखर के रूप में होती है अर्थात शिखर की संपूर्णता व मजबूती सदा नींव में ही समाहित होती हैं।

नींव के पत्थरों का स्थान व अधिकार सर्वोच्च व शिखर के पत्थरों से अधिक महत्वपूर्ण व विशिष्ट होता है।

हमारे संपूर्ण विश्व मानव समाज में गुरु भगवंतों का संपूर्ण जीवन भी हम सभी लोगों को मजबूत आधार देने में तथा जीवन के सर्वोच्च शिखर तक की यात्रा में श्री के श्री योग योगेश्वर के पूर्ण परम श्री योगप्रकाश पथ पर पग-पग साथ देते सच्चे साथी ही नहीं सारथी भी होते हैं।

गुरु रूप श्री कृष्णा (श्री वसुधा वासुदेवाय) जैसे युगों युगों के श्री व सारथी मिलना श्री सौभाग्य सर्व सौभाग्य की अद्भुतता में अनंत-अनंत के आदि श्री आदिनाथ श्री अनंत-अनंत के श्री अमरनाथ की अमर कृपा करुणा से ही श्रीसद सत पूर्ण परम शाश्वत है। श्री के सर्व सौभाग्य से ही श्री सद्सत गुरु भगवन्तों की छत्र छाया मिलती हैं। विशाल वट वृक्ष रूपी श्री गुरु को शीतल छाँव तथा निष्काम कर्म योगी श्री कृष्णा का शाश्वत सारथी मिलना वाकई युग योग यश यथार्थ श्री सौभाग्य की बात होती है।

हमारी धरती माता हमारे लिए एशिया, अफ्रीका, नॉर्थ अमेरिका, साउथ अमेरिका, अंटार्कटिका, यूरोप, ऑस्ट्रेलिया (श्री सप्त दीपों महादिपों) में विभिन्न नाम एवं नाप में बंटी हुई है, मगर सत्य तो सत्य है, कि आखिर हम सभी प्राकृतपरम पूर्ण श्री की प्रकृति व अनंत अद्भुत से भरे पूरे श्री अमर अन्तरिक्ष में धीर वीर श्री वसुधा वासुदेवाय वसुंधरा पर वर वंदनीय एक हैं।

All Continents, Oceans and Countiries are different & divided in specific with each other but not divided specific by divine (All are parts of one “Veer Vasundhara Dheer Vasundhara”).

If we have true divine then we found all into one and one into all.

एक धरा श्रेष्ठ धरा जय-जय श्री वीर वसुंधरा असहनीय व अनियंत्रित सजीव जगत के भार को अपने मजबूत वक्षों (छाती) पर आदि-आदि यथा प्रारब्ध काल से आज तक धर्म धार्य अद्भुत हैं, अनुपम है, अद्वितीय है।

यह सत्य है, कि आने वाले समय की मानव पीढ़ी व भावी सभ्यता संस्कृति ही इस प्रकृति और हमारी धरा धर्म की रक्षा ही नहीं अपितु आज की अपेक्षा कहीं अधिक स्वस्थ व स्वच्छ अवस्था के प्राकृत अनिवार्य सिद्धांतों की अनुपालन में पूर्ण

जवाबदेह जागरूक जग जागृत रहें, जय रहें, वर वंदनीय वर विजय रहें, जय-जय रहें, श्री जय-जय जयते रहें।

हे वसुधा वासुदेवाय आप अमर अजर श्री कालजयी कर्मजयी जग की परम पूर्ण प्रकाश जोत हैं। जय-जय श्री जगत जगदीश हैं, जगत कल्याणी माँ जगदंबा के धर्म हैं। श्री के सर्व में अद्‌भुत धन्य धूरी हैं। धरा के धन्य में कण-कण है तो समय के क्षण-क्षण में आज भी शाश्वत श्री काल के महाकाल भगवान शिव के सर्व हैं, श्रेष्ठ हैं, सार्थक समर्थ श्री-श्री भगवंत श्री के सर्व काले श्री भागवत हैं। मेरे सर्व श्री-श्री गुरु भगवंतों के हृदय हर्षित कुल देवता श्री कृष्ण की जय, श्री के सर्व श्री-श्री को जय के जय-जय जयते जगत मातेश्वरी जगदंबा की जय। जय-जय श्री जय-जय श्री।

हे अमर अनंत भगवत भागवत श्री कृष्णा आप और आपके सर्व परम प्रिय आचार्यो गुरु भगवंतों की श्री मंगल महिमा जय-जय जयते में मनु महात्माओं के हृदय, मन, वचन व कर्म (पुरूषार्थ) में अपनी पूर्ण परम योग शक्ति (श्री समर्थ) युगों युगों यश यथार्थ रहे हैं। श्री की सर्व काल निष्काम कर्मयोग सृष्टि में सर्व मंगलम श्री की सद्‌सत शाश्वता मेरे गौरवशाली गुरु भगवंतों के हृदय, मन, वचन, व कर्म में सदा श्री कृष्णाय रहें, श्री कर्मयोग कल्याण कीर्तिमान रहें।

जब-जब मेरे गुरुओं, मनु महात्माओं को आप युग दे तब-तब हे वसुधा वासुदेवाय प्रिय अपना पूर्ण योग देना, परम योग देना, धरा को धार्य धन्य धीर वीर वसुधा वासुदेवाय उन्हें भी बना देना।

अद्‌भुत अनंत आनंददायी ज्ञान विज्ञान युक्त प्रकृति में एक-एक पल के अनंत पलों में प्रकृति को प्रत्येक पल अनोखी, अद्‌भुत व मनोविज्ञान की अनंत असीम जिज्ञासाओं सदसद संतोषप्रद सुखद परमानंद में जीवन को हर युग अमर आत्मीय, अमर यात्रा में विश्वास, आस्थावान, आस्तिक अपने निज धर्म में सर्व धर्म के प्राकृत धर्म (प्रकृति का धर्म) कसौटी में कभी कटौती नहीं करने वाले अपना जन्म व जीवन स्वयं तक सीमित दायरे के स्वार्थ से मुक्त वैश्विक मनु मानव संपदा के अंश व संजीव अणु तत्व बनकर सृष्टि की समय के सबसे अद्‌भुत व रचनात्मक यात्रा का क्रम कभी न तोड़कर अटूट व अटल रहें।

अनंत सागर की अनंत लहरों के समान नित नये नूतन पलों व पलकों में प्रेम, आनंद व आत्मीय ज्ञान विज्ञान का यथार्थ होना चाहिए। जैसे-जैसे हम मानव जाति समय

के साथ अनुरूप व अनुकूल उन्नति व विकास कर रहे हैं। वह प्रशंसनीय व अनिवार्य तो है मगर उन्नति व विकास के दूसरे छोर (प्रतिकूल प्रभाव) पर भ्रमण कर अध्ययन करके विस्तृत विश्लेषण कर मूल्यांकन करते हैं तो सर्वमान्य सत्य है, कि प्रगति अपने पथ पर जल, थल, नभ को प्रदूषित कर धरा को अवनति व विनाश के छोर पर भी लगातार अग्रसर हो रही है।

इसका वर्तमान आज इस कगार पर है तो श्री समर्थ के भावी कालखंड (समय) में धरा का क्या रूप स्वरूप होगा?

कभी-कभी तो आज की आधुनिक दुनिया की अति व्यस्त रात दिन दौड़ती भागती जगमग देश विदेश के महानगरों की मानव जीवन शैली का दर्शन कर पुनः विशाल विस्तारित ब्रह्मांड की संपूर्ण प्रकृति की रचना व रचनाकार के दिव्य दर्शन करते हैं तो हकीकत में हमारा संसार आज भी अद्‌भुत अद्वितीय श्री आदिनाथ ही रच रहें हैं। सदा गतिशील समय की धार पर समय के साथी, श्री के समय के सारथी श्री आदिनाथ तो भावी काल खंडों में भी धरा के धर्म में, धरा की धूरी में, धरा धन्यता में अग्रदूत रहेंगे, मगर मनु का भी धर्म है, मनु की भी तो धरा हैं।

संपूर्ण ब्रह्मांडीय प्रकृति प्राकृत हमारा आदि-आदि कालखंडों से पालक पोषक परिवार रहा है। समस्त ग्रहों, तारों व नक्षत्रों को अपने अमर अनंत आँचल में सहेज कर निष्काम प्राकृत धर्म व कर्म का सर्वोच्च्य सत्यनिष्ठ श्रेष्ठता के पल-पल का परमार्थ पुरूषार्थ में स्वतंत्र, गतिशील व संगठित समस्त रूप स्वरूप अद्‌भुत है।

अनंत असीम विस्तारित ब्रह्म ब्रह्मांड का कण-कण व क्षण-क्षण आज भी श्री का है, श्री के श्री ब्रह्म ब्रह्मा जी का ही है।

संपूर्ण जैव मंडल में अद्‌भुत ब्रह्म प्रकृति तथा अद्‌भुत प्रकृति में संपूर्ण जैव मंडल श्री की सृष्टि है, श्री के समय की साधना है, श्री श्रम है, श्री का सर्व है।

हमारे ब्रह्मांड के अब तक के ज्ञात ज्ञानार्जित समस्त ग्रहों (पृथ्वी सहित) उपग्रहों, तारों, तारामंडलों का वर विद्या वैज्ञानिकों के अध्ययन अधिगम के अनुसार भिन्न -भिन्न तत्वों, अणुओं, रंग, रूप, गुण, आकार, साकार, संदर्भ विलक्षणता से युक्त है।

श्री की अमर अनंत परम पूर्ण शाश्वत ब्रह्म ब्रह्मांड को अद्‌भुत गहन दृष्टि से देखते खगोल शास्त्रियों व अंतरिक्ष ज्ञाता विद्वानों ने अपनी अपनी सोच, समझ, शोध,

परख के अनुसंधान प्रयोगों के ज्ञात निष्कर्ष सार के द्वारा अपने सूत्र, सिद्धांत, नियम व आयाम स्थापित किए हैं। समस्त ग्रहों का भार, द्रव्यमान व गुरुत्वीय केंद्र बल एक दूसरे से भिन्नता लिए हुए अद्भुत संतुलन व नियंत्रित अक्षीय व घूर्णन गति में स्वगुण धर्म युक्त अनुशासन में आज भी अद्भुत, अनुपम, अतुल्य व अनंत है।

अनंत में प्रकृति व प्रकृति में अनंत गहन गगन आज भी खगोल व भूगोल शास्त्रियों, वैज्ञानिकों को अद्भुत आश्चर्य की अनंत यात्रा में जहाँ तक जाते हैं, वहाँ तक आज भी दिव्य श्री की शाश्वत में अनन्त सृष्टि को अनन्त ही पाते हैं।

श्री की सृष्टि बनने बनाने में श्री का अनंत श्रम व समय भी लगा है।

अंतरिक्ष वैज्ञानिकों के खगोल विज्ञान आधारित हमारी धर्म धन्य धरा (पृथ्वी) Milky way में अनगिनत अरबों खरगोश तारों के स्व प्रकाशित पुंज में अद्भुत धैर्य, अटूट साहस व दृढ प्राकृत मनोबल के साथ सम्पूर्ण आकाश गंगा में सिन्धु में बिंन्दु सामान होते हुए भी निरंतर तेज ओज ओजस्वी श्री स्वामी सूर्य नारायण के चारों और चक्कर लगाती हुई समय की अनंत यात्रा में स्वयं एक अमर अद्भुत यात्री है।

हम पृथ्वीवासी स्वयं के अस्तित्व को तो सहज स्वीकार कर लेते हैं, मगर अन्य ग्रहों, तारामंडलों पर हमारी पृथ्वी जैसे जीव व जैव संरचना को प्रायः अस्वीकार करते हैं। ऐसा क्यों?

यह सत्य है, कि हम सभी जीव (मनुष्य सहित) प्रकृति की तुलना में अत्यंत अल्प (क्षणभंगुर) जीवन जीते हैं अर्थात सीखने, समझने व जानने के लिए अनंत रहस्य है। मगर समय की तय सीमा व निर्धारण में प्रायः हमारे (मानव) जन्म से लेकर मृत्यु तक समय की कमी सदा रहती है।

हमारी प्रकृति समय के क्षण-क्षण को समर्पित जीव को क्षण-क्षण नया ज्ञान विज्ञान का आश्चर्यजनक आभा मंडल का अहसास सदा कराती है।

जी हाँ पल-पल का पूर्ण अक्ष अस्तित्व व महत्व होता है। पल-पल का पूर्ण इतिहास होता है। पल-पल की सटीक व सही गणित होती है। पल-पल ही ज्ञान व विज्ञान होता है। पल-पल में ही पूर्णता होती है। पल-पल विचित्र, सुखद व दुखद घटनाओं का शाश्वत व सापेक्ष सत्य होता है। पल-पल अद्भुत अद्वितीय होता है।

पल-पल ही नूतन व सृजन की सत्य अभिलाषा को चरितार्थ होता है। पल-पल ही बीते कल व आने वाले कल की धूरी व धरोहर होता है। पल-पल हमारे ब्रह्मांड को अनंत की अद्‌भुत, सहज, सत्य व सरल आनंददायी यात्रा में जो ईश्वरीय युग योग रचना का पथ यथा पथिक होता है।

कहने का तात्पर्य है कि हमारे जीवन में क्षण-क्षण का विशेष अद्‌भुत व अलौकिक महत्वपूर्ण व उपयोगार्थ होता है।

वह मानव दुर्भाग्यशाली होता है जो अनमोल जीवन के अनमोल क्षण-क्षण को सहेज नहीं पाता है और अपना संपूर्ण जीवन अशिक्षा, अज्ञानता के भ्रम व अंधेरे में व्यर्थ मिथ्या प्रतिस्पर्धा के दलदल में अपना अनमोल जीवन व्यतीत करते हैं।

गुरुदादा श्री राज राजेन्द्र सुरिश्वर जी की अमर अजर मंगलकारी जय-जय जय हो।

लोग अक्सर Time Pass के फ़ैशन शौक मौज व अज्ञानता के गंभीर रोग से पीड़ित मिलते हैं।

कर्म व पुरूषार्थ योग से विमुख असंतुलित व अपूर्ण मानव भीड़ में अनमोल समय का ज्ञान, महत्व व सदुपयोग शाश्वत प्राकृत प्रकृति में ईश्वरीय दर्शनलाभ में करें तो निश्चित रूप से Time Pass नाम की भयावह, गंभीर व असाध्य रोग से मुक्ति व मोक्ष मणि की प्राप्ति बड़ी सरलता व सहजता से हो सकती है।

परम पूर्ण प्राकृत प्रकृति व परमात्मा को संपूर्ण धरा का प्रायः प्रत्येक व्यक्ति विशेष अपने-अपने वैचारिक, बौद्धिक धर्म-कर्म क्षमता सामर्थ्य भाव के पूर्ण विश्वास व सत्य आस्था के दृष्टिकोण आधार पर अपने-अपने अनुभवों तथा अनुभूति अनुरूप ज्ञान प्राप्त करता है।

परम पूर्ण प्राकृत प्रकृति व परमात्मा के संदर्भ में प्रायः संसार के प्रत्येक व्यक्ति विशेष के अपने-अपने मत, विचार, भिन्न-भिन्न संजीवता, संजीदगी, बौद्धिक व प्राकृत धर्म सिद्धांत, नियम, नजरिया तथा पालनार्थ धर्म के मंथन मतानुसार होते हैं।

जिसका जैसा जीवन व जीवन योग पद्धति होती है। उसे प्रकृति व परमात्मा के वैसे ही स्वरूप में दर्शन, अनुभूति व अनुभवों का योग (सार) प्राप्त होता है।

इस प्रकृति में कई ऐसे लोग होते हैं, जो प्रकृति में रहते हैं मगर प्राकृत प्रकृति के परमात्मा पर बिल्कुल भी विश्वास नहीं करते हैं। वे सम्पूर्ण जीवन प्रकृति, परमात्मा व प्राकृत धर्म विमुख रह कर येन केन प्रकारेण जीवन को ढोते हैं मगर आत्मीय प्रसन्नता व संतुष्टिक जीवन कहाँ होता हैं।

धन से कहीं अधिक धर्म (प्राकृत ईश्वरीय) होता है।

रुपया पैसा धन नहीं होता है, अपितु प्राकृत सेवा व प्राणी सेवा चिंतन में व्यय संपदा व श्रम ही सच्चा श्री धन होता है।

इंसान रात दिन धन की दौड़ में लगा रहता है?

अद्‌भुत व अनमोल जीवन के क्षण जाते रहते हैं और जीवन की यात्रा जब मंजिल (मुक्ति मोक्ष बैकुंठ) को गमन समय आगामी अनंत यात्रा प्रस्थान के नजदीक होते है तो धर्म, प्रकृति व परमात्मा के लिए झांकते हैं। क्या ऐसे व्यक्ति धर्म, प्रकृति और परमात्मा के द्वार दर्शन, एवं बोधता को प्राप्त होते हैं।

कदापि नहीं, क्योंकि धर्म, प्रकृति व परमात्मा से दूर हो चुके इंसान के संदर्भ में यह सत्य है, कि समय सदा पुकारता रहा मगर जब दूरी ज्यादा हो जाती है तो पुकार सुनाई नहीं देती है। समय आज भी साक्षी है, शाश्वत है कि राह भटके भटकते रह जाते और श्री का दिया अनमोल समय जाता रहता है।

न धर्म मिलता है, न प्रकृति मिलती है और न परम सौभाग्य परमात्मा मिलते हैं।

हमारी प्रकृति में परोपकार प्राकृत सेवा कर्म ही धर्म का अमर अनंत यथार्थ कल्याणकारी केंद्र होता है।

भगवान श्री सूर्य नारायण (श्री क्षत्रिय), संपूर्ण धर्म धरा की धारा प्रवाह धर्म प्रवाह समस्त नदियाँ, धरती माता के अद्‌भुत अलंकृत वस्त्र रूपी भिन्न-भिन्न रंग, रूप, आकार साकार, गुण ज्ञान, में समस्त वृक्ष देवता, श्री सागर देव (जल) तथा वायुदेव की निस्वार्थ एवं निष्काम प्राकृत जीव जगत सेवा अद्वितीय व अतुल्नीय यथा अद्‌भुतता की साक्षात श्री की शाश्वत परिभाषा व परिक्षेत्र होते हैं।

हमारे निरंतर विस्तार विस्तारित ब्रह्म ब्रह्मांड की प्रकृति दैवीय (दिव्य) प्रकृति यदि एक क्षण के लिए भी प्राकृत धर्म पंथ के कर्म कर्तव्य में रुक जाए या बिलम्ब कर ले तो

निश्चित रूप से संपूर्ण ब्रह्मांड में जो जगत जहाँ है वही थम जाएगा तथा सर्वांग शून्य को प्राप्त हो जाएगा। इसलिए प्रकृति व परमात्मा क्षण-क्षण तथा कण-कण को स्वयं से सदैव अनंत आत्मीय प्रेम, करुणा, कर्म एवं धर्म की धूरी से बांधे हुए या थामे हुए हैं।

भगवान सूर्यनारायण यदि एक पल के लिए भी अपना परम प्रकाश व जीवन को गति देने वाली ऊर्जा न दे तो क्या होगा?

यदि पृथ्वी सहित समस्त ग्रह नक्षत्र एक पल के लिए भी गतिहीन हो कर थम जाये तो क्या होगा?

वायुदेव (वायुमंडल) यदि एक पल के लिए भी अपना पुण्य प्रवाह अवरुद्ध कर दे तो क्या होगा?

विशाल सागर महासागर यदि मेघ को एक बूंद भी न दे तो क्या होगा?

विशाल नदियाँ यदि एक क्षण के लिए भी अपने प्रवाह गुण धर्म को रोक दे तो क्या होगा? आदि-आदि विचारणीय बिंदु सार संदर्भ निश्चित रूप से कहने को तो बहुत कुछ हैं।

जो जहा तक जा सके वहाँ तक जा सकता है।

हम (जीव जगत) अनिश्चित व अस्थायी होते हैं मगर पूर्ण प्रकृति व परम परमात्मा निश्चित, नियमित व स्थायी (अमर) होते हैं। समस्त जीवों की उत्पत्ति, पालन पोषण तथा सम्पूर्ण जीवन का एक-एक क्षण प्राकृत प्रकृति व परमात्मा प्रदत्त ही होता है।

प्रत्येक जीव अपनी अपनी सोच विचार आधारित गुण सूत्र, धर्मसूत्र, स्वभाव, रूचि तथा स्वकर्म से जीवन यात्रा में सुख, दुःख, हर्ष, शोक, बंधन, मुक्ति, ज्ञान अज्ञान, पूर्ण अपूर्ण, ज्ञात अज्ञात, सूक्ष्म विशालता, धर्म अधर्म, स्व सर्व, मूर्त्त अमूर्त्त, सत असत, आदि अनंत को अनुभूत व अभिभूत होकर योग वियोग रूपी जीव जीवन की परिभाषा को अपने-अपने श्वास शब्दों में अभिव्यक्त करते हैं।

मेरा जीवन भी अनमोल हो, तेरा जीवन भी अनमोल हो

सारे जग का यह सर्व योग हो, विश्व विधाता की जय जोग हो।

क्षण-क्षण यह साकार हो, परम पूर्ण को आकार हो

मेरा जीवन भी अनमोल हो, तेरा जीवन भी अनमोल हो
अनमोल हो, अनमोल हो, अनमोल हो
मेरा जीवन अब न मेरा हो, सारे जग का नया सवेरा हो।
मैं सारे जग में और सारा जग अब मेरा हो।
सारे जग में, सारे जग का एक नया सवेरा हो
मेरा जीवन अब न मेरा हो, तेरा जीवन अब न तेरा हो
सारे जग में, सारे जग का एक नया सवेरा हो।
मेरा जीवन भी अनमोल हो, तेरा जीवन भी अनमोल हो
सारे जग का यह सर्वयोग हो, विश्व विधाता की जय जोग हो।
क्षण-क्षण यह साकार हो, परम पूर्ण को आकार हो
तेरा जीवन, मेरा जीवन, जीवन के हर जीवन
तू भी भरत, मैं भी भरत, तू भी भारत, मैं भी भारत
भरत भारत भाग्योदय भरत भारत भाग्योदय
भरत भारत भाग्योदय भरत भारत भाग्योदय
जय-जय भारत जय-जय भरत जय-जय भरत भाग्योदय
जय-जय भारत भाग्योदय, जय-जय भारत भाग्योदय,
ॐ जय वीर वसुधा वासुदेवाय नमो नमः
ॐ जय-जय श्री जगत जननी माँ जगदम्बा नमो नमः
ॐ जय-जय श्री ॐ जय-जय श्री स्वामी सूर्य नारायण नमो नमः

प्रकृति अनंत है और अनंत प्रकृति में परमात्मा सर्वत्र प्रकृतिमय ही है। परम पूर्ण परमात्मा प्रकृति के अनंत ब्रह्मांड के कर्मयोग कण-कण में है।

सम्पूर्ण अनंत प्राकृत ब्रह्मांड के दर्शन कर यदि प्रकृति के रचनाकार को देखने समझने व जानने की यथार्थ योग हृदय शक्ति व परिपूर्ण श्री गुरु सामर्थ्य शाश्वत हो तो सब कुछ जहाँ तक हमें जानना, देखना, सोचना, समझना है, वहाँ तक सर्व श्री साक्षात्कार संभव है।

श्री सद्सत गुरु भगवंतों की कृपा दृष्टि व सबल प्रबल सद्सत सात्विक ध्यान धरा (धर्म कर्म) के अविरल ज्ञान प्रवाह में जय जगत जगदीश आत्मसात है तो ऐसा कुछ भी नहीं जिसे सोचा न जा सके, समझा ना जा सकें, या ज्ञात व प्राप्त न किया जा सकें।

सब कुछ संभव है, दिव्य अद्भुत अमर अमरता भी संभव है। मुक्ति, मोक्ष, स्वर्ग (देव लोक), देव दर्शन, परम आनंद, परम सुख, परम संतोष आदि-आदि सर्व योग श्री कृपा से ही शाश्वत है, श्री से ही संभव है।

तन (शरीर), मन (ह्रदय) वचन को एक एकत्व धर्म धन्य ध्यान धरा से पूर्ण प्रकृति परम प्रकृति का दिव्य दर्शन व श्रवण करते हैं तो दर्शन पथ पर पग-पग पर हमारे मनोभावों के अनुकूल हर प्रश्न का उत्तर मिलता जाता है।

इंद्रियों पर संयम व ज्ञानेन्द्रियों का सार्थक योग हो तथा धर्म ज्ञान विज्ञान के ब्रह्म गुरु का आत्मसात व नियमित नव साक्षात्कार दर्शन की अद्भुत प्यास हो तो गुरु का विशाल विश्वनीय हिमालयी ह्रदय भी माँ गंगा की प्रकटता वाले अद्भुत अद्वितीय गोमुख की तरह परमार्थ बहा कर पूर्ण तृप्त कर देते हैं।

श्री गुरु भी ईश्वरीय तत्वों से निर्मित अद्भुत गुरुत्व से बनें हमारी सृष्टि के ही होते हैं।

इस सम्पूर्ण धर्म धन्य धरा ने अनगिनत ऐसे अद्भुत ज्ञानवान, प्रज्ञावान अत्यंत ओजस व तेजस व्यक्ति विशेष महापुरषों को जन्म देकर सम्पूर्ण देश, काल व जगत को अपने-अपने काल (समय) की सद्भाव समभाव प्राकृत सेवा से आलोकित किया है।

श्री काल के महाकाल का श्री कर्मयोगी काल (समय) बड़ा विचित्र एवं प्रतिपल अद्भुत होता है।

समय अपने लम्बे चौड़े, गहरे ब्रह्म गगन में आदि-आदि काल से शुरू की गयी यात्रा में हम सभी जीव जन्तुओं को एक ऐसे घोड़े की सवारी कराता है। जिसमें सवार होकर सवारी सभी करते हैं। मगर हमारी सवारी के सारथी यदि श्री सद समर्थ गुरु और तत्वों (प्रकृति) का युग योग सद्गुरुत्व (Gravity of Gurudeva's) के संग सापेक्ष बल, गति व प्रवाह मिल जाये तो सूक्ष्म बीज विशाल वट वृक्ष बनने में देर नहीं लगाती है।

श्री की सर्व सृष्टि में, सद्सत समर्पित श्री सेवा में गुरु रूपी विशाल वृक्ष की छाँव मिलना श्री सौभाग्य है। श्री का ही सर्व श्री सौभाग्य रूप स्वरूप सदा श्री गुरुओं में समाया है।

श्री जगदीश को ह्रदय में समा लेने वाले श्री गुरु तो आज भी हँसते-हँसते ही जगत को भी समा लेते हैं।

श्री साक्षी हैं, श्री के सर्वकाल साक्षी हैं कि श्री सदा गुरु भगवंतों में और गुरु भगवंत श्री में समा कर ही पूर्ण प्रसन्न हुए हैं।

भगवान महावीर (श्री स्वामी), गौतम बुद्ध, श्री वेदव्यास जी, श्री तुलसीदास जी, श्री कबीर जी, श्री रहिम जी, श्री रामकृष्ण परम हंस जी, स्वामी राम तीर्थ जी, श्री क्षत्राणी मीरा जी, स्वामी विवेकानंद जी आदि-आदि उच्च श्रेणी (श्रेष्ठ) कोटि की महान विद्वान विभूतियों ने भरत के भारत राष्ट्र में जन्म लिया तथा अपने गुरु भगवंतों के सानिध्य संग (श्री संघ) ही परम पूर्ण परमार्थ प्रकृति में परमात्मा और परमात्मा में प्रकृति के दिव्य रूप स्वरूप के शाश्वत दर्शन कर आत्मीयता से सम्पूर्ण जगत को निष्काम भव भावपूर्ण परम व पूर्ण प्रकाश प्रकाशित किया था।

सम्पूर्ण जगत की बड़ी से बड़ी महामनु विभूतियों के पीछे भी सहारा देने वाले सिद्ध समर्थ श्री गुरु भगवन्तो का ही हाथ व साथ था। श्री गुरु भगवन्तो का साथ हो एवं निष्काम धर्म कर्म के आत्मज्ञान की सच्ची प्यास हो तो गुरु अपना पूरा अनंत अमृत सागर हमारी प्यास को सच्ची तृप्ति प्रदान करने में उस सागर की एक-एक बूंद ज्ञान पिपासुओं को अनंत-अनंत कालों के लिए सदैव उपलब्ध रहती है। ऐसे सजीव एवं सहिष्णु ह्रदय के सम्राट को श्री ब्रह्म गुरु रूप में जाना जाता है।

इस जग से आगे के जग की दहलीज तक तथा हमारी सत्यनिष्ठ समर्थ क्षमता व यथार्थ योग्यता को हम ह्रदय मनोयोग से क्रमबद्ध निरंतर पोषित करते रहे तो गुरु रूपी श्री सारथी हमें हर युग, हर काल प्रत्येक जीवन में उपलब्ध रहते हैं।

इस जग में अगर प्रकृति व परमात्मा तथा काल के साथ कोई अमर अजर यथा अद्भुत है तो वह सिर्फ और सिर्फ ज्ञान व गुरु ही होते हैं।

ज्ञान रूपी अद्भुत वृक्ष के पालक गुरु भगवंत ही होते हैं तथा इसके पोषक तत्व प्रकृति व परमात्मा ही हैं।

ज्ञान वृक्ष के फल खिलाने वाले गुरु जब अपने ह्रदय व हाथों से जिन सौभाग्यशाली शिष्यों को खाने हेतु उपहार स्वरूप मिलता है तो वे शिष्य भी संसारी मद मोह माया की दुनियाँ से दूर अनंत काल खंडों के अमर अजर आत्मा के साथ अनूठी, अद्‌भुत व अद्वितीय अक्ष अस्तित्व पूर्ण ऊँचाई व स्थान को बड़ी सरलता व सहजता से प्राप्त कर पूर्ण मानव (The Complete Man or Immortal Universal Material) अपने धर्म-कर्म से महामानव प्राकृत ब्रह्मांडीय जीव की स्वयं जीवनी बन जाते हैं।

कोई भी जीव इस संसार से बाध्य नहीं होता है अपितु वह तो पूर्ण स्वतंत्र होता है।

कोई यह जाने माने या न माने सबका अपना-अपना मस्तिष्क, मन, ह्रदय व मनोधारण या मनोयोग होता है।

सबकी अपनी अपनी राहें व अपनी अपनी मंजिल होती है। संसार सागर में कई दुर्भाग्यशाली अज्ञानियों को तो न राह मिलती और न ही कोई मंजिल (सार्थक जीवन उद्देश्य) होती है।

यह ठीक वैसी ही बात है कि किसी को बाजा बजाना ह्रदय से मधुर लगता है तो किसी के लिए मधुर स्वर लहरियां शोर शराबा या अरुचिकर लगता है।

कई लोग ऐसे भी होते हैं जो बाजा बजाना तो चाहते हैं मगर बाजा नहीं मिलता है और यदि बाजा मिल भी जाए तो बजाने की कला सिखाने वाला मिलना सौभाग्य व गौरव की बात होती है।

संसार सागर में जीवन यात्रा में आदर्श व श्रेष्ठ गुण धार्य गुरु महात्माओं मनु महात्माओं का मिलना भी पारस पत्थर के समान दुर्लभ व कठिन हैं।

श्री के सौभाग्य, सर्व के सौभाग्य से मनु मनिषी जिन्होंने ज्ञान व श्री गुरु को जान लिया, सोच लिया, समझ लिया, व पूर्ण ह्रदय योग से आत्मसात कर लिया वे सभी निश्चित आकार व साकारता के उत्कृष्ट ज्ञानपीठ के स्वयं श्रेष्ठ अध्याय बन जाते हैं।

जीवन में यदि हमें योग्य व श्रेष्ठ आदर्श श्री अवतारी गुरु मिल जाए तो हम बिना भाषा या शब्द के भी संपूर्ण परमार्थ परम पूर्ण प्रकृति के कण-कण व परमपूर्ण परमात्मा के अद्‌भुत अद्वितीय निष्काम कर्मयोग कीर्ति के दर्शन श्रवण व मनन, ध्यान, धरा, धर्म, धारा में बहुत कुछ सीख सकते हैं, समझ सकते हैं।

प्रकृति के कण-कण में परमात्मा स्वयं एक विशाल व निरंतर विस्तारित विश्वविद्यालय हैं। समस्त जैविक व अजैविक तत्व इसके अक्षर व शब्द हैं।

ह्रदय में पूर्ण परम प्रकृति व परमात्मा का ध्यान धन्य योग यथार्थ सामर्थ्य हो तो हम पशु, पक्षी, वृक्ष, विधाता, पर्वतों में पर्वतराज हिम हिमालय नदियों में गंगा जी श्री यमुना जी श्री सरस्वती जी तारों में अटल ध्रुव जी धर्म धर के भाई श्री चंद्रदेव जी, वायुदेव श्री वीर हनुमान जी सर्व युग सर्वकाल श्री साक्षी समर्थ श्री सूर्य देव से भी ह्रदय युग योग में श्री शाश्वत साक्षात्कार संभव है।

असंभव कुछ भी नहीं होता है असंभव तो सिर्फ हिम्मत हौसला धैर्य धर्म आस्था व विश्वास की कमी का दूसरा नाम मात्र शब्द व निर्मल निराकार भाव मात्र होता है।

माँ भगवती तो सदा भक्त भगवंतों के समस्त भव भाव में शाश्वत श्री शक्ति हैं।

श्री शक्ति को धर्म धन्य धार्य श्री गुरु भगवंतों के अनंत असीम ह्रदय सम्राटो के सर्व भव भाव विश्वास से संभव ही नहीं पूर्ण भी होते हैं।

श्री के समर्थ श्री के सद्सत शाश्वत समर्थ गुरु भगवंतों के ह्रदय कमल को सींचने, संवारने आज भी स्वयं श्री आते हैं।

जब-जब श्री स्वयं गुरु भगवन्तो के रूप आए हैं। तब-तब श्री सृष्टि में संपूर्ण संसार सागर कमल सा सज धज कर परम प्रसन्न पूर्ण प्रसन्न प्रफुल्लित ही हुआ है।

सदा-सदा के श्री सदानंद कभी श्री राम बनकर तो कभी श्री कृष्णा रुप में श्री गुरु भगवंतों में आए हैं। श्री गुरु भगवंतों के लिए आए हैं।

श्री गुरु भगवंतों के गौरवशाली ज्ञान में आये हैं।
श्री गुरु भगवंतों के धर्म धन्य ध्यान में आये हैं।
श्री गुरु भगवंतों के ह्रदय में आये हैं।
श्री गुरु भगवंतों के युग में आये हैं।
श्री गुरु भगवंतों के योग में आये हैं।

श्री गुरु भगवंतों के ह्रदय की पुकार सुन हर युग उचित समय उचित अवसर पर सर्व काल श्री श्रद्धा, विश्वास और धैर्य से धर्म की स्थापना करने नवयुग नव अवतार में एक बार नहीं अनंत-अनंत बार आये हैं।

कभी शस्त्र बनकर तो कभी शास्त्री बनकर आये हैं।

कभी शास्त्र बनकर तो कभी क्षत्रिय बनकर आये हैं।

युग योग ह्रदय में जहाँ-जहाँ अटूट आस्था है। वरवंदनीय विश्वास है वहाँ-वहाँ अमर अजय परम ज्ञानी अमर अनंत श्री-श्री आदिनाथ स्वयं चल कर आते हैं। असंभव को भी संभव करने स्वयं श्री संभवनाथ ही आते हैं। श्री समर्थ, समर्थ श्री सदा स्वयं भी श्रद्धा से ही आये हैं।

श्री सदा आये हैं। समर्थ गुरु भगवंतों में ही आये है और जब-जब श्री गुरु भगवंतों में आये हैं सर्व श्री शिष्यों में भी आये है।

श्री गुरु भगवंत समर्थ है तो शिष्य स्वाभाविक रूप से समर्थ ही होते हैं। श्री गुरु भगवंत, गुरु भगवंतों से सर्व सुशिष्य और सर्व सुशिष्यों से सर्व संसार सागर सदा प्रसन्न हुए हैं, सदा पूर्ण हुए हैं।

अनंत-अनंत में एक हुए हैं। एक-एक में अनंत हुए हैं। जहाँ श्री की कृपा हैं वहाँ गुरु की कृपा हो जाती है और जहाँ गुरु की कृपा है वहाँ श्री की कृपा हो जाती हैं।

वर, विद्या , विनय, विवेक के स्वामी विवेकानंद अत्यंत अल्प आयु में भारत वर्ष के ही नहीं अपितु सम्पूर्ण विश्व के ज्ञान व ध्यान धरोहर बन कर युगों -युगों के अनंत अमर दीप बनकर आज भी विश्व ज्ञान पटल के क्षितिज हैं।

एक ऐसा शाश्वत क्षितिज जहाँ से आज भी कर्मयोग, धर्मयोग, युगयोग की यश-यशस्वी यथार्थ कीर्ति (किरणों) निष्काम भव भाव से निकलती है।

यहाँ सोचने समझने व जानने योग्य बात है की उन्हें विवेकानंद बनाने वाले उनके गुरु स्वामी श्री राम कृष्ण परमहंस व गुरु माँ ही थे। अपने गुरु के कृपा प्रसाद ही उन्हें माँ भगवती ने भी अपना साक्षात दिव्य दर्शन देकर अद्भुत, अनुपम व अनुकरणीय ब्रह्म ज्ञान का स्वयं अनुभव कराया था।

गुरु रूप में ऐसे गुरु का मिलना वाकई में गर्व गौरव व श्री सौभाग्य की बात होती है।

यदि स्वामी विवेकानंद को उनके गुरु पिता व गुरु माता का साथ (श्री सौभाग्य) नहीं मिला होता तो हकीकत (यथार्थ) में जो ज्ञान विज्ञान, विश्वास व विधाता का तेज प्रकाश उन्होंने अर्जित किया था। वह उन तक तथा उनसे सम्पूर्ण भारत व अन्य राष्ट्र राष्ट्रों (विश्व) तक निश्चित रूप से नहीं पहुँच पाता।

वीर वसुधा वासुदेवाय प्रिय स्वामी विवेकानंद के सम्पूर्ण योग पूर्ण युग पूर्ण जीवन में अनंत असीम ऊर्जा के मूल स्रोत श्री गुरु देव व गुरुमाता तथा गुरु भगवंतों के समस्त मनो आराध्य देवी देवता व परम पूर्ण प्रकृति ही रहे हैं।

पूर्ण प्राकृत परम परिष्कृत प्राचीन भारत (भरत) की समस्त सुख शांति व समृद्धि (श्री) के पीछे असंख्य युग योग योगीराज, ऋषि मुनियों, ऋषि कुमार कुमारियों के अटूट धर्म, धैर्य, धारणा, मंगल मनोकामना, विश्वास, भरोसे को निष्काम कर्म आधारित सैद्धांतिक सिद्धांतो को (The prime (pure) priciples of Lord & Life) पूर्ण व्यवहारिकता में श्री युग योग पूर्ण जीवन जी कर स्वयं हासिल किया था।

ऋषि दादू श्री ब्रह्म ब्रह्मा जी के ह्रदय योग से पूर्ण परमार्थ परम ब्रह्म प्रकृति की परम पाठशाला को पढ़ने पढ़ाने समझने समझाने वाले अमर अजर सर्व सद सत श्री सारथी (गुरु भगवंतों) की जय-जय-जयते, श्री जय-जय जयते, श्री जय-जय जयते।

वे समस्त वीर वसुधा वासुदेवाय श्री गुरु भगवंत जिन्हें सर्व युग सर्व काल सर्व सौभाग्य से स्वयं श्री मिले, श्री की सर्व सृष्टि मिली, श्री की ही श्रेष्ठ दिव्य दृष्टि मिली, श्री की भव भाव पूर्ण भव्य भक्ति मिली, श्री की सहिष्णु शक्ति मिली उन सभी आदि-आदि अनंत-अनंत श्री गुरु माताओं-पिताओं की जय-जय जयते, श्री जय-जय जयते, श्री जय-जय जयते।

गुरुदेव अपनी परम पूर्ण दिव्य अनुभूति में अक्सर कहते हैं यदि व्यक्ति के ह्रदय में, मन में ईश्वर आस्था के अनुरूप अमर आनंददायी ज्ञान ध्यान की सच्ची प्यास हो तो वह व्यक्ति श्री गुरु भक्ति में श्री गुरु शक्ति के द्वारा सदा-सदा के श्री सदानंद की अमृत ज्ञान धारा से तृप्त रहता है। हर सद्ज्ञान की प्यास के बाद तृप्ति का नया अहसास करते हुए प्रतिपल पुष्प रूपी ह्रदय गुण धर्म के साथ परम प्रसन्न व पूर्ण प्रफुल्लित रहते हैं।

अगर श्री साधक की साधना में सद्गुरु के ज्ञान, धन्य ध्यान वंदनीय विज्ञान व धैर्य पूर्ण धर्म संयम की अटूट धारा हो तो वह एक जगह बैठा-बैठा ही जग प्रसिद्ध अमर आस्था के चारों धाम की यात्रा अपने मनो धर्म भाव के अनुरूप कर सकता है।

किसी भी इष्ट आराध्य को हृदय से वर वंदनीय वंदना करता है तो उन आराध्य देवों द्वारा भक्त की भक्ति भावना बिना अवरोध के पूरी-पूरी सुनी जाती हैं।

परमपूर्ण कर्म (निष्काम) धर्म, कामना (स्वार्थ रहित) व भव भाव भावना अमर अनंत करुणा सागर (श्री) में विलय होकर परिष्कृतता के साथ शत शत परिपूर्ण, गुण धर्म युक्त रंग रूप को साक्षात साकार होती हैं।

धर्म (प्राकृत) युक्त कर्मयोग भक्ति करने वाले भक्त की भावना में यदि त्रुटि (कमी) न हो तो श्री गुरु कहते हैं कि इस ईश्वरीय सृष्टि में ईश्वर भक्त (साधक) की मनोभावना के अनुरूप अपनी अनुभूति का (दर्शन योग) अहसास स्वयं कराते हैं।

जैसी भक्ति जैसी भावना वैसा भव सागर और वैसे श्री भगवान जी।

वृक्ष देवता अपने एक निश्चित स्थान पर खड़े खड़े ही सम्पूर्ण जीवन परम प्रकृति व पूर्ण परमात्मा की अनंत-अनंत सेवा कर्म करके अपार धन्य धर्म को अर्जित कर लेते हैं।

एक स्थान पर खड़े वृक्ष भगवान सूर्य देव की कृपा किरणों के साथ पल-पल अपनी छाया को गतिशील व स्थानान्तरित करके चारों दिशाओं में शरण में आए छोटे बड़े सभी सजीव प्राणियों को निष्काम यथा सम्भव से सुखछाया देते हैं।

कई बार असंख्य (गति व शक्तिहीन) पशु पक्षी मानव जो छाया तक नहीं पहुँच पाते हैं और धरा पर पड़े पड़े तड़पते हैं अर्थात एक कदम भी चलते फिरने की ताकत नहीं होती हैं। उन तक वृक्ष तो नहीं पहुँच सकता मगर अपनी छांव को पहुँचा कर तपती व तड़पती आत्मा के लिए कितना मान व मोल रखती हैं? जी हाँ वृक्ष के रूप में वह छाया शाश्वत ईश्वर उपकार का कर्म व धर्म बन जाती है तथा कई बार आंशिक या क्षण भर का सहज योग संयोग भी बहुत बड़ा चमत्कार स्वरूप में बदल जाता है।

कई पशु पक्षी व मानव जो ऐसी दशा दिशा स्थिति में पड़े व पाये जाते हैं तथा इस तरह के श्री चमत्कारों से काल के मुँह से निकल कर जीवन की डोर को पुनः थाम लेते हैं।

वृक्ष ही वीर विधाता और छाया श्री का छत्र बन जाता है।

योग संयोग स्वयं सुख व सौभाग्य का शाश्वत श्री बन जाता हैं। श्री के एक-एक क्षण (पल) का अद्भुत योग संयोग व महत्व होता है।

मरुस्थल में एक-एक वृक्ष तथा वृक्ष के एक-एक पत्ते का, प्यासे के लिए एक-एक बूंद, रोगी के लिए इलाज तक पहुँचने के लिए एक-एक क्षण तथा अत्यन्त ठंडे शीतोष्ण भाग में जीवन के लीए एक-एक किरण का भी अपना अद्भुत अनमोल महत्व आदि काल में भी था, आज भी है और सदा रहेगा।

हे श्री परम गुरु भगवंतों आप आदि-आदि कालों में भी श्री के समर्थ थे, आज भी हैं और सदा श्री समर्थ रहेंगे।

जब जीवन में ज्ञान विज्ञान युक्त आदर्श कर्म धर्म के तप में सम्पूर्ण परमार्थ प्रकृति यथा सम्पूर्ण ब्रह्मांड की व्यापक सोच समझ को धर्म धारण करने वाले पूर्ण ब्रह्मांड गुरु तथा इन सभी की रचना करने वाले परोपकारी परमार्थी परमात्मा का आत्मसात मिल जाता है तो व्यक्ति एक जीवन में अनेक जीवन तथा अनंत युगों के जीवन को एक जीवन में भी सम्पूर्णता के श्री सार संगत में जीकर मोक्षिय मणि अवस्था को प्राप्त कर सकता है।

श्री सद्सत गुरु भगवंतों के संग सानिध्य में व्यक्ति जीते जी भी मोक्ष को अनुभूत या प्राप्ति स्थिति के केन्द्रक तक पहुँच जाते हैं।

हे हृदय हंस आज 3.10.2014 श्री शुभ शुक्रवार श्री ब्रह्म ब्रह्मा जी महाराज के अनंत गहन श्री ब्रह्म ब्रह्मांड में श्री सूर्यनारायण देव परम प्रसन्न पूर्ण प्रसन्न हैं।

श्री प्रसन्न हैं तो श्री का सर्वकुल वंश परिवार भी परम प्रसन्न पूर्ण प्रसन्न हैं। श्री का सर्व ब्रह्म परम प्रसन्न पूर्ण प्रसन्न हैं तो मैं भी परम प्रसन्न पूर्ण प्रसन्न हूँ।

श्री गुरु हंस – हे सद्सत समर्थ श्री गुरु भगवंत आप परम प्रसन्न पूर्ण प्रसन्न हैं तो आज मैं भी आप की परम प्रसन्नता पूर्ण प्रसन्नता से परम प्रसन्न पूर्ण प्रसन्न हूँ।

श्री गुरु भगवंत – हाँ हृदय हंस तेरी परम प्रसन्नता पूर्ण प्रसन्नता और मेरी परम प्रसन्नता पूर्ण प्रसन्नता युगों युगों श्री कृपा से श्री में ही एक एकत्व होती आई हैं।

स्वयं समर्थ श्री ही एक एकत्व भव भाव पूर्ण करते कराते आए हैं।

श्री गुरुहंस – हुकम गुरुदेव, श्री सत्य वचन हैं।

श्री गुरु भगवंत – हे ह्रदय हंस, चलो श्री सूर्यनारायण, श्री स्वामी नारायण को नमन करते हैं।

सर्व सृष्टि के समस्त वर वंदनीय श्री वसुधा वासुदेवाय वीरों की वंदना करते हैं। श्री की सुखद स्मरण स्तुति करते हैं।

सदा-सदा के सर्व ब्रह्म धर्म और धन्य ध्यान को शिरोधार्य करते हैं। श्री गुरु हंस – हुकम गुरु भगवंत।

हे ह्रदय हंस – माँ नव दुर्गा की नवरात्री है और श्री सूर्यवंशी भगवान श्री रामचन्द्र देव की नवमी भी हैं।

श्री के दरबार में, सर्व के दरबार में महा मनु महोत्सव हैं। युगों युगों श्री के दरबार में, सर्व के दरबार में आए हैं।

हे ह्रदय हंस देखना आज भी श्री और श्री का सर्व दरबार युगों युगों के आदि अनंत काल से जिस भव भाव में पूर्ण थे, आज भी वैसे ही मिलेंगे तथा विश्वास रखना भावी काल खण्डों में भी जैसे आज हैं वैसे ही मिलेंगे।

चलो अब श्री भी धर्म धन्य भव्य भावपूर्ण प्रतीक्षा कर रहे होंगे।

श्री गुरु हंस – हुकम गुरुवर, दाता दरबार की प्रतीक्षा और प्रतिज्ञा दोनों आज भी अद्‌भुत, अनुपम और अतुल्य हैं।

श्री गुरु भगवंत – हाँ ह्रदय हंस, श्री सूर्यनारायण, श्री स्वामी नारायण ने हर युग अपने परम प्रियों की प्रतीक्षा सदा की हैं और आज भी परम प्रतीक्षा को पूर्ण करते कराते अमर अनंत के अद्‌भुत शाश्वत श्री हैं।

भाग्यशली हैं वे जो भव भाव पूर्ण भावों भवों को पार कर हर युग श्री भगवत श्री भागवत (भगवान भास्कर) के चरण कमलों को धोने और श्री के चरणों का चरणामृत पीने श्री के दरबार तक जाते हैं और श्री की प्रतीक्षा को श्री की व्याकुलता को तृप्त करते हैं।

हे ह्रदय हंस – भक्त में भगवत और भगवत में भक्त का अवतार अवतरण आदि-आदि से आज भी अद्भुत हैं, आज भी अनंत हैं।

श्री भगवत श्री भागवत तो आज भी भक्त की भक्ति, भव भाव और भावना के भूखें हैं।

जैसी भावना वैसी भक्ति और वैसे ही भगवान।

सब कुछ आज भी अद्भुत, अनुपम और अतुल्य हैं।

सब कुछ आज भी अमर अनंत और असीम हैं।

श्री एक होते हुए भी अमर अद्भुत अनंत हैं और अनंत होते हुए भी एक हैं, अद्भुत हैं, अनंत असीम हैं।

हे ह्रदय हंस – चलो अब समय अधिक हो गया हैं। कुछ देह और विलम्ब किया तो श्री स्वयं चलें आयेंगे। श्री व्याकुल हैं। जब तक श्री के दरबार जायेंगे नहीं, श्री स्वयं और श्री का सर्व दरबार अन्न जल को हाथ तक नहीं लगायेंगे।

श्री गुरु हंस – हुकम गुरुदेव, श्री को प्रतीक्षा कराना कदापि उचित नहीं हैं।

श्री वीर विधाता के दरबार तक श्री के ह्रदय युग योग की श्री मंगल वंदना आरम्भ करावें।

श्री सूर्यनारायण श्री स्वामीनारायण को दोनों हाथ जोड़कर अद्भुत मौन प्रार्थना करते हैं।

हे ह्रदय हंस – श्री दाता दरबार का हुकम हैं। अतः अब मैं प्रस्थान करता हूँ।

श्री दरबार में श्री सूर्यनारायण श्री स्वामी नारायण से मिलकर पुनः तेरे और मातेश्वरी वीर वसुधा के बुलावे पर लौट भी आऊँगा।

आने में देर तो नहीं होगी फिर भी मेरे न लौटने तक वीर वसुधा का ठीक वैसा ही ख्याल रखना जैसा युगों-युगों रखता रखाता आया हैं।

श्री गुरु हंस – हुकम गुरुवर, तन मन ह्रदय से मेरा वचन स्वीकार करावे।

श्री गुरु भगवंत- ह्रदय हंस मुझे तो आज भी तेरा उतना ही विश्वास हैं, उतना ही भरोसा है जितना युगों युगों से रहा हैं।

श्री गुरु हंस – हे गुरुवर, भाग्य साथ दे या ना दे, स्थिति परिस्थितियाँ कितनी ही विकट विकराल या विपरीत ही क्यों न हो – मैं भरत, मैं भारत अपने युगों युगों के समर्थ श्री अमर अजर युग पितामह को तन मन ह्रदय से वचन देता हूँ, विश्वास देता हूँ कि आपका विश्वास आपका भरोसा इस जन्म में तो क्या आने वाले भावी अनंत काल खंडों में भी कभी नहीं तोडूंगा।

श्री गुरु भगवंत - हे ह्रदय हंस, तेरे ह्रदय की वर वन्दनीय धन्यवानी और वचन सुनकर आज मेरे ह्रदय को अपार अनंत परम प्रसन्नता पूर्ण प्रसन्नता मिली है।

हे ह्रदय हंस – श्री और श्री का समय शिरोधार्य हैं।

तेरे श्री और श्री का समय तेरा और मेरे श्री और श्री का समय मेरा ह्रदय से प्रतीक्षा कर रहें हैं।

मैं मेरे श्री से मेरे श्री के समय से तेरे श्री और तेरे श्री के समय की सदा-सदा की जय जयकार कर शुभ मंगल महिमा की मनोकामना करता हूँ।

हे ह्रदय हंस – मैं और मेरे श्री को जब भी धन्य ध्यान स्मरण करेगा, वर वन्दनीय स्तुति करेगा तब-तब भवों भवों तेरे साथ तेरे ह्रदय की भव भाव पूर्ण भव्य भक्ति मैं श्री शाश्वत शक्ति में तैयार मिलेंगे। जितना जैसा तेरा विश्वास होगा ठीक वही और वैसा ही अटूट विश्वास मैं भी सदा रखूंगा।

श्री गुरु हंस – हुकम श्री शाश्वत।

हे ह्रदय हंस – मैं श्री भगवान भास्कर के दरबार में सर्व श्री सूर्यवंशी राजाओं, महराजाओं, परम पुण्य प्रतापों को हर्ष हर्षित ह्रदय से नमन करने जा रहा हूँ।

हे ह्रदय हंस – जैसा की हर युग युगों युगों ह्रदय से प्रस्थान पूर्व कहता आया हूँ तो आज फिर कहता हूँ।

कहना मेरा धर्म है उसकी पालना और परम्परा तेरा धर्म है। भगवान सूर्यनारायण व माता संध्या जी के साक्षी भाव में अमर आराध्य धर्म माता-पिता, देवी देवताओं की

शुभ मंगल स्तुति वंदना कर प्रकृति व प्राकृत धर्म की जयघोष के साथ धर्म के जय विजय सन्देश को युग योग यात्रा के लिए तू अपनी मंगल मनोकामना व मनोकामना से जहाँ भी प्रस्थान करेगा वहाँ-वहाँ बिना किसी बाधा या गतिरोध के पूर्णानंद व विश्वास के साथ बुलंद हौसले से उड़ना और पुनः लौटने पर अपना यात्रा वर्णन संदर्भ ह्लदय को छु लेने वाले अनुभवों, स्मृति एवं आनंद के अद्‌भुत एक-एक पल को सुनाना...... मुझे अपार व अनंत परम पूर्ण प्रसन्नता होगी।

श्री गुरु हंस – हे गुरु भगवंत आप अनंत, अपार व असीम हैं। सर्व ज्ञान विज्ञान, दाता एवं मेरे वर विधाता हैं। युगों -युगों के आदि काल से आज भी आपका स्वगुरुत्व, स्वधूरी, स्वगति व स्वनियंत्रण सहित स्व स्वरूप हैं। आज भी आप प्रकृति, परमात्मा व परमार्थ प्रकृति में सर्वत्र व्याप्त परम माता-पिता की अमर अजर श्री संतान हैं।

श्री के अंश हैं, श्री के वंश हैं।

श्री गुरु भगवंत – हे ह्लदय हंस...... समय इस ब्रह्म सृष्टि का सबसे अनमोल व अद्‌भुत ब्रह्मांडीय सर्वशक्ति संपन्न सजीव शाश्वत ईश्वरीय तत्व हैं।

सर्वशक्तिमान श्री द्वारा रचित इस तत्व का सदा आदर मान सम्मान सहित पालनार्थ में पूर्ण स्वतंत्रता के पूर्ण आदर्श व सर्वश्रेष्ठ मनोभावों में समय के एक-एक क्षण का सार्थक सदुपयोग करते हुए सरल सफल व सरस उड़ान भरना .... मेरा और मेरे श्री का ह्लदय आशीष तेरे साथ हैं।

हे ह्लदय हंस .... मैं तुझे वर वंदनीय श्री पूर्ण प्रिय श्री परम प्रिय ह्लदय वचन देता हूँ और अमर आश्वस्त कर्ता हूँ कि कोई भी नभ, जल, वायु, अग्नि, पर्वत-पठार, वन वृक्ष, सागर-सरोवर, देशकाल, पशु पक्षी, सजीव निर्जीव, नर नारायण, मनु मानव, ग्रह नक्षत्र तेरी युगों युगों की सदा श्री युग योग यात्रा को इस बार भी नहीं रोकेगा।

हे ह्लदय हंस .... नभ, जल, वायु, अग्नि, पर्वत-पठार, वन वृक्ष, नदी, नंदी, नालंदा, सागर सरोवर, पशु-पक्षी, देश काल, नर नारायण, मनु मानव, ग्रह नक्षत्र सहित स्वयं जय-जय श्री माँ जगदम्बा (जगत जननी) कहूँ, श्री वसुधा वासुदेवाय माँ वसुंधरा कहूँ सभी को अपने ह्लदय हंस की "श्री युग योग यात्रा" की मंगल महिमामय मनोकामना हैं।

वर वन्दनीय माँ वीणा वादिनी को भी अपने परम प्रिय ह्लदय हंस की ह्लदय हंस के "श्री युग योग यात्रा" का हर युग की भांति इस युग भी प्रतीक्षा हैं।

भव्य भारत की दिव्य देव भूमि से कहूँ या क्षत्रियों की रणभूमि श्री राजस्थान से कहूँ, स्वयं श्री देव दूत में कहूँ या श्री क्षत्रिय धर्म में कहूँ या श्री के शास्त्र में कहूँ या श्री समर्थ से श्री श्रद्धा में कहूँ श्री के हंस सदा-सदा श्री में तथा श्री स्वयं भी सदा-सदा हंस ह्रदय में आये हैं।

श्री श्रद्धा से सदा-सदा आये हैं, श्री हंस भी सदा-सदा आये हैं। यदा-यदा श्री युगों युगों हर युग आये हैं।

यदा यदा श्री युग योग योगेश्वर के लिए युगों युगों हर युग माँ शारदे के मान सरोवर (श्री सरोवर) को उड़ा हैं। श्री के श्री सरोवर को उड़ा हैं।

कभी श्री के धीर वीर बन कर तो कभी अनंत-अनंत तक अकेले ही शूरवीर श्री क्षत्रिय बन उड़े हैं।

श्री गुरु भगवंत हे ह्रदय हंस ....
यदा-यदा कहूँ या सदा-सदा श्री हंस बन आये हैं
नीले नभ में दशों दिशाओं से उड़ते उड़ते आये हैं
नीले नभ में दशों दिशाओं से उड़ते उड़ते आये हैं
नीले नभ में दशों दिशाओं से युगों युगों आये हैं।
जब-जब श्री आये हैं, सर्व जग में छाए हैं
जब-जब श्री आये हैं, सर्व जग में छाए हैं
सदा-सदा को आए हैं, उड़ते उड़ते आये हैं
सदा-सदा को आए हैं, उड़ते उड़ते आये हैं।
श्री गुरुओं के ह्रदय हंस में स्वयं श्री ही आये हैं
श्री गुरुओं के ह्रदय हंस में स्वयं श्री ही आये हैं।
धीर वीर माँ वसुधा के आँचल को छूने नीले नभ से आये हैं
धीर वीर माँ वसुधा के आँचल को छूने स्वयं श्री हंस बन आये हैं।
अनंत-अनंत को भेद आज फिर भरत में आये हैं
अनंत-अनंत को भेद आज फिर भारत में आये हैं

अनंत-अनंत को भेद आज स्वयं श्री हंस बन आये हैं
यदा यदा कहूँ या सदा-सदा श्री आज फिर मेरे हृदय हंस में आये हैं।
नील गगन में नील कमल स्वयं खिलाने आये हैं
नील गगन में नील कमल स्वयं खिलाने आये हैं।
सदा-सदा के सिंह संग खेलने स्वयं श्री फिर भरत बन आये हैं
सदा-सदा के सिंह संग खेलने स्वयं श्री फिर भारत बन आये हैं
यदा यदा कहूँ या सदा-सदा श्री हंस बन आये हैं
नीले नभ में दशों दिशाओं से उड़ते-उड़ते आये हैं
युगों युगों की योग योगेश्वरी का यशगान स्वयं गाने आये हैं
युगों युगों की श्री युग योग माया की मंगल महिमा से स्वयं हंस बन आये हैं.....
यदा-यदा कहूँ या सदा-सदा श्री हंस बन आये हैं।
विश्वास वीर वसुधा को दिलाने वंदना में फिर वृंदावन बन आये हैं।
विश्वास वीर वसुधा को दिलाने वंदना में फिर वासुदेवाय बन आये हैं।
यदा यदा कहूँ या सदा-सदा वीर वासुदेवाय ही स्वयं हंस बन आये हैं।
यदा यदा कहूँ या सदा-सदा वीर वासुदेवाय ही स्वयं हंस बन आये हैं।
लहर लहर श्री सागर सरोवर की बन विश्वास दिलाने आये हैं।
लहर लहर श्री सागर सरोवर की बन वसुधा वंदना में स्वयं श्री आये हैं।
युगों युगों की यशोधरा के हृदय योग में हंस बन स्वयं श्री ही आये हैं
युगों युगों की श्री योग माया का स्वयं हृदय हंस बन आये हैं
यदा यदा कहूँ या सदा-सदा श्री हंस बन आये हैं
यदा यदा कहूँ या सदा-सदा श्री हंस बन आये हैं।
जय-जय श्री, जय-जय श्री, जय-जय श्री जय-जय जयते
ॐ जय-जय श्री माँ भगवती प्रिय वीर वसुधा धीर वसुधा
जय-जय श्री वीर वसुधा वासुदेवाय नमो नमः नमो नमः
जय-जय श्री नमो नमः

हे ह्रदय हंस – परम पूर्ण परम प्रिय श्री क्षत्रियवंशी भगवान भास्कर युगों युगों आदि अनंत से मेरे श्री स्वामी हैं, श्री नारायण हैं।

आज भी यदा यदा कहूँ या सदा-सदा कहूँ मेरे श्री मेरे भावी अनंत-अनंत भी श्री योग योगेश्वर, श्री युग योगेश्वर में नमो नारायण, श्री-श्री सदा मिलेंगे...... ठीक वैसे ही मिलेंगे जैसे आज मिले हैं..... युगों युगों मिले हैं .... ह्रदय से ही मिलेंगे ..... कमल बन ही मिलेंगे ..... कर्मयोग में परम योग में ही मिलेंगे ..... धन्य ध्यान धर्म में ही मिलेंगे....

आज मिले हैं ..... यह मेरा विश्वास हैं

कल मिलेंगे ..... यह भी मेरा विश्वास हैं

मेरे बिना मेरे श्री का और मेरे श्री के बिना मेरा ह्रदय कमल मुरझाया हुआ रहता हैं। श्री भागवत श्री भगवत में भगवान और भक्त का रिश्ता यही हैं कि मैं मेरे श्री के ह्रदय कमल को और मेरे श्री मेरे कमल को सदा ह्रदय योग से स्वयं सींचते संवारते आये हैं।

जब तक मैं श्री नारायण को सींच नहीं लेता और श्री मुझे सींच नहीं लेते ऐसा कभी हुआ नहीं है और न कभी ऐसा होगा......

यह मेरा विश्वास है तो मेरे श्री का भी हैं

यही रिश्ता मेरा मेरे श्री से मेरे श्री का मुझसे हैं।

हे ह्रदय हंस....... हे ह्रदय कमल....... सर्वब्रह्म से स्वामी

दाता बावजी श्री ब्रह्म ब्रह्माजी के सर्वकाल खंडों के परम प्रसन्न पूर्ण प्रसन्न श्री सद सत "श्री साक्षी" "श्री क्षत्रिय" "श्री सत्यनारायण" "श्री स्वामीनारायण" "श्री सूर्यनारायण" ही मेरे धर्म, मेरे ध्वज, मेरी धूरी, मेरी धरोहर हैं।

हे ह्रदय हंस...... मैं ही नहीं अपितु मेरे श्री भी अब तेरी "श्री युग, योग, यात्रा" का ह्रदय की गहराई से प्रतीक्षा कर रहें हैं।

श्री सूर्यनारायण श्री स्वामीनारायण की श्री मंगल महिमा को मर्यादा पुरषोत्तम श्री रघुवंश की पूर्ण परम्परा, परम परम्परा में श्री शक्ति श्री शिव शक्ति से अनंत-अनंत तक अद्‌भुत अमर आस्था में यदा यदा कहूँ या सदा-सदा स्वयं "श्री अमरदीप" बन पूर्ण करना।

श्री सम्पूर्ण सर्व का मंगल महिमामय आशीष सदा तेरे प्रभा, तेरे पथ को परम पूर्ण प्रसन्न से आलोक आलोकित, प्रकाश प्रकाशित रखें।

श्री में श्री सर्व श्री भगवान भास्कर कहूँ या अनंत-अनंत तक श्री अरुण देव, श्री वरुण देव, श्री यम देव तक स्वयं सदा-सदा के श्री की सर्व "श्री युग योग यात्रा" में शाश्वत साथी बनें हैं श्री के स्वयं श्री सार्थक सारथी बनें हैं।

श्री को श्री कहूँ या सर्व को श्री कहूँ
यदा यदा कहूँ या सदा-सदा कहूँ..... "ऐ मेरे परम प्रिय हृदय हंस......

एक बार फिर तुझे मैं कहता हूँ..... जब-जब श्री स्वयं ह्रदय हर्ष से युगों युगों के युग यथार्थ योग यथार्थ को उड़ते-उड़ते परम हंस बन आये हैं....... परम ह्रदय के श्री सोमदेव, श्री मंगल देव, श्री बुद्ध देव, श्री गुरुदेव, श्री शुक्रदेव, श्री शनिदेव तथा श्री सूर्यदेव स्वयं श्री ब्रह्म ब्रह्मा जी दाता बावजी को हाथ जोड़ चरण वंदन को खड़े हुए हैं। सभी ने अपना शीश नवाया.....

सबको अपना युग दिया, सबको अपना श्री योग दिया सभी ने अपने श्री युग लिए, सभी ने अपने सर्व श्री योग लिए

श्री ब्रह्म ब्रह्मा जी दाता बावजी हुकम...... अपने ह्रदय योग से श्री युगों युगों के श्री योग गीत को आज फिर गा रहें हैं।

हे ह्रदय हंस -तू भी श्री ध्यान से सुन....... यह श्री योगगीत आज भी सिर्फ तेरे और मेरे लिए ही नहीं अपितु सर्व ब्रह्म के श्री अमर योग पथ के सर्व वीर योग योगियों के लिए परम पूर्ण श्री पारस हैं।

जो भी प्राणी श्री ह्रदय से, युग से योग से सुन लेता हैं, श्री ह्रदय बन गा लेता हैं..... वह सदा परम सुख को सहज पा लेता हैं।

जाओं-जाओं मेरे वीरों युगों युगों के योग को
जाओं-जाओं मेरे वीरों युगों युगों के योग को
जाओं-जाओं मेरे वीरों योग धर्म के श्री धर्म को
जाओं-जाओं मेरे वीरों योग धर्म के श्री धर्म को

जाओं-जाओं मेरे वीरों श्री योग धर्म की धारा को
जाओं-जाओं मेरे वीरों श्री युग धर्म की धूरी को
जाओं-जाओं मेरे वीरों श्री धूरी के धर्म को
जाओं-जाओं मेरे वीरों श्री परम धर्म के धाम को
जाओं-जाओं मेरे वीरों धन्य धरा के धाम को
जाओं-जाओं मेरे वीरों धर्म धरा के ध्यान को
जाओं-जाओं मेरे वीरों श्री धरा की धारा को
जाओं-जाओं मेरे वीरों श्री धरा के धाम को
जाओं-जाओं मेरे वीरों श्री धरा के धर्म को
जाओं-जाओं मेरे वीरों श्री धरा के धर्म को
जाओं-जाओं मेरे वीरों श्री ब्रह्म धर्म के पालन को
जाओं-जाओं मेरे वीरों श्री ब्रह्म धर्म के धारण को
जाओं-जाओं मेरे वीरों श्री सुन्दर देश भारत को
जाओं-जाओं मेरे वीरों श्री भरत के भारत को
जाओं-जाओं मेरे वीरों भवों-भवों के भारत को
जाओं-जाओं मेरे वीरों मेरे भरत के भारत को
जाओं-जाओं मेरे वीरों मेरे भरत के भारत को
जाओं-जाओं मेरे वीरों मेरे भरत के भारत को
युगों -युगों के वीर भरत में
युगों -युगों के धीर भरत में
युगों -युगों के श्री भरत में
युगों -युगों के श्री भारत में
श्री भरत में, श्री भरत में, श्री भरत के भारत में.......

हे परम प्रिय मेरे सर्व श्री वीरों....... ऐसा कोई युग नहीं जो मेरे वीरों के बिना आरम्भ हुआ हो।

ऐसा कोई युग नहीं जिसे मेरे वीरों ने पूरा न किया हो।
ऐसा कोई श्री योग नहीं जिसे मेरे वीरों ने ह्रदय से न किया हो।
ऐसा कोई काल नहीं जिसमें मेरे वीरों के लिए स्वयं "श्री" के कमल न खिले हो।
ऐसा कोई काल नहीं....... ऐसा कोई काल नहीं....... जब कमल न खिले हो और "श्रीकमल" में स्वयं श्री विष्णु जी संग श्री लक्ष्मीजी न मिले हों।
ऐसा कोई काल नहीं...... जब कमल न खिले हों
ऐसा कोई काल नहीं...... जब कमल न खिले हों
ऐसा कोई काल नहीं....... जिसमें स्वयं श्री का वास न हो
ऐसा कोई काल नहीं....... जब कमल न खिले हो
ऐसा कोई काल नहीं.........
ऐसा कोई काल नहीं.........

हे वीरों...... ऐसी कोई श्री वर वन्दनीय परम विद्या नहीं जिसे आप प्रियों ने अर्जित न की हो या देवी शारदे ने आत्मीय अर्पित न की हो।

ऐसा कोई शास्त्र नहीं जिसे मेरे वीरों ने न पढ़ा हो
ऐसा कोई शास्त्र नहीं जिसे मेरे वीरों ने न पढ़ाया हो
बढ़ते युग को हर युग आगे बढ़ाया हैं....... युगों युगों
के वीरों ने हर युग इतिहास रचाया हैं........
युगों -युगों के वीरों ने हर युग विश्वास सदा निभाया हैं
युगों -युगों के वीरों ने हर युग विश्वास सदा जगाया हैं
ऐसी कोई श्री शक्ति नहीं जो मेरे वीरों में न समाही हो
ऐसी कोई श्री भक्ति नहीं जो मेरे वीरों में न समाही हो
ऐसा कोई भार नहीं जिसे मेरे वीरों ने न उठाया हो
ऐसा कोई भार नहीं जिसे मेरे वीरों ने न उठाया हो।

हे वीरों...... जब-जब वीर वसुधा ने श्री "ब्रह्म" में आप सर्व वीरों को वर वंदना कर "श्री युग" में "श्री योग" में अवतार अवतरित आराधना की हैं....... तब-तब आप समस्त श्री वीर विराटो को सदा अपने आप में पाया हैं।

सदा अपने ह्रदय में पाया हैं। श्री युग में श्री योग में युगों युगों के एक-एक युग में अमर अद्भुत वीरों को पाकर श्री धर्म में सदा परम को पाया हैं, सदा परम में पाया हैं।

सदा – सदा पाया हैं..... सदा – सदा पाया हैं.....

एक-एक युग के एक-एक वीर का स्वागत श्री भगवती वीर वसुधा ने अपने ह्रदय कमल में किया हैं।

हे वीरों...... सदा परमार्थ पुरूषार्थ में बहती सर्व महानदियों में,

सर्व धरा के श्री कुम्भों (श्री सागर-महासागरों) में,

श्री अनंत-अनंत ब्रह्म के ऊँचे नीले नभ से सदा मगन में मधुर ममतामयी बातें करते श्री पर्वतों श्री महापर्वतों में श्री धरा के विराट मैदानों में, हरे भरे लहराते खेतों में, खेती में श्री अन्न अन्नपूर्णा में, श्री अन्नदाताओं में सर्वत्र चहुँओर आज भी आप श्री वीरों का वास हैं।

श्री वीरों का विश्वास हैं।

श्री वीर वसुधा को विश्वास...... वीरों से ही वीर हैं.

वीरों से ही वीर हैं....... वीर वसुधा महावीर हैं.......

श्री वसुधा महावीर हैं.......... श्री वसुधा महावीर हैं.

स्वयं भगवान श्री सदा शिव को भी आप सर्व श्री वीरों की वीरता और धीरता पर कोई संदेह न तो पूर्व में कभी था और न आज भी हैं।

भगवान श्री शिव की शक्ति सदा शाश्वत श्री वीरों में ही वास करती हैं...... और जहाँ "श्रीवर" हो श्री "शिव शक्ति" हों वहाँ संदेह की आवश्यकता नहीं होती हैं।

आप युगों युगों के श्री वीर महावीरों के वीर वैराग्य भक्ति को स्वयं श्री शिव ने सदा निहारा है...... श्री शिव ने सदा निहारा हैं।

हे वीरों...... भगवान श्री शिव स्वयं महावीर हैं।

श्री शिव में आप वीरों का सदा वास रहा हैं और श्री वीरों में ही श्री शिव का सदा वास रहा हैं।

हे वीरों..... श्री महावीरों..... भगवान श्री शिव (महादेव) का सदा मान रखना, श्री शिव सदा आप श्री वीरों का सर्व मान रखेंगे..... सदा श्रीमान रखेंगे।

हे वीरों...... श्री महावीरों..... भगवान श्री सदा शिव शिवाय मेरी भक्ति में आज भी सर्व शक्तियों को धार्य युगों युगों के आदि अनंत श्री "ब्रह्म ब्रह्मांड" के कालजयी कर्मजयी महावीर हैं।

श्री सदा शिवाय की भक्ति में आज भी अद्‌भुत श्री शक्ति हैं

ॐ नमः शिवाय..... ॐ नमः शिवाय

श्री शिव सदा शिवाय..... श्री शिव सदा शिवाय

हे वीरों...... अनंत-अनंत के महावीरों......

आज भी भगवान शिव से बड़ा कोई सहिष्णु नहीं, धरा से बड़ा कोई धर्म नहीं और धरा से ऊँची कोई धरोहर नहीं......

धारा, धरोहर और धर्मधारी श्री शिव के वीर तीर्थ तीर्थकरों मैंने सदा आप की स्वयं जय बोली हैं..... सदा जय बोली हैं तो आज फिर श्री जय-जय जयते के सर्व महावीरों की जय बोलता हूँ..... जय-जय...... जय-जय श्री जय बोलता हूँ।

हे वीरों...... श्री राम रघुवीरों...... युगों युगों से श्री ही श्री की परम पूर्ण परिक्रमा लगाते आये हैं।

श्री परम तेज के परम प्रतापी, पूर्ण प्रकाश परम प्रकाश के सदा स्वामी सदा संयमी श्री सूर्य नारायण की परम परिक्रमा के पथ पर सदा-सदा के श्री सौभाग्यवान सर्व सौभाग्यवान बनें रहो..... यही मेरी श्रीवंदना में आप श्री वीरों के लिए सदा धर्म की धन्य श्री मंगल मनोकामना हैं।

आप सभी वीर महावीरों के पास स्वयं श्री के दिए विराट रथ हैं तो दशों दिशाओं को दौड़ते "दिव्य विजय श्री" के अमर अद्‌भुत अश्व भी हैं।

एक से बढ़कर एक "श्री स्वर्ण रथ" आप श्री वीरों के वास्ते श्री वीरों संग सदा रहें...... श्री महावीरों संग सदा रहें।

हे परम प्रिय वीरों..... आज भी आप वहीं वीर हो..... जो कई बार बिना रथ के स्वयं नंगे पाँव (बिना चरण पादुका) भी दौड़े हो, रथ से भी तेज दौड़े हो, वीर महाराणा के चेतक में भी दौड़े हो, सबसे तेज दौड़े हो...... सबसे तेज दौड़े हो।

आप सर्व श्री वीर महावीरों के महारथ और इन रथों को खींचते श्री अमर अश्व आज भी आप वीरों के ही हैं।

ऐसा कोई युग नहीं, ऐसा कोई दिवस नहीं जब मेरे वीरों महावीरों ने अनन्त ब्रह्म के अनंत युगों में अपना युग न दिया हो, अपना योग न दिया हो, अपना अपना श्री योग यथार्थ न दिया हो।

हे वीरों..... श्री महावीरों...... युगों युगों से आज तक आप वीरों का जो "श्री युग" को दिया गया योग यथार्थ ह्रदय रहा वहीं आप सदा-सदा के श्री वीरों का वीर धर्म हैं।

युगों -युगों के जिस वीर धर्म से धीर वीर श्री वसुधा श्री वासुदेवाय के वीर रहें हो, जय-जय श्री वीर रहें हो...... 2

वीर मेरे वीर रहें...... सदा धर्म में धीर रहें।
वीर मेरे वीर रहें...... सदा धर्म में धीर रहें।

हे वीरों...... महावीरों...... सारे जग में जय के आप जगदीशों को फिर से वसुधा माँग रही हैं।

श्री राम से श्री राम को राजी-राजी माँग रहीं हैं।
श्री राम से श्री राम को फिर से वसुधा माँग रहीं हैं।
अनंत-अनंत में आज फिर श्री वीर रघुवंश को माँग रही हैं।
अनंत-अनंत में आज फिर श्री राम लखन को माँग रही हैं।
अनंत-अनंत में आज फिर श्री भरत शत्रुघ्न को माँग रही हैं।
श्री राम से श्री राम को राजी-राजी माँग रही हैं

श्री राम से श्री राम को फिर से वसुधा माँग रही हैं

अनंत-अनंत में आज फिर श्री वीर रघुवंश को माँग रही हैं

अनंत-अनंत में आज फिर श्री वीर रघुवंश को माँग रही हैं

ॐ श्री राम जय श्री राम जय-जय श्री राम

हे वीरों..... श्री महावीरों..... आज भी सर्व श्री ब्रह्म ब्रह्मांड में व्याप्त सर्व वर वरदान वन्दनीय श्री विद्या के, श्री विनय के श्री विवेक के आप सभी श्री परम पावन पारस वीर हो।

अपने-अपने युगों युगों के "श्री योग पथ" के आप सभी वीरों ने सर्व आदि अनंत काल से "श्री ध्यान" "श्री धर्म" "श्री धरा" "श्री धारा" "श्री ज्ञान" "श्री विज्ञान" "श्री दर्शन" "श्री सुदर्शन" के स्वयं श्री पारस रहें हैं।

श्री श्रद्धा से श्री कृपा में जिन्होंने भी आप श्री वीरों को सदा-सदा के श्री धर्म में श्री धन्य धारण किया हैं....... उन्हें भी आप श्रीराम रघुवीरों ने स्वयं "श्री पारस" बनाया हैं।

श्री परम ने ही सदा श्री पावन को पारस वीर बनाया हैं।

Today once again..... It's my true pleasure that you all are ready to move for the new century (The Golden 100 Years).

I give up best of the best golden wishes to all of you..... forever

Whatever and whenever you need my help. I will always grant my all help to your helping hands.... To your blessing heart.

Now, please go to your century .... Go for a long journey pleasant pleasant.

Go bravo..... Go bravo.... Veer Vasundra is wishing & welcoming all of you.

Today once again..... Today once again.

Enjoy and celebrate the journey of this golden century with Shri Manu Mahotshav at Mount Abu (Shri Rajasthan)

The holy land of Devi Arbuda and lakhs of Rishi Devs…. Shri Shri Guru Devas.

हे वीरों..... श्री महा रघुवीरों..... वीर वसुधा पर आज गौ (श्री गायत्री) सब से ज्यादा दुःख दर्द से पीड़ित हैं।

यदि गौ इसी तरह भूख, दुःख दर्द पीड़ा में पड़ी रही तो वह दिन दूर नहीं जब वसुधा की गोद से गौ गायत्रियाँ लुप्त सदा-सदा को हो जाएगी।

श्री-श्री आदि गुरु गौरक्षनाथ ने कठिन तपस्या में स्वयं तप कर श्री गौ लोक से गौ (कामधेनु) को वीर वसुधा पर उतारा था।

धीर वसुधा के आँचल को मंगल ममता महिमा को सौंपा था। हे वीरों..... श्री महा वीरों सर्व धरा के अत्याचारी मानवजनों को समझा देना..... समझा देना..... समझ जाएं तो ठीक हैं। वरना श्री-श्री गुरु गौरक्षनाथ संग आप सभी सर्व वीर महावीरों मेरी पवित्र गौ गायत्रियो को पुनः श्री गौ लोक को ले आओं।

श्री गौलोक को ले आओ...... श्री गौलोक को ले आओ।
देख दशा गौ वंश की रोज वसुधा रोती हैं
देख दशा गौ वंश की वीर वसुधा रोती हैं
स्वयं वसुधा भी अब तो गौ संग ही रोती हैं।
रोते रोते दुःख में दुखी वसुधा रोती हैं
रोते रोते दुःख में अब तो रोज वसुधा रोती हैं
देखा न जाए ऐसा दुःख देख रोज वसुधा रोती हैं
देख देख दुःख गौ का स्वयं गौरक्ष भी रोते हैं
रोते रोते गुरु गौरक्ष ने भीष्म प्रतीक्ष कर ली हैं
रोते रोते गुरु गौरक्ष ने परम प्रतिज्ञा कर ली हैं

मैं (गुरु गौरक्षनाथ) जाऊंगा श्री वीरों संग..... मैं जाऊंगा श्री महावीरों संग...... वीर वसुधा के आँचल को...... गऊऐ अपनी फिर से लेने...... गऊऐ अपनी फिर से लेने

कह रहें श्री गुरु गौरक्ष स्वयं...... कह रहें हैं गुरु गुरवे श्री गौरक्ष स्वयं..... वीर मेरे चलें चलों, धीर मेरे चलें चलों

युगों युगों के श्री ऐरावत संग मेरे वीर चलें चलों.....

वीर मेरे चलें चलों.... युगों युगों के श्री ऐरावत संग वीर मेरे चलें चलों......

वीर वसुधा के आँचल से ही नेत्र अपने पोछेंगे

वीर वसुधा के आँचल से ही नेत्र अपने पोछेंगे

वीर वसुधा के आँचल से ओझल गऊऐ कर लेगें

वीर वसुधा के आँचल से ओझल गऊऐ कर लेगें

बसा कर अपने नेत्रों में...... फिर से श्री गौलोक को ले आयेंगे

नेत्र वसुधा के पोछ कर ही...... खुद के अश्रु पोछेंगे

नेत्र वसुधा के पोछ कर ही...... खुद के अश्रु पोछेंगे

नेत्र वसुधा के पोछ कर ही...... खुद के अश्रु पोछेंगे

हे वीर धनि श्री गुरु गौरक्ष नाथ नाथाय...... आप और आपके संग आज यहाँ उपस्थित सर्व श्री वीरों...... श्री-श्री महा रघुवीरों की जय हो...... जय-जय श्री, जय-जय श्री, जय-जय श्री

आप श्री-श्री जयवीरों..... सर्व श्री महारघुवीरों की सदा जय हो जय हो..... जय हो

हे श्री युग वीरों, श्री-श्री योग वीरों..... अनंत-अनंत के श्री राम राघुवीरों..... सदियों से सोए जग को फिर से एक बार जगा देना..... जाग जाए तो जग का भला......

कह देता हूँ...... मैं जग को फिर से..... जाग जाए तो भला हैं...... वरना भाला भोले का भी चल पड़ेगा.....

दानव जन पर टूट पड़ेगा..... भाला मेरा भी चल पड़ेगा.....

अत्याचारों से गऊ को बचाने..... भाले सबके चल पड़ेंगे.....

भाले सबके चल पड़ेंगे..... वीर मेरे चल पड़े हैं

धीर मेरे चल पड़े हैं।

दानव दल पर टूट पड़ेंगे...... दानव दल पर टूट पड़ेंगे

दानव दल पर भारी पड़ेंगे...... दानव दल पर भारी पड़ेंगे

वीर मेरे चल पड़े हैं...... धीर मेरे चल पड़े हैं

वीर सभी चल पड़े हैं...... धीर सभी चल पड़े हैं

स्वयं जग की जगती जोत बन वीर मेरे चल पड़े हैं।

स्वयं जग को जगती जोत बन धीर मेरे चल पड़े हैं।

समझ सको तो समझ जाना...... हे वीर वसुधावासियों

जाग सको तो जाग जाना...... हे धीर वसुधावासियों

जाग गये तो ज्योति होगी...... वरना रातें रोती होगी

घोर अँधेरी रातें होगी...... नहीं कहीं भी ज्योति होगी

नहीं कहीं भी ज्योति होगी...... घोर अंधेरी रांते होगी

समझ सको तो समझ जाना...... अब न कभी भी गौ को खाना, अब न कभी गौ को सताना, नहीं रुलाना, नहीं सताना

वीर वेंदो की वाणी हैं..... धीर वीरों की वाणी हैं

धीर वीरों की वाणी हैं...... श्री वेदों की वाणी हैं।

महिमा गौ को फिर से गा लो...... ममता गौ की फिर से गा लो

हे वीर वसुधावासियों ...... हे वीर वासुदेवाय प्रियों......

वीर वेदों की वाणी है...... धीर वीरों की वाणी है

धीर वीरों की वाणी है...... श्री वेदों की वाणी है

हुकम श्री गौ गुरुओं को...... वीर वसुधा का अंतिम होगा

जो भी निर्णय अंतिम होगा...... श्री गौ गुरुओं को मान्य होगा

कह देता हूँ...... मैं जग को फिर से

कह देता हूँ...... मैं जग को फिर से

जाग गये तो ज्योति होगी..... वरना रातें रोती होगी
घोर अँधेरी रातें होगी...... नहीं कहीं भी ज्योति होगी
कह रहे श्री गुरु गौरक्ष स्वयं...... कह रहें हैं गुरु गुरवे

श्री गौ रक्ष स्वयं...... वीर मेरे चलें चलों, धीर मेरे चलें चलों...... चले चलों, चलें चलों

वीर मेरे चले चलों...... युगों युगों के श्री ऐरावत संग वीर मेरे चलें चलों......

वीर वसुधा के आंगन को छूने...... नीले नभ से चल पड़े हैं गौउएं अपनी फिर से लेने...... वीर मेरे चल पड़े हैं

वीर मेरे चल पड़े हैं.
श्री भरत में श्री भारत को वीर मेरे चल पड़े हैं
श्री भरत में श्री भारत बन वीर मेरे चल पड़े हैं.
सादर वंदन श्री अभिनन्दन...... श्री भरत के श्री भारत में
सादर वंदन श्री अभिनन्दन....... श्री भरत के श्री भारत में
सादर वंदन श्री अभिनन्दन...... युगों युगों के श्री महावीरों का
मैं वसुधा हाथ जोड़ करती हूँ श्री अभिनन्दन......
हाथ जोड़ करती हूँ श्री अभिनन्दन......
श्री अभिनन्दन...... श्री अभिनन्दन...... श्री अभिनन्दन
ॐ श्री नाथ नाथाय नमो नमः
श्री शिव शिवाय नमो नमः
ॐ नमो नमः नमो नमः श्री नाथ नाथाय नमो नमः

हे नाथ मेरे..... श्रीनाथ मेरे...... श्री वीरों, श्री महावीरों को हृदय से श्री हिम हिमालय में बैठे बैठे हुकम करावें...... वीर मेरे सदा हाजिर रहेंगे...... हुकम आप श्री युग युगेश्वर का...... हुकम आप श्री योग योगेश्वर का...... युगों युगों के श्री योग पथ श्री युग धर्म के निष्काम निर्वाह में सदा परम परमार्थ रहेंगे.....

धर्म में भारी सदा वीर वसुधा रहेंगी......

वीर वसुधा से भी भारी वीर एक-एक सदा आप श्री चरणों में रहेंगे...... हुकम करना...... श्री वीर महावीर मेरे...... सर्व वीर गुरु महावीर मेरे, श्री कमल चरणों को आए हैं.....

हुकम करावें श्री नाथ मेरे...... श्री युग का श्री ह्लदय से हुकम करावें श्री नाथ मेरे... हुकम करावें श्री नाथ मेरे......

हुकम करावें श्री नाथ मेरे......
घोर संकट में गौ पड़ी हैं
युग संकट में वसुधा पड़ी हैं।
निर्णय आज आप श्री को ही करना होगा
निर्णय आज आप श्री को ही निभाना होगा
निर्णय आपका निर्मल होगा...... सर्वजग को मान्य होगा
निर्णय आपका निर्मल होगा...... सर्वजग को मान्य होगा
युगों युगों के श्री योग में निष्काम सदा ही
निर्णय होगा...... निष्काम सदा ही निर्णय होगा
निर्णय अब श्री नाथ करो...... निर्मल निर्णय श्री नाथ करो......
फिर से ह्लदय युग का भर दो...... युगों-युगों के युग को भर दो
वरना स्वयं श्री कृष्ण का फिर से श्री सुदर्शन चलता कर दो
हे नाथ मेरे...... श्रीनाथ मेरे......

पुण्य पाण्डवों की हस्तिनापुर से भी बड़ा हाथ श्री कृष्ण के सिर रख...... एक "श्री सुदर्शन" स्वयं "श्री कृष्णा" को आप आज फिर दे देना...... हे नाथ मेरे...... श्री नाथ मेरे

श्री विष्णु जी...... श्री विष्णु जी...... आप भी "श्री कमल" में विराजे विराजे स्वयं वीर वसुधा को फिर पधारे......

चाहे श्री राम बन पधारे, चाहे श्री कृष्णा बन पधारे
भले पधारो, भले पधारो, श्री विष्णु जी भले पधारो
धन्य धर्म से ध्यान करावें...... धीर धर्म से धन्य निभाते
श्री नाथ का साथ निभावें..... मेरे श्रीनाथ संग धर्म निभावे
श्री गौ गुरुओं का कुम्भ स्वयं श्री गणेश संग आप सर्व देव भरावें
श्री गौ गुरुओं का कुम्भ स्वयं श्री गणेश संग आप सर्व श्री समर्थ भरावें

गौ संग खड़े सर्व श्री-श्री वीर महावीर गुरुओं का भंडारा स्वयं आप श्री-श्री देव भरावें।

भला आप श्री भोले का सदा रहा है

भला आप श्री भोले (श्री महादेव बाबा अमर नाथ जी) से ही उपकार सर्व जग का होगा...... उपकार सदा ही जग का होगा

युगों युगों के युग का होगा।
अनंत-अनंत में आज फिर उपकार मुझ पर बड़ा होगा
अनंत-अनंत में आज फिर उपकार कुरु में फिर होगा
वीर महावीर श्री गौ गुरुओं पर श्री युग धर्म की कृपा होगी
वीर महावीर श्री गौ गुरुओं पर श्री योग धर्म से कृपा होगी।
स्वयं सर्व श्री-श्री को देख..... फिर से वसुधा हँसती होगी
स्वयं सर्व श्री-श्री को देख...... फिर से वसुधा हँसती होगी
ज्योतिसर से ज्योति होगी..... वीर वसुधा हँसती होगी
ज्योतिसर से ज्योति होगी..... वीर वसुधा हँसती होगी
ॐ श्री नाथ नाथाय नमो नमः
ॐ नमो नमः श्री नाथ नाथाय नमो नमः
ॐ नमः शिवाय ॐ नमः शिवाय ॐ नमः शिवाय
जय-जय श्री सर्व सिद्ध समर्थ ब्रह्म देव देवाय नमो नमः नमो नमः
श्री-श्री सर्व सिद्ध समर्थ गौ गुरु देवों नमो नमः नमो नमः

ज्योतिसर से ज्योति होगी...... श्री सूर्य नारायण के परम तेज से
जय-जय की ज्योति होगी...... फिर से हँसती वसुधा होगी
ॐ श्री नाथ नाथाय नमो नमः
ॐ नमो नमः श्री नाथ नाथाय नमो नमः
ॐ नमः शिवाय ॐ नमः शिवाय ॐ नमः शिवाय

पूरी दुनियाँ जिन सूर्य देव को विज्ञान में हाइड्रोजन हीलियम आदि में गैस और आग का गोला कहती हैं। मगर भारत में भगवान श्री भास्कर को तन मन आत्मा से परमपिता परमात्मा के दिव्य रूप में श्री शाश्वत श्री साक्षात ब्रह्म ब्रह्मांडीय शक्ति में देव रूप में अद्भुत अटूट श्रद्धा से आज भी परम वन्दनीय वर विधाता हैं।

आदि-आदि के अनंत काल खंडों में युगों-युगों के श्री ब्रह्म ब्रह्मांडीय कर्मयोगी भगवान सूर्य नारायण के कर्म योग की दिव्यानुभूति में वृक्षदेवता का ह्रदय जब अपनी गहरी छाँव में बैठे युग योगियों को शीतल छाँव में ब्रह्म साधना में प्राकृत व परम का दिया दिव्य बोध आज भी श्री भरत में और देव भूमि श्री भारत राष्ट्र में वर वरदान व वन्दनीय हैं।

आत्मा से परमात्मा के प्राकृत को धन्य हर युग योगी को वृक्ष देवता आज भी वीर वसुधा वर वरदान में अद्भुत वृक्ष देवता कहते हैं की हे मनु के मानव आज तेरी समृद्ध व शक्तिशाली साइंस हैं।

Best of the best brave, brilliant & believable science & scientification.

अद्भुत श्रम, निष्ठा व साहस को निरंतर धारा प्रवाह विकास व विश्वसनीयता हैं। गुफाओं से गगन तक की लम्बी युगों युगों की यात्रा का यथार्थ हैं। मगर प्राकृत प्रकृति में साक्षात व शाश्वत परमात्मा को सृष्टि के कण-कण में देखने, सोचने व समझने की समग्र व सामर्थ्यता का यथार्थ ह्रदय योग नहीं हैं।

विज्ञान परमात्मा का साकार व शाश्वत रूप सबूत के तौर पर खोज खबर में रहता हैं तथा प्रकृति में परम परमात्मा को अपनी साइंस में प्रायः गौण या बिलकुल भी नहीं मानता व जानता हैं।

यही आज मनु के मनोविज्ञान व अन्य विज्ञान (भौतिक) का दुखद दुर्भाग्य हैं।

ऐसा भी नहीं हैं की समस्त विज्ञान विज्ञानी प्रकृति के परम परमेश्वर के प्रति शून्य भाव रखते हैं। बहुत कम दुर्लभ विज्ञान विज्ञानियों को तो सम्पूर्ण ब्रह्मांड एक प्राकृत प्रकृति में परमात्मीय रूप में पूर्ण विज्ञान का अंत मन तक साकार व सरोकार होता है।

श्री सूर्य नारायण की शक्तिशाली उष्मीय व प्रकाशीय किरणों के कर्मयोग श्रम साधना के बिना तो यह धरा सजीव संजीदा में एक पल भी नहीं रह सकती हैं। समस्त वृक्ष वनस्पति, जीव जगत का कोई अस्तित्व अक्ष ही नहीं रहेगा।

हर जैव जीव की उत्पत्ति, पोषण व जीवन यात्रा में भगवान सूर्यनारायण का प्रत्यक्ष योग यज्ञ हैं।

मनु का मानव माने या ना माने इससे श्री सूर्यनारायण को कोई फर्क नहीं पड़ता पर मनु के मानव व मन पर बहुत फर्क पड़ता हैं।

प्राकृत प्रकृति में आस्थावान आस्तिकों को तो जीवन के योग व यथार्थ पूर्ण प्रकृति में ही दृष्टिगोचर हो जाता है। कण-कण में कर्मवीर योग का युगत्व हृदय तक सजीव सकारात्मकता में वीर वसुधा का विस्तृत व विश्वसनीय ज्ञान विज्ञान का वर वरदान भगवान श्री सूर्य नारायण के साक्षी भाव में श्री युग योग पूर्ण परम की अनुभूति अद्भुत आनंददायी होती हैं।

हे वृक्ष देवता एक अमर अनुभूति में विज्ञान को आत्मा की आध्यात्मिकता में परम प्राकृत धर्म कर्म का यथार्थ चित्रण चरितार्थ करें ताकि मनु का मानव विज्ञान और आध्यात्मिकता का वास्तविक दर्शन श्रवण व मनन कर सकें तथा भ्रम या संशय न रहें।

ऐसा वर वंदनीय वर्णन करना की मनु का मानव पुनः प्रकृति और परमात्मा से निश्चल प्रेम पूर्ण आत्तमीयता में हर्ष व गर्व को आत्मीय आनंद में स्पष्ट स्पर्श कर सकें।

भगवान श्री सूर्यनारायण धरा के साथ-साथ हमारे आकाशीय ग्रह परिवार के समस्त ग्रहों को हृदय योग से दिव्य आत्मीय प्रेम प्रकाश का अद्भुत परम प्रदत्त वर आज भी अमर अजर हैं।

आज दूसरे अन्य ग्रहों से भिन्न हमारी धरा तो अब भी शाश्वत सजीव व पूर्ण संजीदा रूप रंग व अद्भुत गुणों में भगवान श्री सूर्य नारायण के योग में ही जीवन के हर क्षण एक अद्भुत व पूर्ण कर्म पुरूषार्थ में योगिनी हैं। इस निष्काम कर्म योग में हमारी माँ वीर वसुधा का हृदय बिना सूर्यनारायण के तो धड़क भी नहीं सकता हैं।

जीवनदायी समग्र प्राकृत रचना व संरचना को जीवनदायी स्वर्ण किरणों में ही सजीव प्राण प्राणत्व शाश्वतमय प्राप्त हैं।

आज मनु के मानव को अपनी अन्तः आत्मा से स्वयं देखने व सोचने की आवश्यकता है कि भगवान भास्कर के यथार्थ व शाश्वत श्री कर्म योग साधना से ही हमारी सम्पूर्ण धीर धरा के जीवन योग में प्राकृत प्रकृति खिल खेल रही हैं।

जब समस्त जैव जगत दैनिक जीवन में कर्मयोग पूर्ण श्रम से थक हार कर सो जाता है। तब भी प्राकृत प्रकृति परम की शक्ति के रूप में हमारी धरा और भगवान सूर्य नारायण जाग्रत रूप व स्वरूप में पूर्ण संजीदगी से एक क्षण के लिए भी विश्राम नहीं करते हैं और न ही सोते हैं।

पूर्ण प्रकृति में परम परमात्मा सदा शाश्वतता व सत्यता से जाग्रत श्री शक्ति में रह कर सम्पूर्ण सृष्टि में प्राकृत व प्रकृति को कर्म पुरूषार्थ से लगातार सींच कर सजीव समृद्ध व संजीदा रखते हैं। यही शक्ति का सद व सत स्वरूप हैं।

प्रकृति के इस परमार्थ पुण्य के बदले क्या लेते हैं? या हम क्या देते हैं?

आज तो मनु के मानव हृदय में श्रद्धा व उपकार का वन्दनीय भाव भी सूख गया हैं। मनु के हृदय में जीवन दाता के प्रति आत्मीय संबंधो को सोचने समझने का चिंतन भव भाव की शून्यता हैं। प्रकृति और परमात्मा तो आज भी पूर्ण व परम के पालक पोषण में सम्पूर्ण व सर्व हैं।

मनु का हृदय अब तो स्वयं मानव प्रजाति के साथ-साथ अन्य जैव जगत के लिए भी मरुस्थल सा बन चुका हैं।

प्रकृति और प्राकृत धर्म कर्म तो बहुत दूर की बात हो गयी हैं।

मनु के मानव का मन प्रकृति व प्राकृत से निरंतर दूर जा रहा हैं फिर भी परमदाता ने कभी दूरी नहीं बनाई।

परम शक्ति के पूर्ण परमार्थ अंश में, श्री वंश में सत्यता से चमकते सूर्यनारायण अपनी अद्भुत कल्याणकारी किरणों का प्रत्यक्ष स्पर्श समस्त जैव जगत में जल, थल व नभ में समस्त प्राणियों को प्रतिदिन करते हैं।

समस्त जैव जगत को जीवन के हर दिन हर रात के बाद आने वाले नये सवेरे के साथ पुनः जीवन दाता के दर्शन की अद्भुत व्याकुलता रहती हैं। व्याकुलता में यथार्थ प्राकृत प्रकृति का अद्भुत व पूर्ण विज्ञान व विश्वास आज भी हैं।

नित नये सवेरे के स्वामी श्री सूर्यनारायण की कल्याणकारी जीवनदायी परम प्रकाश की सुनहरी किरणों में धरा का कण-कण तरोताजगी से पुनः नव शक्ति से चमक दमक से चहक उठता हैं।

नदियाँ अपनी नीर में तुरंत सुनहरी आभा में स्वरूप हो जाती हैं।

सूक्ष्म वायुकाय से विशाल काय जीव तक सभी को समान ऊष्मा और ऊर्जा का अद्भुत जीवन योग में पूर्ण प्राकृत के परम का प्रकाश अपनी हर किरण में धरा के योग को काल के महाकाल में कर्म पुरूषार्थ को प्रेरित व पोषित सजीव शक्ति हैं।

मनु के मानव को छोड़कर सभी जीव प्रकृति के परमार्थ को आत्मीय अक्षीय अक्ष पर अच्छी तरह से जानते व मानते हैं और प्रकृति के प्राकृत व परम के अनुरूप ही सार्थक व सम्पूर्ण हैं।

कई जगह कई जीवों ने प्राकृत प्रकृति के नियम व सिद्धांतो से स्वयं को दूर भी किया हैं और आज भी लगातार दूर होते जा रहें हैं। धरा की प्राकृत प्रकृति तो आज भी पूर्ण व परम है तो क्या परम प्रकृति से दूर जाने के विज्ञान का यथार्थ संतुलन संतुलित रह कर अपने पथ पर कहाँ जा रहा है तथा कहाँ तक जा पायेगा – इसका जवाब शायद अन्य जीव जैव जगत तो नहीं सोच समझ पाये मगर मनु के मानव को तो अवश्य विषय व वास्तविकता के "यथार्थ योग" में मनन करना चाहिए कि प्रकृति ही पूर्ण हैं, प्रकृति ही परम हैं।

प्रकृति ही परम परमात्मा का सम्पूर्ण रूप व स्वरूप हैं।

प्रकृति और परमात्मा ने ही हम सब जैविक व भौतिक तत्वों व प्रण प्राणों को अद्भुत दिव्यता के ह्रदय योग में युगों युगों से आज भी अक्ष अस्तित्व में अमरता को पूर्ण पुरषार्थ के अनंत पथ पर चैतन्य अवस्था में गुरुत्वीय यथा गतिशील हैं।

हे मनु के मानव मैं (सूर्यनारायण) तो अरबों खरबों किलोमीटर दूर गगन में एक जगह स्थिर रहकर भी धर्म धारिणी धीर वीर धरा को अपनी सजीव स्वर्ण किरणों से यथार्थ के योग में हर क्षण सेवार्थ में श्री सौभाग्य को प्राप्त कर्मयोगी हूँ।

आज का मनु तो धरा पर रहकर भी धर्म धारिणी के धर्म व धैर्य में प्रकृति के परम पुरूषार्थ में योग युगत्व के अमर वर वरदान व वंदना को भूल कर भ्रम को प्राप्त होकर श्री ब्रह्म शक्ति से दूर जा रहा हैं।

धीर वीर वसुधा की माटी में ममता, क्षमता व साहस सामर्थ्य के सर्व में सद सत का साक्षात व शाश्वत मनु का मानव सृष्टि के साक्षात्कार में सर्वश्रेष्ठ था।

मैं (सूर्यनारायण) भी तो ब्रह्म ब्रह्मांडीय देवों की शाश्वत सद शक्तियों से ही सुशोभित कर्म कल्याणार्थ में आज भी बिना किसी भेदभाव या पक्षपात समस्त ग्रहों उपग्रहों को अपनी शक्ति का सामर्थ्य समर्पित कर रहा हूँ। मुझे भी ब्रह्म ब्रह्मांडीय देवों से ही अनंत अक्षीण ऊष्मा और ऊर्जा का अक्ष अस्तित्व प्राप्त हैं।

मैं तो अन्तः मन के यथार्थ हृदय से कहता हूँ की मैं जिस श्रद्धा से श्री ब्रह्म समर्पित हूँ उस में मेरे योगेश्वर के योग का परम पूर्ण ही मेरे जीवन योग का यथार्थ हैं।

प्रकृति में परम शक्तियों से निर्मित पूर्ण सृष्टि को मैं अपने किरणों से स्पष्ट स्पर्श कर कल्याण व मंगलकर्म ही मेरा धर्म हैं। प्राकृत प्रकृति के परम से ही मुझे श्री निष्काम कर्मयोग सौभाग्य प्राप्त हैं।

वृक्षदेवता – हे श्री नाथ आपके ह्लदय को सींचते श्री स्वामी और आप दोनों अमर अद्भुत अक्ष पर आज भी युगों युगों से यथार्थ के साक्षात शक्ति में प्राकृत के परम हैं, प्रिय हैं, अद्वितीय हैं।

भगवान श्री सूर्यनारायण – हे मनु के मानव आज धीर वीर धरा पर अपनी ह्लदय दृष्टि से देख की प्रकृति में परम श्री की शक्तियों में कहीं कोई अपूर्णता या पक्षपात (भेदभाव) पूर्ण अक्ष अस्तित्व हैं क्या?

तो फिर आज प्रकृति व परम की वंदना में इतना बँटवारा व फर्क मनु के मानव मन में क्यों हैं?

क्या मैं अपनी प्रकाशीय जीवनदायी स्वर्ण कर्म किरणों को सम भाव व सदभाव में कोई पक्षपात करता हूँ।

सभी मानव्र धर्मो (हिन्दू, मुसलिम, सिख, ईसाई) तथा अन्य समस्त मानव धर्म संस्कृति के साथ-साथ अन्य जैव जगत को बिना आंशिक भेद भाव या पक्षपात के सबका हूँ।

कोई मुझे माने या ना माने, कोई मुझे जाने या ना जाने फिर भी मैं तो सबको मानता हूँ और सबको जानता हूँ।

प्रकृति के प्राकृत में मानव को मन व ह्रदय से समझना व सोचना चाहिए कि क्या मेरे निष्काम कर्म योग में कोई कमी या दोष है?

हे मनु के मानव तेरी दृष्टि में ही दोष हैं। अपनी दृष्टि से सृष्टि के प्रति विकृत सोच व समझ की संकीर्ण व विकृत (दूषित) विचारधारा से तो प्रकृति व परम परमात्मा के अनंत असीम अद्‌भुत का आत्मीय दर्शन व श्रवण का ज्ञान बोध असंभव हैं।

सभी धर्म संस्कृति के समस्त पंथ संप्रदाय के मनवो तथा मानव विज्ञान को मैं स्पष्ट दिखता हूँ और मैं भी सबको पूर्ण सजीव संजीदगी से देखता हूँ।

मैं अन्तरिक्ष में ब्रह्म शक्ति की अनुपालना में नित्य कर्म पुरूषार्थ कर प्राकृत में पूर्ण पुण्य धर्म को समर्पित ब्रह्मांड के श्री ब्रह्मयोग में अनंत असीम में सर्वत्र विराजमान श्री कमल करुणामयी ब्रह्म देवों का ही वंशज हूँ।

मेरे जैसे अनगिनत श्री परम तेज को प्राप्त मुझसे भी बड़े बड़े धीर वीर कर्मयोगी हैं। जो मेरे ही श्री परम पूर्वज हैं जो आज भी अपने-अपने अक्ष पर अस्तित्वान हैं।

मैं जहाँ अक्ष अस्तित्व हूँ वहाँ तक साधारण जन मानव या अन्य प्राणी का आना असंभव हैं। मगर युग को योग समर्पित योगियों का ह्रदय मेरे ह्रदय से सदा जुड़ा रहता हैं और मैं भी जुड़ा रहता हूँ।

मैं अपनी दिव्य किरणों से स्पर्श करता हूँ। श्री योगियों, श्री ज्ञानिओं, श्री विज्ञानियों व श्री महात्माओं का चेतन्य मन मुझे ध्यान धर्म में स्पष्ट आत्मीय स्पर्श कर सकते हैं।

श्री योगियों व श्री आत्म ज्ञानियों से मेरा संवाद क्षण भर में हो जाता हैं। यह बात वहीं समझ सकता हैं जिसमें युगों युगों का परम पुण्य प्राकृत धर्म योग में हर जन्म हर जीवन श्री धन्य ध्यान किया हो तथा अपने जीवन को स्वयं में न समेट कर सर्व को श्रेष्ठ व सिद्ध किया हो।

हे मनु के मानव आज (कलयुग) तो तू धरा का भी ध्यान नहीं रख पा रहा हैं। मुझ तक या मेरे श्री योग तक पहुँचने के लिए तो तेरे पास समय ही कहाँ हैं?

चल आज मैं स्वयं ही तेरे ह्रदय योग में श्री युग तक पहुँच कर एक अद्भुत भ्रमण पर चल कर श्री ध्यान धर्म के ज्ञान विज्ञान में श्री ब्रह्मानंद को समर्पण समर्पित होते हैं।

मैं (भगवान श्री सूर्य नारायण) परम प्राकृत धर्म से ध्यान को प्राप्त धन्य धूरी पर एक जगह स्थिर होते हुए भी सर्वत्र चहुँ ओर प्रकाश रूप में पूर्ण योग देकर आज भी अमर अजर अनंत असीम श्री ब्रह्म ब्रह्मांड में परमशक्ति युक्त परम भक्ति में पुरूषार्थ को प्राप्त शौभाग्यशाली हूँ।

मेरे साथ अनंत असीम से अनगिनत श्री कर्मयोगियों का कर्म पुरूषार्थ इस धरा को आज भी अद्भुत देवत्व शक्तियों से श्री काल के महाकाल में योग यथार्थ युग यथार्थ हैं।

परम प्रकृति में हमारी पुण्य धरा को इतना अद्भुत व अनमोल बनाने में अनगिनत श्री कर्मयोगियों की आत्मीय देवशक्तियों का धर्मयुक्त श्री सत्यनिष्ठ कर्म पुरूषार्थ से ही धरा आज भी सभी की प्राण प्राणत्व जननी है।

हे मनु, भगवान इंद्रदेव तो आज भी सागरों व महासागरों, श्री वायुदेव आदि के आपसी कर्मयोग श्री सहयोग से अमर शक्तियों को प्राप्त वीर वसुधा का जीवन तथा वीर वसुधा से जीवन की ज़ोत अमर पथ पर जयकारों में गूँजमान व गर्व गौरवान्वित यथार्थ ह्रदयवान हैं।

सबके मंगल में बरसते इंद्रदेव के साथ सागरदेव, वायुदेव, वृक्षदेव सभी मिल कर एक परम पुरूषार्थ से पुण्य धरा को आज भी प्रत्यक्ष ह्रदय योग से वंदन व अभिनंदन हैं। सर्व महाशक्तियों में सद व सत की शाश्वत श्री कालजयी कर्म को चरितार्थ अपना अपना अक्ष अस्तित्व श्री योग अद्भुत हैं।

परम प्राकृत जगत के साथ-साथ निरंतर विस्तारित सम्पूर्ण श्री ब्रह्म ब्रह्मांड में व्याप्त अनंत प्राकृत कर्मयोग शक्तियों के दृश्य अदृश्य रूप व स्वरूप में यथार्थ योग परम में नदियाँ अपनी अमर यात्रा प्रवाह में, श्री पवन देव भी अपने पुण्यार्थ पुरूषार्थ प्रवाह में आज भी धरा के प्राण प्राणत्व अमर अजर महाशक्ति में शाश्वत सद व सतपूर्ण सर्व प्राकृत में पूजनीय एवं श्री वन्दनीय हैं।

हे मनु, इस धीर वीर धरा को सींचती पूर्ण व परम महाशक्तियों को धार्य श्री धर्मवीरों महावीरों के ह्रदय योग कर्म कमल में कहीं कोई भेदभाव या अभाव आज भी नहीं हैं।

धीर वीर धर्म धरा आज भी धन्य धर्ममय ही हैं।

धीर वीर धर्म धरा आज भी धन्य धर्ममय ही हैं।

श्री सम्पूर्ण जगत की जननी जिस पर मनु के वर्तमान अत्याधुनिक व्यस्त मशीनी काल में मनु का मन मस्तिष्क के साथ ह्रदय भी संवेदनहींन मशीन जैसा बन गया हैं।

सृष्टि के सद्सत पूर्ण श्रम व साक्षात सामर्थ्य में श्री महाशक्तियों को जब महामनु का मानव आत्मीयता से देखता हैं तो वे महाशक्तियाँ भी महामनु के मानव मन व आत्मा को भी धन्य ध्यान से देखते हैं।

आज के मनु के मानव ने तो बहुत कुछ बाँट दिया और आज भी बट रहें हैं और बाँट रहें हैं।

सागरों, नदियाँ, पर्वतों, पठारों, जमीन, जंगलों के रूप में जल, थल नभ सबका बँटवारा हो गया और आज ऐसे बटे की शायद अब बाँटने बटने के लिए कुछ बचा ही नहीं?

धरा तो बट चुकी हैं।

विचित्र हाल में आज वीर वसुधा हैं। हाल देख वीर वसुधा का स्वयं मैं भी अब तो हैरान हूँ।

धरा का पुत्र रोज अपनी ही जमीन को जख्म दे रहा हैं।

व्यवहार आचार विचार में संवेदना की धाराएँ सिकुड़कर सूख रही हैं। कहीं ऐसा ना हो की मनु का मानव पूरी ही सूख जाए।

प्रकृति की सर्व सम्पूर्णता से ही आज धरा पर धर्म धन्य पूर्ण कर्म (पुरूषार्थ) धार्य विविध व विपुल जीवन जीवात्म की अमर अद्‌भुत जागती जोत हैं।

जीती जगती, हँसती खेलती, रोती बिलखती, चेतन अवचेतन, जाग्रत सुप्त, जागती सोती, दौड़ती थमती, पूर्ण अपूर्ण, ज्ञात अज्ञात, बोध बुद्धत्व, युग युगत्व में श्री योग युगत्व को प्राप्त धरा पर जीवन रचना में मनु सर्व समर्थ को प्राप्त सिद्धहस्त था।

आज तो मनु का मानव प्रकृति की प्राकृत परम महाशक्तियों से दूर स्वयं की साइंस में ही गुम हैं।

मनु सृष्टि से सृष्टि की ही महाशक्तियों से साक्षात व शाश्वत हैं और गुरु गुरुत्त्वीय जगत जननी से आत्म साक्षात्कार से सीख कर ही मानव विज्ञान में निरंतर क्रमबद्ध व धारा प्रवाह हैं।

धरा के पल-पल के अद्‌भुत आत्मीय अक्ष व कक्ष में मनु के मानव को आत्मतृप्त प्रकृति के प्राकृत आँचल में क्या नहीं मिला?

कण-कण में सर्वत्र शक्ति, साइंस व श्रम अर्पित व समर्पित सजीव शाश्वत समर्पण की समग्रता की कभी न ख़त्म होने वाली सम्पूर्णता हैं। विद्यार्थियों को विद्या , विद्या को विनय, विनय को वरदान, ज्ञानियों को ज्ञान, विज्ञानियों को विज्ञान, ध्यानियों को ध्यान, योगियों को योग, वीरों को वीरता, धीरों को धीरता आदि समस्त भवों के समस्त भावों में युगों युगों से मनु के मानव मन व ह्रदय को धरा धन्य ध्यानमय धर्ममय अद्‌भुत परम परमानन्द को साकार श्री साक्षात्कार में पूर्ण परम व पूजनीय शक्ति स्वरूपा आज भी अद्‌भुत अमर योग युग युगत्व देती हैं।

स्वयं देवी (श्री धरा) ही देती हैं, स्वयं देवी ही देती हैं

नहीं कुछ भी लेती हैं, नहीं कुछ भी लेती हैं।

भवों भवों से भूखी हैं

भवों भवों से भूखी हैं

फिर भी सिवाय श्री स्नेह कुछ नहीं लेती है

भवों भवों से दुखी हैं।
फिर भी कुछ नहीं कहती हैं।
कैसी अद्भुत देवी (वीर वसुधा) हैं।
वीर देवों की बेटी हैं
गोद में मेरे बैठी हैं
फिर भी कुछ नहीं कहती हैं
ऐसी वीर मेरी बेटी हैं
वीर वसुधा मेरी बेटी हैं, धीर वसुधा मेरी बेटी हैं
देख मनु ----- घोर संकट में बैठी हैं।
मेरे गोद में ही बैठी हैं
ऐसी मेरी बेटी हैं
ऐसी मेरी बेटी हैं
फिर भी कुछ नहीं कहती हैं
ऐसी मेरी बेटी हैं
श्री राम सी बेटी हैं, श्री राम सी बेटी हैं
फिर भी कुछ नहीं कहती हैं
ऐसी मेरी बेटी हैं
ऐसी मेरी बेटी हैं......

हे मनु...... श्री काल के महाकाल में धरा की धड़कनों में प्राकृत प्रकृति से निकलती सर्व महाशक्तियों को ह्रदय योग में अन्तः मन से ही दृष्टिगोचर कर दिव्य व दुर्लभ मानव महात्मा परम को पूर्ण आत्मसात, आत्म साक्षत्कार, आत्मतृप्त ज्ञान विज्ञान के सकारात्मक सार्थक व सम्पूर्ण के श्री योग योगेश्वरों से युगों युगों की हर जीवन यात्रा में श्री सद सत पूर्ण सत्यार्थ भव भाव भक्ति से ही धन्य ध्यान को प्राप्त होते हैं।

श्री परम पूर्ण प्रकाश से अँधेरे को छांट कर अमरता के श्री क्षितिज तक अनंत अद्भुत श्री अमर यात्रा में हर क्षण हर युग शाश्वत अद्भुत चित चैतन्य प्रकाश (श्री प्रज्ञावान

प्रभावान) से मनु के तन मन व ह्रदय में अद्भुत भव भाव पूर्ण परम (श्री) को प्राप्त होना ही श्री भक्ति हैं। श्री भव हैं, श्री भाव हैं, श्री सार हैं।

श्री ब्रह्म ब्रह्मा जी दाता बावजी की गोद में सर्व श्री ब्रह्म ब्रह्मांड सर्व श्री ब्रह्म ब्रह्मांड की गोद में मैं (श्री सूर्य नारायण) और मेरी गोद में मेरी धीर वीर वसुधा और मेरी धीर वीर वसुधा की गोद में विराजमान दिव्य एवं भव्य श्री भरत श्री भारत भक्तों ने सदा मेरी भक्ति को पाया हैं, मेरी सर्व श्री शक्ति को पाया हैं।

हे मनु...... आज धीर वीर वसुधा पर पूर्ण से पूर्ण व परम से परम को प्रकाशित श्री युग योग ह्रदय की आत्म आध्यात्मक आवश्यकता हैं।

जिस ह्रदय की योग में साधकर युग को और युग को ह्रदय में साधकर सद व सत का शश्वत साक्षत्कार (दर्शन, श्रवण व मनन) मैं करता हूँ वह आज भी अद्भुत अक्ष ओज अस्तित्वपूर्ण हैं।

हे मनु...... वह मन जो मुझे मानता, जानता, समझता हैं उसे मैं भी मानता, जानता व समझता हूँ।

कोई माने या ना माने, कोई जाने या ना जाने, कोई सोचें या ना सोचें, कोई समझें या ना समझें – यह सब प्राणी ह्रदय व मन पर निर्भर हैं कि वह सद व सत की शाश्वत सात्विकता में समाहित सृष्टि को किस दृष्टि से स्वीकार सरोकार करता हैं।

हे मनु ह्रदय योग में मन ही मनु की आत्मा को महात्मा बनकर परम व पूर्ण प्राकृत परमात्मा के दिव्य श्री ब्रह्म दर्शन को प्राकृत प्रकृति के कण-कण में करा कर तृप्त तटस्थ व शांति चित चरित्र व समाधि तक अद्भुत से परम व पूर्ण को आत्मसात सिद्ध साकार स्वीकार्य अक्ष अस्तित्वता में अमर आत्मीय बोध बुद्धत्व, युग युगत्व को साधता साधक संजीवनी हैं।

स्वच्छ व स्वस्थ ह्रदय में मन भी स्वच्छ व स्वस्थ ही होता हैं और मन में सद व सत की अनन्त शाश्वत सृष्टि की दिव्य दृष्टि हैं तो अनंत अखंड श्री ब्रह्म ब्रह्मा जी का वास हैं।

मनु --- हे स्वामी श्री सूर्यनारायण आपका अमर अद्भुत उच्च व श्रेष्ठ मन व मनोयोग को सींचता, संवारता, सहलाता स्वच्छ, स्वस्थ श्री स्वर्णिम ह्रदय आदि-आदि से

आज भी अद्‌भुत अक्ष अक्षीय अस्तित्व में शाश्वत श्री ब्रह्म सृष्टि म पूर्ण प्रभा प्रज्ञावान पुण्य पुरूषार्थ में परम व पूर्ण हैं।

श्री सूर्य नारायण – हे मनु मेरी आत्मा, अक्ष व अस्तित्व में समाहित सद व सत को सुशोभित तेज प्रकाश की स्वर्ण किरणों से कर्म कल्याण में धर्म धरा आज भी धीर वीर धन्य को प्राप्त अद्‌भुत श्री योग योगिनी हैं।

आदि-आदि से आज तक वे मनु मनीषी, ऋषिमुनि, श्री योग योगी जिन्होंने श्री धर्म धरा पर रहकर तन मन ह्रदय की आत्म आत्मीयता से एक होकर श्री श्रद्धा से सर्व सृष्टि की शक्तियों को समर्पण समर्पित योग से श्रेष्ठ चिंतन मनन युक्त चैतन्य साधना में यथार्थ ह्रदय से स्वयं व संसार सागर को साध रहें हैं।

उन मुक्त मोक्षिय श्री ब्रह्मानंद वर वरदान को प्राप्त वसुधा के हर प्राण प्राणत्व प्राणियों में सर्वश्रेष्ठता को सिद्ध स्वीकार्य समर्थता में मनु महात्माओं द्वारा आदि-आदि को पार कर परम को प्राप्त पूर्ण व पूर्ण में परम दिव्य दुर्लभ मुझे आज भी परम प्रिय हैं...... परम प्रिय हैं तथा सदा प्रिय रहेंगे।

जब तक श्री ब्रह्म ब्रह्मादाता बावजी के अनंत ब्रह्म ब्रह्मांड में मैं हूँ वे भी मुझमे अमर अलंकृत अमर आभूषित रहेंगे...... मेरे अंश में रहेंगे...... मेरे वंश में रहेंगे.... जो आज है..... वे पूर्व में भी थे..... और जो आज हैं वे ही आगे अनंत-अनंत भावी श्री काल खंडों में भी सदा रहेंगे..... युगों युगों के श्री योग में वे सदा मेरे अपने रहेंगे.... मैं भी सदा-सदा उनका अपना रहूँगा।

हे मनु----- जब-जब मेरे मनु महात्माओं ने अपने मन को श्री मंगल ब्रह्म युग योग यज्ञ में लगाकर अपने ह्रदय सागर को पावन पुण्य (श्री पुरूषार्थ) में परम को प्राप्त किया है तब-तब इस धीर वीर वसुधा पर धर्ममय प्राकृत पुरूषार्थ पूर्ण प्रकृति को मैंने अद्‌भुत प्रसन्न व प्रफुल्लित पाया हैं।

महामनु (महात्मा) का मन पूर्ण मनोयोग में जब आत्म नियंत्रित (श्री आत्म संयमी) होकर स्वयं पर विजय प्राप्त कर लेता है तो वह वृहद विराट विवेकी सम्पूर्ण विश्व वसुधा को भी अपने ह्रदय योग में परम प्रसन्नता पूर्वक बसाने का अद्‌भुत साहस क्षमता व सामर्थ्य को प्राप्त हो जाता हैं।

मेरे ऐसे परम पावन पारस वीरों के विराट ह्रदय में मेरा मन सदा रमा हैं। मेरी वसुधा का मन सदा भरा हैं, मेरे श्री राम रघुवंशी का मन भी सदा लगा हैं।

सर्व काले सर्व भूते स्वयं श्री त्रिलोकनाथ नाथाय भी रमने रमाने (श्री भ्रमण) हर्ष ह्रदय (मन) से श्री युग योगियों में आते हैं...... श्री युग योगियों में आते हैं।

युगों युगों से हर युग सर्व देव रमन को आते हैं
युगों युगों से हर युग दूर गगन से आते हैं
छूने चरण वीर वसुधा के मनु (मानव) अवतार में आते हैं
देने दिव्य देव वर वरदान अमर अवतार में आते हैं।
युगों युगों की यशोधरा के ह्रदय आँगन को आते हैं
युगों युगों की यशोधरा के ह्रदय आँगन को आते हैं
देकर अपना दिव्य अवतार फिर गगन को जाते हैं
देकर अपना दिव्य अवतार फिर से दूर गगन को जाते हैं
युगों युगों से हर युग सर्व देव रमन को आते हैं
युगों युगों से हर युग दूर गगन से आते हैं
छूने वीर वसुधा का अमर आँचल मनु अवतार में आते हैं
छूने वीर वसुधा का अमर आँचल अमर उजाले में आते हैं
मैं भी अपनी स्वर्ण रश्मियों को लेकर रोज आता हूँ
मैं भी अपनी स्वर्ण रश्मियों देकर रोज पूर्ण प्रज्ञा को जाता हूँ
रहता हूँ दूर अनंत श्री ब्रह्म गगन में फिर भी रोज वीर वसुधा को आता हूँ
रहता हूँ दूर अनंत श्री ब्रह्म गगन में फिर भी तुझसे कहता हूँ
रहता हूँ दूर अनंत श्री ब्रह्म गगन में फिर भी तुझमें रहता हूँ
रहता हूँ दूर अनंत श्री ब्रह्म गगन में फिर भी आज मैं तुझसे कहता हूँ......
वीर वसुधा हँसती थी तो संग उसके हँसता था
वीर वसुधा रोती थी तो संग उसके रोता था

हे मनु..... अब तो घोर कलयुग में वीर वसुधा पर मनु के अविवेकी आचार विचार पूर्ण दुर्व्यवहारमय अत्याचारों से न हँसती है न रोती हैं।

देख देख दुःखी खामोश धीर धरा को मैं भी पूर्ण खामोश रहता हूँ।
मन करता है प्रलय कर दूँ, मन करता है प्रलय कर दूँ
सारे दुःखों को दूर करने फिर से वसुधा ख़ाली कर दूँ
हर हाल में हर बार फिर वीर वसुधा मुझे रोक देती हैं
हर हाल में हर बार फिर वीर वसुधा मुझे रोक देती हैं
हर हाल में हर बार क्यों वीर वसुधा मुझे रोक देती हैं
देकर धोक मुझे हर बार वीर वसुधा मुझे रोक देती हैं
देकर धोक मुझे हर बार स्वयं वसुधा रोक देती हैं।
क्यों रोक रही हैं पुत्री तो सिर्फ इतना कहती हैं
सूखे जंगल संग हरा सुनहरा उपवन भी संग सूखे के जल उठेगा
......तो पाप (अधर्म) आप परम परमार्थ पुण्य को क्यों व्यर्थ में यो लगे
......कुछ पापियों के लिए, सर्व का यों ना नाश करें
......कुछ पापियों के लिए, सर्व का यों ना नाश करें
हे नाथ (परम पिता) मेरे, श्री नाथ मेरे
अर्ज करती हूँ मैं (वसुधा) तो अब भी
मेरे कारण आप परम परमार्थ को कभी पाप ना लगे, कभी पाप ना लगे
मेरे परम परमार्थ पिता (श्री सूर्य नारायण) पर कभी पाप ना कोई चढ़े
मेरे परम परमार्थ पिता पर कोई पाप ना चलें।
मेरे रघुवंशी श्री राम को मेरे ह्रदय में मर्ज करावें
मेरे वन उपवन के सारे दर्द को दर्ज करावें
धन्य ध्यान धर्म से धोक देती हूँ..... हे दिव्य देव पिता मैं (वसुधा)
फिर आपको..... श्री धन्य धर्म से फर्ज़ निभावे...... हे वीर परम
पिता मेरे...... श्री धन्य धर्म से फर्ज़ निभावे...... हे वीर परम पिता मेरे!

दाता मेरे मेहर करो

दाता मेरे मेहर करो

सारे जग पर लहर करो

सारे जग पर लहर करो......

पुण्य परम उपकार करो

पुण्य परम उपकार करो

दया धर्म का फिर से..... मेरे मनु में संचार करो

दया धर्म का फिर से..... मेरे मनु में संचार करो

एक नया अवतार धरो..... मेरे मनु को माफ़ करो

एक नया अवतार धरो..... मेरे मनु को माफ़ करो

धीर धर्म से धन्य करो..... फिर से मेरे मनु को परम पूर्ण करो

धीर धर्म से धन्य करो..... फिर से मेरे मनु को परम पूर्ण करो

अनंत-अनंत में आज फिर एक नया उपकार करो.....

मेरे मनु को अब आप श्री देव माफ़ करो

अनंत-अनंत में आज फिर एक नया उपकार करो.....

मेरे मनु को अब आप श्रीदेव माफ़ करो

प्रलय चक्र को साफ करो..... धीर धर्म से सब माफ़ करो

प्रलय चक्र को साफ करो..... वीर धर्म से सब माफ़ करो

दाता मेरे मेहर करो

दाता मेरे मेहर करो

सारे जग पर लहर करो

सारे जग पर लहर करो......

पुण्य परम उपकार करो

पुण्य परम उपकार करो

दाता मेरे माफ़ करो...... अब न प्रलय आप करो

दाता मेरे माफ़ करो...... अब न प्रलय आप करो
एक नया अवतार धरो...... मेरे मनु को माफ़ करो
धीर धर्म से धन्य करो...... मेरे मनु को परम करो
दया धर्म का फिर से...... मेरे मनु में संचार करो
दया धर्म का फिर से...... मेरे मनु में संचार करो
मेरी माटी के कण-कण में..... कर्म धर्म के कर्णधार भरो
मेरी माटी के कण-कण में..... कर्म धर्म का भार भरो
मन में आपके जो प्रलय हैं...... उसको अब आप शांत करो
मन में आपके जो प्रलय हैं...... उसको अब आप शांत करो
अनंत-अनंत के श्री ब्रह्म गगन से..... अब तो प्रलय पार करो
अनंत-अनंत के श्री ब्रह्म गगन से..... अब तो प्रलय पार करो
अनंत-अनंत के श्री ब्रह्म गगन में..... बीच मझधार आज मैं खड़ी हूँ
अनंत-अनंत के श्री ब्रह्म गगन में..... बीच मझधार आज मैं खड़ी हूँ
अब तो नय्या पार करो..... अब तो नय्या पर करो
हे नाथ मेरे, श्री नाथ मेरे, हे नाथ मेरे, श्री नाथ मेरे
मान मेरी माटी का..... फिर से आप श्रीमान करो
मान मेरी माटी का..... फिर से मेरे मनु में स्वयं आप श्रीमान भरो
मान मेरी माटी का..... फिर से मेरे मनु में स्वयं आप श्रीमान भरो
उपकार अनंत-अनंत में आज फिर घोर काल कलयुग में होगा
उपकार अनंत-अनंत में आज फिर घोर काल कलयुग में होगा
हे नाथ मेरे, श्री नाथ मेरे, हे नाथ मेरे ,श्री नाथ मेरे
काले काले सारे कलयुगी बादल...... अनंत ब्रह्म में फिर से छटेंगे
काले काले सारे कलयुगी बादल...... अनंत ब्रह्म में फिर से छटेंगे
होगा अनंत-अनंत में फिर उजयारा...... सर्व ब्रह्म के श्री गगन में
होगा अनंत-अनंत में फिर उजयारा...... सर्व ब्रह्म के श्री गगन में

कण-कण मेरा फिर चमक उठेगा..... बनकर मोती मानस में

कण-कण मेरा फिर चमक उठेगा..... बनकर मोती मानस में

अनंत ब्रह्म के श्री गगन में...... अनंत ब्रह्म के श्री गगन में

हे नाथ मेरे श्रीनाथ मेरे हे नाथ मेरे श्रीनाथ मेरे

ॐ श्री नाथ नाथाय नमो नमः

ॐ श्री नाथ नाथाय नमो नमः

नमो नमः नमो नमः

ॐ श्री-श्री सर्व देव देवाय नमो नमः

हे मनु...... भगवान अमरनाथ (श्री महादेव जी) की अमर कथा आज भी धरा पर नहीं अपितु सम्पूर्ण श्री ब्रह्म ब्रह्मांड में लयबद्ध ध्वनि में धर्मबद्ध धारा में प्रवाहवान हैं।

कण-कण में कर्मकल्याण करते हुए मंगल अमरता का रसपान करती भगवान श्री शिव की अमर कथा को तन मन व हृदय से एकाग्रचित एक एकत्व होकर आत्म आध्यात्मिकता से श्रवण किया वे सभी प्राण प्राणत्व प्राणी परम पुण्य प्रकाश में आज भी अमर अनंत अद्‌भुत हैं।

भगवान शिव ने अपने ह्रदय योग से अन्तः मन से ही माँ पार्वती जी को अनंतता में अमरता और अमरता में अनंतता का अद्‌भुत श्री सद्‌सत भावपूर्ण वैचारिक रसपान कराया था।

तब सदाशिव भगवान श्री अमरनाथ की अमर आत्मीयता और शक्ति स्वरूपा माँ पार्वती का मनोयोग व हृदययोग के दर्शन श्रवण में मैं (श्री सूर्यनारायण) भी गगन में साक्षी भाव से भव भाव में युग योग के यथार्थ में तब भी था और आज भी हूँ।

भगवान अमरनाथ ने मनु मनीषियों, ऋषियों मुनियों, श्री युग योगियों को अमर वर वरदान में अनंत असीम ब्रह्म में जगत जननी धीर वीर वसुंधरा को धर्म धारण करने योग पूर्ण व परम यथार्थ ह्रदय (मन) श्रीसद समर्पित किया था।

सम्पूर्ण वसुधा को वरण कर सकने वाले वीरों और धीरों ने अपना सम्पूर्ण जीवन हर युग अपना यथार्थ ह्रदय योग देकर ही पूर्ण से पूर्ण व परम से परम को अमर

आत्मसात में मंगल अमर यात्रा करते हुए आज भी श्री कर्मयोग पथ पर अमर पथिक धर्म पर ही हैं।

युगों-युगों से विशाल ही हुए हैं पर विचलित कभी नहीं हुए हैं।

थक जाते हैं तो वसुधा अपने अमर आत्मीय आँचल में थाम कर थकान दूर कर पहले से ज्यादा श्री सद सत क्षमता सामर्थ का मन मनोयोगपूर्ण श्री युग योग युगत्व देकर "धीर वीर योग योगिनी वसुंधरा" गर्व गौरवान्वित धर्म में धन्य को प्राप्त पूर्ण में पूर्ण व परम में परम को प्राप्त आज भी अमर अद्‌भुत अनंत क्षमता की ही ममता (माता) हैं।

युगों युगों की यथार्थ श्री योगमय यात्रा में श्री-श्री के सर्व पथ व पथिक का आत्म अनुभव आज भी धरा पर प्राकृत प्रकृति के कण-कण में यथा समय के क्षण-क्षण में अद्‌भुत अद्वितीय अक्ष स्थान व कक्ष में कालजयी हैं श्री कर्मजयी हैं। अनंत-अनंत के श्री धर्म में धर्मजयी हैं।

मनु...... हे नाथ आप और आपके के श्री ब्रह्म ह्रदय योग से प्रकृति में धीर वीर धरा आज भी परम व पूर्ण को धार्य अद्‌भुत योग योगिनी हैं, युगों युगों की श्री योग योगिनी हैं।

कण-कण कर्म पुरूषार्थ में श्री योग योगिनी के युगत्व में आदि-आदि के अनगिनत कालखंडों को आत्मसात आत्मानुभूत अनुभूतियों के अक्ष पर अमर अस्तित्व में आत्मीय आनंदमय आस्था व श्री श्रद्धा में श्रेष्ठ शक्तिस्वरूपा हैं।

श्री ब्रह्म ब्रह्मांडीय परम में अमर आत्मीय श्री श्रद्धा व सद्‌सत पूर्ण श्री सम्पूर्ण को शिरोधार्य सृष्टि में धरा के प्राकृत में, धरा की प्रकृति में, धरा के पूर्ण की वंदना का वर वरदान आज भी अद्‌भुत सौभाग्य हैं।

हे मनु...... भले ही श्री परम धर्म से देखें या आज के आत्याधुनिक ज्ञान विज्ञान की दृष्टि से मनु देखें तो भी पूर्ण सत्य व शाश्वत हैं कि प्रकृति ही पूर्ण हैं, प्रकृति ही परम हैं।

आज मनु को पता है की H2O यानी पानी जीवन का आधार हैं। एक बात मनु को सदैव स्मरण रहनी चाहिए कि मानव ज्ञान विज्ञान की यात्रा में आज जिस क्षितिज पर हैं वहाँ से निर्बाध व निरंतर आगे बढ़ता रहेगा, अनुसंधान (शोध) में बड़े बड़े प्रयोगों की प्रमाणिकता में प्रयोगशालाओं का विस्तार विस्तारित करते रहेंगे तथा

ज्ञात से अज्ञात की नित नई उपलब्धियों के अविश्वसनीय कीर्तिमान के साथ अपनी विशिष्ट वैज्ञानिक सोच समझ व साहसिक स्वप्नों को सकार चरितार्थ करते रहेंगे तो भी प्रकृति को कभी किसी कालखंड में कोई आपत्ति नहीं रहेंगी..... ध्यान रखें की प्रकृति के साथ अनावश्यक छेड़छाड़ न हो...... आज का विज्ञान कहीं आने वाले कालखंडों में अभिशाप न बनें...... विज्ञान का हस्तांतरण कभी किसी अविवेकी अविज्ञानी के हाथों ना हो।

हे मनु..... धीर वीर धरा को धन्य धर्म में जल, नभ, वायु, अग्नि महाशक्तियों के रूप में स्वरूप में प्राप्त हैं।

ये महाशक्तियाँ ही इस धरा पर जीवन संजीवनी हैं।

परम प्राकृत प्रकृति की इन महाशक्तियों (तत्वों) के एक-एक कण-कण में अद्‌भुत कर्मयोग शक्ति हैं।

मनु और मनु के विज्ञान को चाहिए की इनका और इनके स्वामी (देवी देवताओं) का सदा सत्य निष्ठा पूर्ण सम्मान करें...... यदि धरा पर ये सभी शक्तियाँ संतुलित एवं संयमित रहेंगी तो जीवन कभी जटिल या कुटिल नहीं रहेगा..... लेकिन यदि मानव विज्ञान प्रकृति पर विजय प्राप्त करने के लिए इनसे अमर्यादित अमानवीय भूल को जानबूझ कर करेगा तो शायद नहीं निश्चित रूप से न मानव रहेगा और न मानव की विशिष्ट विश्वसनीय विज्ञान रहेंगी।

हे मनु..... मानव या मानव विज्ञान भले ही माने या न माने पर सत्य तो यही है की प्रकृति से प्रदत्त जल से ही धरा पर जीवन की जोत हैं। प्रयोगशाला में पानी (H2O) को बना कर कभी प्यास नहीं बुझाई जा सकती हैं।

It's not possible...... It's never possible.

हे मनु...... जिन बीजों को प्रकृति के प्राकृत परम ने स्वयं बनाया उन्हें मनु बो तो सकता हैं मगर प्रयोगशाला में कभी नहीं बना सकता हैं. बीज तो वृक्ष (वनस्पति) ही बना सकते हैं।

प्रकृति के प्राकृत में परम व पूर्ण शक्ति, श्रद्धा व समर्पण को शाश्वत साक्षात्कार में वट वृक्ष के सूक्ष्म बीज से विशाल वट वृक्ष तक के पूर्ण जीवन योग का अक्ष अस्तित्व आज भी अमर अद्‌भुतपूर्ण समाहित होता हैं।

आज भी प्रकृति के प्राकृत में परम व पूर्ण शक्तियों में वृक्ष वनस्पतियों के बीजों के बीजत्व में गुण गुणत्व अद्‌भुत हैं।

प्रकृति में सबकुछ श्री ब्रह्म शक्तियों के विधि विधान की अटूट अचूक विश्वसनीयता में अक्ष अस्तित्वमान हैं।

हे मनु..... मानव ह्रदय के केंद्र में भी जो सदभाव विचार (बीज) होते हैं। वे बड़े अनमोल व अतुल्य होते हैं।

आज भी जैन व बुद्ध धर्म के श्री गुरु भगवंत धर्माचार्यों के ह्रदय केंद्र में अमर अनंत परम धर्म को पोषित बीज (सदभाव भावना) इस धरा के धरोहर हैं। महावीर स्वामी और गौतम बुद्ध जैसे महा तीर्थकरों को धरा के साथ-साथ मैं भी नित्य श्री नमन करता हूँ।

हे मनु..... यहाँ मैं तेरे लिए ही नहीं अपितु सर्व जगत के लिए मेरे ह्रदय से अनंत असीम अन्तः मन कहता हूँ कि नर अवतार में धरा पर ऐसे वीर विराटो के श्री प्रज्ञा पूर्ण प्रभा मण्डल को मैं और धर्म धन्य धरा तो क्या सर्व श्री ब्रह्म गगन के देवी देवता भी नित्य श्री नमन करते हैं। हर्ष हर्षित ह्रदय से श्री अभिनंदन करते हैं। श्री अभिनंदन करते हैं। श्री अभिनंदन करते हैं।

एक ही श्री कालखण्ड में कहूँ या श्री धरा धर्म गर्व में कहूँ.....

एक साथ दो कालजयी काल कल्याणी कमल खिले थे...... वीर वसुधा के ह्रदय आँचल में..... स्वयं श्री ब्रह्म ब्रह्माजी दाता बावजी के ही दोनों आज भी अद्‌भुत बेटे हैं..... स्वयं श्री ब्रह्म ब्रह्माजी दाता बावजी के ही दोनों आज भी अद्‌भुत बेटे हैं।

अमर अवतार में..... अनंत अवतार में देह त्याग पूर्ण प्रतिमा में पुष्प पुष्पित श्री सुगंध संग दिव्य दोनों देवों से आज भी धरा महक रही हैं।

श्री धरा धर्म में परम आत्मीय पूर्ण विज्ञानी दिव्य दोनों देवों की परम प्रतिमा से आज भी परम प्रज्ञा के श्री प्रभा मण्डल से केवल परम धर्म ही निखर रहा है।

श्री धर्म धरा के कण-कण में मंगलमय में बिखर कर...... ह्रदय वसुधा के श्री योग शक्ति में अद्‌भुत कमल केवल करुणा में ही निखर रहें हैं।

सर्व जगा में शांत परम प्राण प्रतिष्ठित प्रतिमाओं से श्री सुख शांति का समृद्ध सत्यार्थ सन्देश आज भी मात्र दर्शनाभूति से ही हो जाता हैं।

सर्व ब्रह्म में महावीर मेरे मुझको आज भी प्यारे लगते हैं।

अपने-अपने दिव्य वृक्ष विधाताओं के नीचे शांत चित चैतन्य में विराजमान श्री बुद्ध, नानक और साईंनाथ मुझे आज भी अद्‌भुत अनंत और निराले लगते हैं...... संग मेरे सर्व श्री ब्रह्म देवों को सर्व श्री नर नारायण सदा निराले लगते हैं...... सर्व नर नारायण निराले लगते हैं. इसीलिए अनंत-अनंत के श्री ब्रह्म गगन में सर्व देव श्री नमन करते हैं..... श्री नमन करते हैं.... परम प्रज्ञा के प्रभा मण्डल को श्री अभिनंदन करते हैं..... श्री अभिनंदन करते हैं।

हे मनु...... आज भी लाखों युग योगियों के ब्रह्म में प्राकृत प्रकृति तथा इनके पालक पोषक समस्त श्री शक्तियों के ब्रह्मदाता, ब्रह्म गुरु भगवंतों का शाश्वत सद्‌सत योग युगत्व यथार्थ का नित्य दर्शन, श्रवण साक्षात्कार करता हूँ तो मन मंत्रमुग्ध हो जाता हैं।

हे मनु...... यह पूर्ण सत्य हैं की ह्लदय तो हर जीव जीवात्म के पास होता हैं मगर ह्लदय में युग और योगेश्वर का योग हर जीव जीवात्मा के पास नहीं होता हैं।

ह्लदय के भव भाव के अनुकूल ही जीव जीवात्मा को अनमोल जीवन का योग यथार्थ प्राप्त होता हैं।

धरा पर लाखों प्रजातियों के करोड़ों करोड़ों जीव जगत में हर प्राण प्राणत्व प्राणी के हृदय को प्राकृत प्रकृति का परम कर्मयोग पुरूषार्थ ही पालन पोषण करता हैं।

जीव जीवात्म के ह्लदय को जैसा भोजन व भजन अर्जित व अर्पित होता है ठीक वैसा ही जीव जीवात्मा का जीवन तथा जीवन की जोत को धड़काते ह्लदय योग के यथार्थ की प्राप्ति होती हैं।

हे मनु..... पूर्ण चित चरितार्थ में परम चैतन्य ह्लदय में अन्तः मन से समस्त इंद्रियों व ज्ञानेन्द्रियों पर विजय प्राप्त संयम व श्रद्धा से चिन्तन मनन कर बता कि..... क्या धरा पर सद व सत से सृष्टि के सात्विक भोजन व भजन की कहीं कोई कमी हैं?

मनु..... हे श्री नाथ आप इस अनंत असीम शाश्वत ब्रह्म ब्रह्मांड में अपनी अमर ओजस्वी परम प्रज्ञा परम प्रभा में अक्ष अस्तित्वपूर्ण परम दाता परम ज्ञाता व वीर विधाता हैं।

हे नाथ आप आदि-आदि के प्रारब्ध से आज तक जहाँ-जहाँ तक आपकी श्री स्वर्ण संजीदा परम प्रकाश की निष्काम कर्मयोग किरणे प्रकाशित हैं वहाँ-वहाँ के समस्त ग्रहों, उपग्रहों, तारों, तारा मंडलों तथा धरा के आप अमर आत्मीय शाश्वत साक्षी रहें हैं। करोड़ो करोड़ो वर्षो के कालखंडों से आज तक यथार्थ यात्रा में आपकेहृदय योग में हर क्षण का अद्‌भुत श्री ब्रह्म सार सारत्व का समग्र व सर्व समाहित है।

इस धरा के प्रत्येक क्षण-क्षण के आप आज भी शाश्वत श्री सहिष्णु साथी व साक्षी हैं।

श्री ब्रह्म ब्रह्मांडीय नील गगन में एक जगह स्थिर रहकर अपनी परम पूर्ण चित चैतन्यता से संचालित समस्त ग्रहों व नक्षत्रों में अमर कालजयी काल कल्याणी सिद्ध शाश्वत स्वयं सर्व शक्तिस्वरूपा हैं।

हे नाथ..... आप ही भोजन और भजन को सहृदय स्वयं ही अपनी अद्‌भुत अनूठी आत्मीयता से स्पष्ट करावें ताकि नास्तिक भी आस्तिक बन कर श्री सात्विकता (शाकाहारी) का शुद्ध भोजन करने से पहले और भोजन करने के बाद "श्री" का सद सम्पूर्ण भजन स्वयं स्वतः ही करने लग जाए।

श्री परम की परमपूर्ण परम्परा स्वतः पालन करने लग जाए।

ठीक हे मनु..... तो ध्यान धर्म से सुन

मैं जो चाहता तो..... अब तक कब का ही नास्तिक मनु जैसा रातों रात पूरा काला हो गया होता।

मैं जो चाहता तो...... अब तक कब का ही नास्तिक मनु जैसा रातों रात पूरा काला हो गया होता

लेकिन मैं तो अब भी कहीं से..... बिलकुल भी काला अब भी नहीं हूँ
लेकिन मैं तो अब भी कहीं से..... बिलकुल भी काला अब भी नहीं हूँ
जैसा पहले परम सुनहरा था...... वैसा ही मैं अब भी सुनहरा हूँ।

जैसा पहले परम सुनहरा था...... वैसा ही मैं अब भी सुनहरा हूँ।

चाहे मुझको देख ले नासा (NASA)..... चाहे मुझको देख ले इसरो (ISRO)

चाहे मुझको देख ले नासा (NASA)..... चाहे मुझको देख ले इसरो (ISRO)

मैं तो अब भी नील गगन में...... खरे सोने को पिघला कर ही

पूरा पूरा अमर उजाला...... अब भी धरा को देता हूँ

मैं तो अब भी नील गगन में...... खरे सोने को पिघला कर ही

पूरा पूरा अमर उजाला...... अब भी धरा को देता हूँ

अनंत-अनंत के श्री ब्रह्म गगन में...... मैं तो अब भी पीला हूँ

परम पूर्ण का पीला पीताम्बर...... अब भी धर्म धरा को देता हूँ

अनंत-अनंत के श्री ब्रह्म गगन में...... मैं तो अब भी पीला हूँ

परम पूर्ण का पीला पीताम्बर...... अब भी धर्म धरा को देता हूँ

अगर कहीं भी, अगर कभी भी...... मेरे मन में काला होता

तो अब तक तो मैं...... कब का ही पूरा काला हो गया होता

अगर कहीं भी, अगर कभी भी...... मेरे मन में काला होता

तो अब तक तो मैं..... कब का ही पूरा काला हो गया होता

एक रत में ही जलकर..... पूरा कोयला (नास्तिक) हो गया होता

एक रत में ही जलकर..... पूरा कोयला (नास्तिक) हो गया होता

पर न ऐसा अब तक हुआ हैं...... न ही आगे कभी ऐसा होगा

पर न ऐसा अब तक हुआ हैं...... न ही आगे कभी ऐसा होगा

मैं तो अब भी...... अमर अनंत श्री ब्रह्म गगन में जैसा पहले परम सुनहरा था वैसा ही मैं अब भी सुनहरा हूँ...... क्योकि मैं तो युगों युगों से अब भी शुद्ध श्री सात्विक भोजन (दिव्य शाकाहार) ही करता हूँ और श्री के सर्व श्री ब्रह्म देवों का अनंत-अनंत के असीम गगन में एक जगह बैठा-बैठा एकांत में अकेला ही नित्य भवों भवों का दिव्य भजन करता हूँ।

भवों भवों से करता आया वहीं भजन मैं करता हूँ......

भवों भवों से करता आया वहीं भोजन (दिव्य शुद्ध सात्विक शाकाहार) मैं करता हूँ।

हे मनु...... परम पूर्ण स्वयं श्री ब्रह्म ब्रह्मा जी दाता बावजी शुद्ध सात्विक दिव्य भोजन लाकर आज भी अपने हाथों भोजन मुझे कराने आते हैं।

शुद्ध सम्पूर्ण श्री सात्विक दिव्य भोजन पश्चात अनंत-अनंत के श्री ब्रह्म गगन में श्री भजन भी करता हूँ तो सर्व देव भी मेरे संग ह्रदय भक्ति को आ जाते हैं।

हे मनु...... युगों युगों के श्री ब्रह्म योग में तप कर...... आज भी कंचन काया मेरी

युगों युगों के श्री ब्रह्म योग में सर्व तृष्णामुक्त...... निष्काम कर्म ही माया मेरी

मैं जो चाहता तो..... अब तक कब का ही नास्तिक मनु जैसा पूरा काला हो गया होता

अनंत-अनंत के श्री ब्रह्म गगन में...... अब तक कब का ही तान कर चादर सो (Sleep) गया होता

अनंत-अनंत के श्री ब्रह्म गगन में...... तान कर चादर सो (Sleep) गया होता

अनंत-अनंत के श्री ब्रह्म गगन में...... तान कर चादर सो (Sleep) गया होता

मैं जो चाहता तो...... अब तक कब का ही अनंत-अनंत की धीर धरा पर घोर अँधेरा हो गया होता....... घोर अँधेरा हो गया होता

निष्काम कर्म के श्री युग धर्म से...... अनंत-अनंत के श्री योग धर्म से...... आज मैं (श्री सूर्यनारायण) फिर यह कहता हूँ..... अनंत-अनंत के दूर गगन से आज मैं फिर यह कहता हूँ..... सर्व जगत के हर प्राणी से (Carnivorous)

Those who eats other animals for food......

सात्विक (शुद्ध शाकाहार) भोजन ग्रहण (धारण) कर लो

आदत अपनी प्रारंभ कर लो...... आज से आदत आरम्भ कर लो

धर्म धरा का पालन कर लो..... दया धर्म को धारण कर लो

धर्म धरा का पालन कर लो..... दया धर्म को धारण कर लो

यह भी भक्ति कम नहीं होगी..... यह भी भक्ति कम नहीं होगी

अनंत कृपा उस पर मेरी होगी...... करुणा उस पर सर्व श्री की होगी

जिसकी श्रद्धा सम्पूर्ण होगी...... उसमें शक्ति मेरी होगी

जिसकी श्रद्धा सम्पूर्ण होगी..... उसमें भक्ति मेरी होगी

जिसमें भक्ति मेरी होगी..... उसमे क्षमता मेरी होगी

श्री श्रद्धा से श्री भक्ति से...... उसमें शक्ति कम नहीं होगी

श्री श्रद्धा से श्री भक्ति से...... उसमें शक्ति कम नहीं होगी

हे मनु (श्री भरत श्री भारत)..... शुद्ध सात्विक भोजन और श्री सम्पूर्ण भजन की मंगल महिमा के बारे में अब मैं और तो तुझसे क्या कहूँ

बस इतना अवश्य कहना चाहूँगा कि जिसका जैसा भोजन होगा, जिसका जैसा भजन होगा..... उसका ठीक वैसा ही जीवन होगा..... उसका ठीक वैसा ही जीवन होगा..... दानव जैसा भोजन है तो वे मानव देह में दानव हैं..... बिना सींग (Horn) के दानव (Monster) हैं।

देह मानव की छुट जाएगी तब घोर नरक (Hell) में वो फिर दानव होगा...... वहीं (Hell) पर सिर पर सींग (Horn) उसके रोप दिये जायेंगे......

समझ जाओं तो संभल जाओं..... जीवन का कुछ भाग अब भी शेष पड़ा हैं।

समझ जाओं तो संभल जाओं..... हे संसार सागर के सर्व वासियों

जीवन का कुछ भाग अब भी शेष पड़ा हैं..... नम्र निवेदन स्वयं मेरा हैं।

आज भी सर्व संसार सम्मुख...... एक सुनहरा अवसर हैं

अवसर मेरे वीर भरत संग (साक्षी) श्री भारत मैं आज मैंने (श्री सूर्यनारायण) सर्व संसारियों...... को उनके अनंत अनगिनत सर्व पापों को माफ़ कर साफ-साफ शाश्वत सत्यार्थ शब्दों में उक्त "श्री जय-जय जयते" शास्त्र में दिया है।

हे मनु (श्री भरत)...... आज तेरे और मेरे बीच भवों भवों के श्री भजन में बात भोजन की हो रही है तो मैं धर्म धरा पर सर्व संसारी मनुओं को सार सारत्व में इतना जरूर बता देता हूँ की शाकाहारी (शुद्ध सात्विक) भोजन जो भी प्राण प्राणी (मानव

सहित) करते हैं और साथ में परम परमार्थ परमात्मा का ह्रदय योग से यथार्थ शक्ति अनुरूप पावन पुण्य भजन (स्तुति) करते हैं...... वे सब प्राणी जीव जीवात्मा धरा से देह त्याग पश्चात शाश्वत श्री स्वर्ग को ही जाते हैं...... शाश्वत श्री स्वर्ग के श्री स्वर्ण काल में स्वयं श्री को समाते हैं...... स्वयं श्री को समाते हैं।

हे मनु (श्री भरत)...... श्री सत्यार्थ से सर्व सत्यार्थ से तेरे हस्ते तेरे ह्रदय तेरे युग..... उक्त "श्री जय-जय जयते" शास्त्र में जो कह रहा हूँ...... वह सबके के तो समझ में आयेंगा नहीं..... लेकिन जिनके ह्रदय योग समझ आयेगा..... वे सब निश्चित रूप से इस जीवन यात्रा के शेष काल में तो क्या...... अपने भावी जीवन काल कालान्तरो में भी श्री कृष्ण की सर्व कृपा से अनंत-अनंत उपकारी होंगे..... सर्व जगत के मंगल महिमा में स्वयं श्री हितकारी होंगे..... युगों युगों के युग योग में श्री सर्व सुख सौभाग्य के धन्य धनी होंगे.....

श्री की सदा कृपा करुणा रहेंगी
श्री की सर्व कृपा करुणा रहेंगी

हे नाथ ॐ श्री सत्यम् शिवम् सुन्दरम्..... श्री सत्यम् शिवम् सुन्दरम्।

जय श्री....... जय श्री....... जय श्री....... जय-जय श्री सर्व.......

देव देवाय नमो नमः नमो नमः नमो नमः
श्री नाथ नाथाय नमो नमः श्री नाथ नाथाय नमो नमः

हे मनु..... युगों युगों आदि काल से आज भी मैं आत्मीय सद्सत श्रद्धा भक्ति से सच्चे श्रद्धालु दयालु के हाथों अर्पित जलाभिषेक को ह्रदय से स्वीकर करता हूँ और सदा करता रहूँगा..... ह्रदय भाव से अर्पित जल धारा धरा पर ही गिरती हैं मगर उस जल की शीतलता मेरे चित्त चैतन्य के ह्रदय तक तृप्ति का अद्भुत अहसास कराती है।

हे नाथ...... आप तप व तेज को प्राप्त परम व पूर्ण प्रकाशित परमेश्वत हैं। आपके ह्रदय योग से स्वर्ण संजीविनी किरणों में आज भी अद्भुत व अतुलनीय तप, जप, दया, धर्म, कर्म पुरूषार्थ से वीर वसुधा वर वरदान में विश्वास के साथ आपके चारों ओर निरंतर परम परिक्रमा कर परम कर्म धर्म की पालनार्थ में पूर्ण पुण्यार्थ की शाश्वत साक्षत दिव्य देवी हैं।

हे मनु..... यह शाश्वत सत्य यथार्थ हैं की कोई भी कर्म धर्म युक्त पुरूषार्थ के बिना परम व पुण्य को प्राप्त नहीं कर सकता हैं।

वीर वसुधा ने भी मेरे जैसे ही आदि-आदि से तप, त्याग, तपस्या कर ही अपने रूप स्वरूप अक्ष अस्तित्व अद्भुत अमर अनंत निष्काम कर्मयोग को ह्रदय योग में धर्म धार्य कर परम में परम एवं पूर्ण में पूर्ण पुण्य पुण्यार्थ हैं। युगों युगों से आज भी श्री सद्सत को साक्षी साक्षात्कार में पूर्ण परम समर्थ सामर्थ्यवान ओज ओजस्वी अक्ष अस्तित्व के श्री क्षितिज में हैं।

हे मनु...... जिस कर्म पुरूषार्थ से पुण्य पुण्यार्थ प्राकृत प्रकृति के परम धर्म की परंपरा का पालन पोषण होता हो और जिस भोजन से आत्मा को परमात्मा का भव भाव धन्य की प्राप्ति होती हैं उस कर्म पुरूषार्थ युक्त अद्भुत भोजन (सात्विक शाकाहार) तथा धन्य भजन से यह भव आज भी दिव्य व भव्य हैं।

100% Nature's made pure veg. and super fine natural food.

हे मनु...... शुद्ध सात्विक भोजन भजन (श्री स्मरण स्तुति वंदना) का अद्भुत व दिव्य अक्ष अस्तित्व हैं।

प्राणी के प्राणवान शरीर के लिए जिस प्रकार भोजन अनिवार्य है। उसी तरह आत्मा से परम पिता परमात्मा के मिलन योग में भजन में निर्मल निश्चल भव भाव अनिवार्य हैं।

हे मनु....... हे भरत...... हे भरत...... यह एक परम पूर्ण सत्य सत्यार्थ हैं कि आज भी परम पुण्य प्राकृत शाश्वत धर्म धरा पर सात्विक भोजन की कहीं कोई कमी नहीं है....... कहीं कोई कमी नहीं हैं।

कमी तो आज भी वैज्ञानिक युग में मशीनी मनु (Heartless) में निर्मल निश्चल परम पूर्ण भजन की हैं...... भव्य व दिव्य भव भाव पूर्ण भक्ति भावना और दया धर्म सहिष्णुता की हैं...... धन्य धर्म युक्त स्वसंस्कारों की हैं।

श्री भजन वंदन कीर्तन तो...... धर्म धन्य भव्य व दिव्य प्राचीन श्री भारत की देव भूमि पर भक्तिकाल में होते थे।

ऋषियों मुनियों और वीर विराट राज राजेश्वरों के ह्रदय में होते थे।

श्री रामा श्री कृष्णा श्री शंकराचार्यो के परम पूर्ण पावन भव्य भक्तों के दिव्य युग यशस्वी ह्लदय में होते थे।

स्वयं देवों को भी अपने भक्त शिरोमणियों के ह्लदय युग में श्री योग में अपने सर्वकाज छोड़कर आना ही पड़ता था।

भक्त शिरोमणियों में अद्भुत राज राजेश्वरों के राजपाट द्वार पर देवाधि देवों का साक्षात वास होता था।

श्री कृष्ण की परम भक्त शिरोमणि श्री सद सत क्षत्राणी मीरा बाईसा (मेड़ता की बेटी और मेरे मेवाड़ राजवंश घराने की पुत्र वधु) जब तक धीर धरा पर रहीं संग सदा श्री कृष्णा के ही रहीं।

परम पवित्र अद्भुत अनुपम भक्ति थी..... स्वयं श्री भगवत को अपना दिव्य श्री स्वर्ग लोक छोड़कर भक्त वात्सल्य में आना पड़ता था...... वीर वसुधा को आना पड़ता था...... एक बार नहीं बार बार आना पड़ता था..... स्वयं अपने ह्लदय भव्य भक्तों को दिव्य देवत्व में बसाना पड़ता था।

भक्त हँसे तो हँसना पड़ता था...... भक्त रोए तो रोना पड़ता था या तो स्वयं भक्त शिरोमणियों में सदा-सदा को बस जाते थे या अपने ह्लदय में भव्य भक्तों को सदा-सदा के लिए बसा लेते थे।

हे मनु..... कहाँ तो वो भक्त और भक्ति भाव पूर्ण स्वर्णकाल था और कहाँ अब का आज का काल कलयुग (काला) खड़ा हैं।

हे मनु..... हे भरत...... हे भारत (विश्वगुरु राष्ट्र)...... धर्म धरा पर आज घोर काल कलयुग हैं फिर भी मुझे (श्री सूर्यनारायण) तो अब भी श्री भारत (विश्वगुरु राष्ट्र) से ही घोर अँधेरे को दूर करते दीपक में ही श्री स्वर्णिम शुभ किरणों की ज्योति दिखती हैं...... आज भी मुझे श्री भारत से ही अनंत-अनंत के अमर उजाले की आशा हैं...... आशा मेरी पूर्ण कर दे...... निराशा धरा से दूर कर दे..... ज्योतिसर से ज्योति लेकर फिर से..... सरे जग को एक चमकता मोती कर दे..... फिर से..... सरे जग को एक चमकता मोती कर दे..... हे विश्वगुरु (श्री भारत)...... हे विश्वगुरु..... हे विश्वगुरु

श्री विधि विधान विधाता की...... वीर वसुधा हँसती कर दे
श्री विधि विधान विधाता की...... वीर वसुधा हँसती कर दे
हे विश्वगुरु (श्री भारत) हे विश्वगुरु हे विश्वगुरु

आज धर्म धरा पर सम्पूर्ण वैश्विक मानव (मनु) समाज को भोजन और भजन दोनों पर गहन चिंतन मनन की आवश्यकता हैं। समय रहते यदि विश्वगुरु श्री भारत राष्ट्र से घोर काल कलयुग में इस धर्म धरा के प्रति कोई पहल नहीं की गई और सख्त सकारात्मक सार्थक कदम नहीं उठाये जाते हैं तो आने वाले समय में घोर काल कलयुग सब कुछ लील जाएगा..... तब इस धरा पर कुछ भी नहीं बचेगा..... सर्वत्र धर्महीन दयाहीन सहिष्णुताहीन सर्व विनाशी महाप्रलय ही होगी..... कुछ भी नहीं बचेगा उस अमंगलकारी महाप्रलय से......

कुछ भी नहीं बचेगा..... कुछ भी नहीं बचेगा...... केवल मनु (मानव) द्वारा अविष्कृत मशीनों का मायाजाल ही इधर उधर टूटा फूटा बिखरा पड़ा मिलेगा......

सोना चांदी हीरे मोती कब बिखरे पड़े होंगे..... न कोई बेचने वाला होगा..... ना कोई खरीदने वाला होगा...... ना ही कोई बीच में बिचौलिया होगा......

पेट्रोल डीजल सब वाष्प वाष्पित हो जायेगा..... बड़ी छोटी मोटर गाड़ियाँ कब सुनी सड़कों पर सुनी पड़ी मिलेगी...... कोई पिचकी हुई तो कोई उल्टी पलटी पड़ी होगी..... ना ड्राइवर होगा ना सवारी होगी......

टेड़ी तिरछी आपस में उलझी रेल की पटरियाँ होगी..... खंडर झर झर हाल में हर स्टेशन होगा...... ना कोई यात्री आता होगा...... ना कोई यात्री जाता होगा......
No arrival, No Departure

No Announcement फिर भी शायद Announcement

के कुछ माइक से आवाजें गूंज रही होगी...... यात्री कृपया ध्यान दे...... यात्री कृपया ध्यान दे..... बैटरियाँ डिस्चार्ज होने पर वह मशीनी आवाज भी कुछ समय बाद थम जाएँगी...... ठीक ऐसा ही हाल हवाई अड्डों (Airports) का भी होगा...... हवा में हवाई जहाजें धरा पर ही टूटे फूटें पंखों में पड़ी होगी।

टूटे फूटे अस्त वस्त घर गाड़ी बंगले आपस में सब केवल मलबे के ढेर कुछ नहीं होंगे...... Property पैसा भी फिर कैसा होगा..... ना कुछ Cash में होगा..... ना कुछ Cashless होगा.... बैंकों में पड़ा बैंक बैलेंस ब्याज सहित RBI, SBI में ही पड़ा रहेगा..... No Debit, No Credit..... कितना नुकसान, कितना फायदा किसका नुकसान किसका फायदा...... हिसाब ना फिर कभी कोई होगा।

बेहिसाब का सब मंजर ही तब धरा पर होगा...... बेहिसाब का महाप्रलय जब धरा पर होगा...... महाप्रलय का महाविनाश जब धरा पर होगा।

हे मनु...... इस तरह तरह ही अविश्वनीय अकल्पनीय विकराल विकट विनाशकारी परिस्थितियाँ तभी उत्पन्न होती हैं जब धरा पर प्राणी (मानव सहित) जगत में धर्म ध्यान युक्त कर्म पुरूषार्थ का पूरा पूरा नाश हो जाता हैं।

हे मनु...... जब अधर्म (पाप) धर्म पर हावी होने लगता हैं। रह रह कर बार बार भारी पड़ने लगता हैं तब असहाय धर्म की धरा अन्तः आत्मीय पुकार, चीत्कार, दुःख दर्द वेदना की सहायतार्थ प्रलयरूप में परम परमार्थ परम महावीर शक्तियों को धर्म की लाज रखने धर्म धरा पर आना ही पड़ता हैं।

स्वयं धर्म की पुकार पर अधर्म (पाप) का सर्वनाश प्रलय रूप में करना पड़ता हैं।

प्रलय..... महाप्रलय में धर्म (पुण्य परमार्थ दया करुणा) को कोई हानि नहीं होती हैं सिर्फ और सिर्फ अधर्म (पाप) का ही पूरा पूरा हास होता हैं..... पूरा पूरा पतन होता हैं।

हे मनु...... धर्म तो धर्म में समा जाता है..... धर्म तो परम में धन्य हो जाता है..... जिस तरह सोने (Gold) के कभी जंग (Rust) नहीं लगता हैं..... चाहे फिर सदियाँ काल कालान्तर युग कितने ही क्यों न बित जाए...... सोना तो सोना ही रहता हैं...... सोना तो सोना ही रहेगा..... चाहे उसको कितना ही क्यों ना पिघला (Melt) लो...... ठीक वैसे ही परम पुण्य परमार्थ धर्म तो धर्म ही रहता हैं तथा सदा रहेगा। प्रलय महाप्रलय में सर्वनाश (नुकसान) तो केवल अधर्म का ही हैं..... काठ (Stain) तो लोहे के ही लगेगा..... काठ तो सदा लोहे के ही लगेगा।

प्रलय...... महाप्रलय...... पूर्ण परम प्राकृत प्रकृति की ही शाश्वत महावीर शक्तियाँ होती हैं..... उन सर्वशक्तिमान महावीर शक्तियों में आज भी दिव्य परम देवी देवताओं का ही वास होता हैं।

किसकी ताकत हैं? जो उस समय (महाप्रलय) परम दिव्य देवों की महाशक्तियों का सामने या आड़े आए......

हे मनु...... तब (महाप्रलय) हिसाब आधा अधूरा नहीं...... पूरा पूरा होता है..... समय भी ज्यादा कहाँ लगता हैं..... कुछ पलों (क्षणों) में ही हिसाब पूरा हो जाता हैं।

धर्म...... धर्म में और अधर्म...... अधर्म में पूरा पूरा समा जाता हैं. देह (शरीर) देश देशांतर त्याग...... धर्मी स्वर्ग (Heaven) में...... और अधर्मी घोर नरक (Hell) में तब जाते हैं।

जब-जब महाप्रलय धरा पर होते हैं..... जब-जब महाप्रलय धरा पर होते हैं।

जिस Science और आधुनिकता में आज धरा पर आज का ह्रदय रहित मनु (Heartless Human) दम भर रहा हैं। वह सृष्टि के समक्ष आज भी बौना हैं..... फिर बात शक्ति की हो या साइंस (Science) की..... दूर दूर तक आज भी मनु का अक्ष अस्तित्व...... हक़ीकत में सिन्धु में बिंदु से ज्यादा अब भी नहीं हैं।

हे मनु..... तेरे और मेरे (श्री सूर्यनारायण) बीच धर्म संवाद में जो उक्त विषय पर विचार मंथन चल रहा हैं उसका सापेक्ष निरपेक्ष रूप से आज के मनु या धरावासियों को डराना या भय भ्रम उत्पन्न करने का कतई कोई उद्देश्य नहीं हैं।

केवल और केवल (only and only) एक ही उद्देश्य हैं कि धर्म धन्य धरा का ध्यान रखने का समय आ गया है, धरा पर धर्म रखें..... धरा का धर्म रखें और समझें...... जब धरा धर्म समझ आ जायेगा तो फिर से धन्य धरा हो जाएँगी...... धन्य धरा हो जाएँगी।

धन्य धर्म (मानव) से ही धन्य धरा हो पाएँगी..... धन्य धर्म से ही धन्य धरा फिर हो जाएँगी..... अपने हाथ फैलाकर फिर आड़ी (बचाव) Help महाप्रलय के हो जाएँगी।

धर्म धन्य होने का आज भी..... एक अवसर अब भी हैं
धन्य धरा को करने का..... आज भी अवसर अच्छा हैं
वरना काल कलयुग में सब कुछ काला..... होता होगा (In future)
वरना काल कलयुग में सब कुछ काला..... होता होगा
तब महाप्रलय ही होता होगा..... तब महाप्रलय ही होता होगा.....
धर्म धन्य होने का आज भी..... एक अवसर अब भी हैं
धन्य धरा को करने का..... आज भी अवसर अच्छा हैं

जब धन्य धरा पर..... मनु के मन (ह्रदय) में पूरा पूरा मानव धर्म सूख गया होगा ..... और आज का मनु पूरा का पूरा ही मशीनी मनु बन गया होगा।

अपनी साइंस में मशीनी मनु..... सर्व सृष्टि को भूल गया होगा
मैं और मैं मैकेनाएज में जब..... पूरा का पूरा कंप्युटराईस्ड

मशीनी मानव बन गया होगा...... सर्व श्री ब्रह्म सृष्टि में रहते हुए भी धर्म संस्कृति को भूल गया होगा..... सजी धजी सृष्टि में धीर धरा के अनंत धर्म मर्म को भूल गया होगा.....

मनु धर्म का रक्त (Blood) पूरा का पूरा धमनियाँ में सूख गया होगा ..... और आज का मनु (Today's Human) पूरा का पूरा ही मशीनी मनु बन गया होगा..... तभी आएगा महाप्रलय..... तभी आएगा महाप्रलय..... लेकर अपने धर्म धनुष को महाप्रलय फिर आएगा..... लेकर अपने धर्म धनुष को महाप्रलय फिर आएगा..... धर्म धरा को आएगा..... धीर धरा को आएगा..... मशीन बनें मानव को..... फिर से माटी का मानुष बनाने को..... मशीन बनें मानव को...... फिर से माटी का मानुष बनाने को.....

दानव बनें मानव को...... फिर से मानव बनाने को......
दानव बनें मानव को..... फिर से मानव बनाने को.....
लेकर अपने धर्म धनुष को महाप्रलय फिर आएगा.....
धर्म धरा को आएगा..... धीर धरा को आएगा.....

रावण बनें मानव को..... फिर से श्री राम बनाने को.....
रावण बनें मानव को..... फिर से श्री राम बनाने को......
धर्म धन्य होने का आज भी..... एक अवसर अब भी हैं
धन्य धरा को करने का..... आज भी अवसर अच्छा हैं।

हे मनु..... हे भारत..... हे भरत (विश्वगुरु राष्ट्र)..... कह दो सर्व धरावासियों से कि दया धर्म सहिष्णुता को अब भी सभी जने संभाल कर रख लो..... स्वयं अपने ह्रदय में सदा सत्य धर्म से रख लो..... ह्रदय मशीनी मनु का निकाल कर..... दया धर्म सहिष्णुता वाला मानव ह्रदय स्वयं अपनी अपनी सर्जरी कर...... धन्य धर्म में लगता कर दो

मनु (मानव) धर्म से मनु धर्म को..... फिर से युग में चलता कर दो
मनु (मानव) धर्म से मनु धर्म को..... फिर से युग में चलता कर दो

वरना आदि-आदि में जो महाप्रलय कभी धर्म कर्म हीन दैत्यों दानवों के लिए..... तो कभी धरा पर विनाशकारी डायनासोरों के लिए आया था..... ठीक वैसा ही अबकी बार मानवों के लिए..... मानवों के धर्महीन विनाश के लिए..... आज नहीं कल..... एक महाप्रलय आएगा..... एक महाप्रलय आएगा..... आज नहीं तो कल

पल में प्रलय करने को एक महाप्रलय आएगा......

हे मनु..... देख सब भाग (Run) रहें हैं..... इन्हें रोको...... अरे रुको (Stop) धीर धरा के सर्ववासियों..... शांत रहो..... शांत रहो..... भागों मत..... भाग कर कहाँ जाओगे..... अभी तो नंबरिंग (Title) शुरू हुई हैं..... Picture शुरू भी नहीं हुई हैं..... Interval भी नहीं हुआ हैं..... बिना Picture देखें..... पूरी Picture देखें बिना कहाँ भाग रहें हो..... अरे भागों मत भागों मत.....

हें मनु..... इन्हे रोको..... अभी तो पहला Period शुरू हुआ हैं..... शेष के सारे Periods तो पूरे के पूरे बाकी है..... इसलिए तो कह रहा हूँ..... पूरे मन से पूरे Periods पढ़ ले..... ताकि संसार सागर रूपी क्लास (Class) में और श्री ब्रह्मा जी दाता की पाठशाला में कोई फेल (Fail) ना हो..... सब के सब पास हो।

हे मनु..... अवसर सबके पास समान हैं..... अवसर सबके पास जो भी शेष हैं..... बस अपने मन को आत्मनियंत्रित कर आनंद और उत्साह से अच्छा अध्ययन कर लें..... आनंद अध्ययन से ही आएगा..... आनंद अध्ययन में ही आएगा आगे..... आनंद अध्ययन में आएगा तो धन्य जीवन हो जाएगा ..... धन्य जीवन से तब सार्थक जीवन हो जाएगा ...... सार्थक जीवन हो जाएगा

अभी तो पहला Period शुरू हुआ हैं..... शेष के सारे Periods तो पूरे के पूरे बाकी हैं.... एक अवसर अब भी हैं..... आज भी अवसर अच्छा हैं..... दया धर्म सहिष्णुता का अपने जीवन में एक अच्छा अध्ययन कर ले..... सच्चा सार्थक जीवन कर लें..... सच्चा सार्थक जीवन कर लें.....

परम ज्ञान के परम आनंद में...... अध्ययन अब भी अच्छा कर ले..... परम ज्ञान के परम आनंद में..... दया धर्म सहिष्णुता का पावन ह्रदय फिर से कर ले..... पावन ह्रदय फिर से कर ले.....

पाप (अधर्म) धरा से फिर घटेगा..... पुण्य धरा पर फिर बढ़ेगा..... पाप धरा से तभी घटेगा..... पुण्य (धर्म) धरा पर तभी बढेगा

खुदा ईश्वर परमात्मा सब देख अपने आदर्श सर्व विद्यार्थियों को..... सदा गगन में खुश ही रहेंगे..... सदा गगन में मगन ही रहेंगे

सदा धरा पर धर्ममय रहेंगे..... सदा धरा पर धर्ममय रहेंगे.....

धर्म (मानव) रहेगा तो सदा धन्य धरा रहेंगी..... धन्य रहेंगी...... धन्य रहेंगी..... धीर धरा धन्य रहेंगी..... तब ना होगा कोई प्रलय..... तब ना होगा कोई प्रलय..... अनंत-अनंत तक

कोई महाप्रलय..... धर्म धरा के आँगन पर..... अमर अनंत के आँचल में..... धीर धरा के आंगन पर.....

हे मनु..... हे भरत...... हे भारत..... आज धर्म धरा पर तुम सब मेरे ह्रदय साक्षी हो..... श्री धरा की धर्म धरा पर तुम सब मेरे युग साथी हो..... श्री भारत के धर्म प्रेमियों..... धरा प्रेमियों में अब भी श्री गजराज (हाथी) जैसा ही विराट परम पावन

ह्रदय लेकर तो आज फिर मैं (श्री सूर्य नारायण) मेरे श्री भरत में सर्व धरावासियों को कहते कहने आया हूँ..... फिर मत कहना की मैंने कहा नहीं......

फिर मत कहना मैंने कहा नहीं।

दर्द जो तुम तब (महाप्रलय) सहोगे..... वो मैंने आज सहा नहीं हैं.

दर्द जो तुम तब (महाप्रलय) सहोगे..... वो मैंने आज सहा नहीं हैं.

कहते कहते मैंने जो कुछ कहा हैं..... उसे मैंने कहा नहीं.....

कहते कहते मैंने जो कुछ कहा हैं..... उसे मैंने कहा नहीं.....

फिर मत कहना की दया की चादर..... मैंने धरा पर फैलाई नहीं थी

फिर मत कहना की दया की चादर..... मैंने धरा पर फैलाई नहीं थी

फिर मत कहना की धर्म (मानव) मर्म को..... श्री सहिष्णुता से कहा नहीं था मेरे भरत के श्री भारत में...... भरने वीर वसुधा के आँचल को आया नहीं था

दया धर्म सहिष्णुता की निर्मल सरिता को साथ में अपने लाया नहीं था

दया धर्म सहिष्णुता की निर्मल श्री गंगा मय्या को फिर भागीरथ में लाया नहीं था

फिर मत कहना कि निर्मल निश्चल धाराओं में अनंत-अनंत तक बहा नहीं था

फिर मत कहना कि श्री ब्रह्म का ज्ञान कराने..... श्री क्षितिज से उतर कर संसार सागर में आया नहीं था..... संसार सागर में आया नहीं था

फिर मत कहना कि माया काया का ज्ञान कराने..... श्री धरा का धर्म निभाने संसार सागर में आया नहीं था..... अनंत-अनंत के दूर गगन से धीर धरा को आया नहीं था..... धर्म धरा का निभाया नहीं था..... धर्म श्री धरा का श्री ब्रह्म ने निभाया नहीं था.....

फिर मत कहना कि दया धर्म सहिष्णुता में सबको समझाने..... मेरे भरत में आया नहीं था..... श्री भारत में आया नहीं था

युगों युगों को देखकर देख लो..... जितना चाहो उतना देख लो

युगों युगों को देखकर देख लो..... जितना चाहो उतना देख लो

ऐ धीर धरा के धारावासियों..... चाहें अपनी साइंस (Science) में देख लो धर्म (मानव) को फिर Scientific से तरीके से देख लो..... परम पूर्ण प्राकृत प्रकृति को फिर से Scientific तरीके से देख लो.....

इतिहास (History), भूगोल (Geography) या भूगर्भ (Geology) के भिन्न-भिन्न प्रभाग प्रारूप में देख लो.....

चाहो जितना..... उतना देख लो.....

चाहे Oxford..... Cambridge जैसी विश्वविद्यालयों की Physics Chemistry या Biology की अलग अलग लैब Laboratories में देख लो..... धर्म को फिर से Scientific तरीके से देख लो..... श्री धर्म धरा को फिर से अनंत-अनंत के श्री ब्रह्म गगन में देख लो.....

श्री अनंत-अनंत के ब्रह्म गगन में धर्म धीर वीर वसुधा को देख लो.....

धन्य ध्यान से देखोगे तो सब कुछ..... बिलकुल साफ-साफ दिखेगा..... धन्य ध्यान से देखोगे तो सब कुछ..... धर्ममय ही दिखेगा.....

धन्य ध्यान नहीं होगा तो..... अब भी कुछ नहीं दिखेगा.....
धन्य ध्यान से नहीं दिखोगे तो..... धन्य विधाता कहाँ दिखेंगे.....
अनंत-अनंत के श्री ब्रह्म गगन में विश्वास विधाता अब भी हैं
अनंत-अनंत के श्री विज्ञान गगन में विज्ञानी विधाता अब भी हैं
अनंत-अनंत के श्री ब्रह्म गगन में अनंत विज्ञानी अब भी हैं
अनंत-अनंत के श्री ब्रह्म गगन में अनंत विज्ञानी अब भी हैं
युगों युगों को देख कर देख लो..... जितना चाहों उतना देख लो....
अब भी प्रकृति पूर्ण हैं.... अब प्रकृति परम हैं
अब भी प्रकृति पूर्ण हैं.... अब प्रकृति परम हैं

परम पूर्ण प्राकृत श्री ब्रह्म गगन के सीने (Chest) में अब भी सर्व शक्तियाँ अनंत असीम अपार हैं।

सीने (Chest) में मेरे (श्री सूर्य नारायण) अब भी सिर्फ पूर्ण परम पुण्य धर्म (परमार्थ) का ही वास है..... हाथों में मेरे अब भी सर्व दिव्य अनंत अपार शक्तियाँ हैं..... माथे (Fore Head) पर मेरे परम तेज का तप हैं..... स्वयं धर्म की धूरी पर ही अब भी तप तपस्या करता हूँ..... युगों युगों से धर्म तप में तपकर ही अनंत-अनंत के श्री ब्रह्म गगन में अब भी श्री स्वर्ण उजाला करता हूँ..... अमर उजाला देता हूँ..... केवल आग का गोला मुझको ना समझें....

केवल आग का गोला मुझको ना समझें..... शक्ति मेरी कम ना समझें शक्ति मेरी कम ना समझें..... भक्ति मेरी कम ना समझें..... भक्ति मेरी कम ना समझें..... शक्ति सर्व श्री ब्रह्म गगन की परम धर्म में सदा पूर्ण धर्म से समझें..... ऐ वीर वसुधा वैज्ञानिकों.....

ऐ वीर वसुधा के वन्दनीय विज्ञान विज्ञानियों!

देख कर तुम्हारे (All kind of all scientists of the whole world) ज्ञान विज्ञान के चमकते दमकते (Shining & Glowing) एक से बढ़कर एक अद्भुत अनुपम आविष्कृत अविष्कारों को..... लो आज मैं (श्री सूर्य नारायण) कहता हूँ कि कोई कमी नहीं हैं तुम्हारे श्रम साहस लगन निष्ठा पूर्ण ज्ञान में या विज्ञान में...... कमी आज भी केवल एक ही चीज़ की हैं और वो हैं “धर्म”..... जिस दिन विज्ञान को धर्म मिल जाएगा .....

सच्चे ब्रह्म धर्म को सोचने समझने की सहज समग्रता आ जाएँगी..... श्री ब्रह्म धर्म की यथार्थ व्यापकता का दर्शन हो जायेगा..... उस दिन से मानव विज्ञान स्वयं जान जायेगा कि..... हाँ विधाता होते हैं..... श्री-श्री वीर विधाता होते हैं..... अनंत-अनंत के धीर में धर्म विधाता हैं..... श्री ब्रह्म विधाता होते हैं..... श्री विश्व विधाता होते हैं।

श्री ब्रह्म ब्रह्मा जी दाता बावजी होते हैं..... वीर विश्वकर्मा होते हैं!
अनंत-अनंत के सर्व ब्रह्म में..... श्री ब्रह्म विज्ञानी होते हैं......
अनंत-अनंत के सर्व ब्रह्म में..... श्री धर्म विज्ञानी होते हैं......
“अनंत-अनंत के दूर तक..... आज भी अनंत विज्ञानी होते हैं
अनंत-अनंत के दूर तक..... आज भी अनंत विधाता होते हैं”

हे मनु..... आज भी मानव विज्ञान में धर्म की कमी हैं..... आज भी मानव ज्ञान विज्ञान (मनो विज्ञान) में धर्म का स्थान पूर्णतया रिक्त (Blank) हैं..... श्री ब्रह्म विधि विधान (विधाता) का अक्ष अपूर्ण हैं (मानव विज्ञान में)

(In all types or kinds of human science)

जब तक यथार्थ श्री ब्रह्म धर्म ज्ञान का मानव विज्ञान में पूरा पूरा निश्चल निर्मल विलय नहीं हो जाता हैं..... यथार्थ श्री ब्रह्म ब्रह्मांडीय धर्म (प्राकृत परम पुण्य..... दया धर्म सहिष्णुता) विज्ञान को मिल नहीं जाता हैं..... मानव विज्ञान धृतराष्ट्र सामान अँधा ही हैं।

धृतराष्ट्र (कौरवों के पिता) से पास भी सब कुछ था..... मगर एक चीज़ ही नहीं थी..... जो हैं धर्म..... ठीक धृतराष्ट्र जैसा ही हाल और धृतराष्ट्र जैसी ही अंधता (Blindness) आज के मानव विज्ञान (Human Science) की भी हैं।

आज धर्म धरा पर मानव विज्ञान के पास भी सबकुछ हैं..... मगर धर्म दूर दूर तक कहीं इर्द गिर्द भी नहीं हैं..... आज भी मानव विज्ञान ना तो कोई धर्म जानता हैं और ना ही मानता हैं।

मानव और मानव विज्ञान स्वयं पर और स्वयं की विद्वता पर तो विश्वास होता हैं मगर श्री ब्रह्म पर या ब्रह्म ब्रह्मांडीय विज्ञान व उस विधि विधान विधाता (Universal god Shri Brahm Brahmaji Data) का विश्वास आज भी नहीं हैं?

हे मनु..... जिस दिन विज्ञान को यथार्थ श्री ब्रह्म का, श्री ब्रह्म ज्ञान धर्म कर्मयोग विज्ञान की विश्वसनीयता पर सच्चा विश्वास हो जायेगा तब विज्ञान खुद भी विधाता बन जायेगा..... विज्ञान खुद भी विश्वात्मा बन जायेगा..... विज्ञान वरदान ही रहेगी..... अभिशाप नहीं।

हे मनु..... विज्ञान सर्व सुख दे सकता हैं मगर सच्ची आत्मीय शांति तो आज भी वीर विधाता दे सकते हैं और आज भी देते भी हैं.....

दाता (विधाता) और मानव विज्ञान में यहीं फर्क आज भी हैं और सदा रहेगा..... दाता सब कुछ देकर भी कुछ नहीं कहते हैं या बदले में कुछ भी नहीं लेते हैं।

हे मनु...... सबकुछ देकर भी कुछ नहीं कहना या कुछ नहीं लेना ही तो परम पूर्ण प्राकृत ब्रह्म धर्म हैं..... दया धर्म कर्म की शाश्वत सजीव संस्कार श्री ब्रह्म संस्कृति..... अमर अनंत अद्‌भुत श्री ब्रह्म ब्रह्मांडीय दाता की भक्ति एवं सर्व शक्ति हैं।

हे मनु..... हे भरत..... हे भारत..... मेरा (श्री सूर्यनारायण) तो आज भी धीर धरा विज्ञानियों वैज्ञानिकों से..... एक ही कहना अब भी हैं चाहें वे माने या न माने, सोचें या ना सोचें, समझें या ना समझें यही कहना हैं कि..... आज भी अनंत असीम सर्व ब्रह्म गगन में सर्व देव (All Lords) तन मन और हृदय वचन से सब अपना अपना नित्य निष्काम कर्म योग करते हैं..... अपने कुशल कुशाग्र कर्मयोगियों से कर्म पथ पर अनंत ब्रह्म गगन को जिस तरह युगों युगों के श्रीयोग पथ को आदि अनंत से चलाते आये हैं उसी तरह चलायमान रखें हुए हैं।

उपकार उन्हीं का आज भी अनंत-अनंत में हैं.....
उपकार उन्हीं का आज भी अनंत-अनंत में हैं.....

हे धीर धरा विज्ञानियों वैज्ञानिकों..... भक्ति अपनी Science में कर लो.... भक्ति अपनी Science में कर लो भजन लैब Laboratory में भी करके देख लो......

अपनी मानव विज्ञान (Human Science) की प्रयोगशाला में..... धर्म धरा के मोती (Pearl) को अपने हृदय पिरोकर देख लो......

दया धर्म सहिष्णुता को स्वयं अपने प्रण प्राणों की परखनली में डालकर देख लो

दया धर्म सहिष्णुता की स्वयं अपने प्रण प्राणों की परखनली में डालकर देख लो

ऐ विद्वान विज्ञानियों तब तुम्हारी विज्ञान में भी स्वयं विधाता का वास होगा.....

ऐ विद्वान विज्ञानियों तब तुम्हारी विज्ञान में भी स्वयं विधाता का वास होगा.....

अहसास तब तुम्हें भी हो जायेगा..... परम ब्रह्म के धर्म विधाता का
अहसास तब तुम्हें भी हो जायेगा..... परम ब्रह्म के वीर विधाता का

उपकार अनंत-अनंत के परम परमार्थ का..... स्वयं तुम्हें साक्षात हो जायेगा..... स्वयं ब्रह्म के अनंत ब्रह्म ब्रह्मांड का..... अहसास एक अद्‌भुत हो जायेगा.....

विश्वास तब विज्ञान को भी..... स्वयं विधाता का हो जायेगा.....

विश्वास तब विज्ञान को भी..... स्वयं वीर विधाताओं का हो जायेगा.....

जब विश्वास विद्वान विज्ञानियों को..... अमर आत्मीयता से हो जाएगा तो विज्ञान में स्वयं विधाता का वर वंदनीय वरदान ही होगा.....

वर वंदनीय वरदान ही होगा..... वर वंदनीय वरदान ही होगा.....

हे मनु..... दो शब्द श्री शारांश में..... सर्व सारांश में तू भी कह दें.....

ॐ श्री सत्य मेरे नाथ ने कहा हैं..... श्री सत्य स्वयं आज मेरे श्री नाथ ने कहा हैं

श्री सत्य मेरे नाथ ने कहा हैं..... श्री सर्व सत्य स्वयं आज मेरे श्री नाथ ने कहा हैं

मैं तो केवल श्रोता था..... फिर भी श्री सार सारांश मुझे निकालने को कहा हैं

तो..... हे नाथ..... मैं तो धीर धरा पर सर्व ज्ञानियों विज्ञानियों वैज्ञानिकों से यही कहूँगा की जब बड़ी बड़ी डिग्री डिप्लोमा धारी भी सत्य धर्म को श्री ब्रह्म धर्म को समझ नहीं पाते हैं..... जान नहीं पाते हैं..... सोच नहीं पाते हैं तो अज्ञानी, कम पढ़े लिखे या अनपढ़ (निरक्षर) कैसे समझ पायेंगे या जान पायेंगे की धर्म क्या होता हैं? धर्म किसे कहते हैं?

धर्म की धरा पर क्या महत्ता (Importance) होती हैं?
धर्म की धरा पर क्यों आवश्यकता (Necessity) होती हैं?

सार सारांश में मैं तो यहीं कहूँगा जब खिलाड़ी ही खेल को ठीक से नहीं खेलते या खेल पाते हैं तो अनाड़ी क्या खेलेगा या खेल पायेगा?

जब ज्ञानी विज्ञानी ही गुड़ को गोबर बना दे..... तो अज्ञानी से कैसे आशा की जा सकती है?

जब विद्वान विज्ञानी ही समग्र सार्वभौमिक सोच चिंतन मनन स्वाध्याय नहीं करेगा..... विचार विश्लेषण व्याख्या वर्णन नहीं करेगा..... तो कौन करेगा?

जब पथिक बन पथ पर चलेंगे ही नहीं तो...... पथिक धर्म क्या होता हैं..... पता कैसा चलेगा?

हे नाथ..... बिना धन के तो धरा चल सकती है मगर बिना धर्म के धरा कभी नहीं चल सकती हैं?

धर्म आपका..... धरा आपकी

धन्य सदा धर्म आपका..... धीर धर्म धरा में सदा धर्म अनंत-अनंत आपका...... हे नाथ मेरे...... श्री नाथ मेरे......

हे नाथ..... धन्य श्री ब्रह्म ब्रह्मा जी दाता बावजी का धर्म..... धन्य हैं उनसे (दाता) आप का धर्म और धन्य हैं आप से धीर वीर वसुधा का धर्म।

धन्य धर्म की ध्वज थामें नील गगन में धर्म श्री ब्रह्म में सदा ऊँचा संग आपके रहें, धन्य धर्म आप परम परमार्थ की पूर्ण परिक्रमा सदा गगन में लगाता रहें..... सदा गगन में लगाता रहें..... धन्य हस्ते हस्तान्तरित..... हृदय हस्तान्तरित श्री धर्म..... श्री धर्म..... श्री धर्म

हे मनु..... हे भरत..... सत्यानुभूति श्री सारांश ही कहा..... आज विज्ञान के युग में धरा पर सबसे ज्यादा ह्रास धर्म का ही हुआ हैं..... धरा का मानव निश्चित रूप से भूल चुका हूँ की धीर धरा आज भी श्री ब्रह्म विधि विधान विधाताओं के धर्म से चल रही हैं! मानव विज्ञान (Human Science) से ना तो आज भी धरा चल रहीं है और ना ही सर्व श्री ब्रह्म ब्रह्मांड चलायमान हैं।

विज्ञान तो आज भी श्री परम वीर विधाताओं की सिद्ध साक्षात एवं संपूर्ण हैं।

श्री शाश्वत धर्म से ही सर्व ब्रह्म ब्रह्मांडीय विज्ञान (The whole universal science) का आज भी अमर अनंत अक्ष अस्तित्व हैं।

मानव विज्ञान तो स्वार्थ परक मानव कल्याण तक ही सिमट कर रह गयी हैं..... धरा को बारूद के ढेर पर बैठा कर मंगल (ग्रह) तक मानव भले ही चला गया हो.... और धरा (Earth) जैसी धर्ममयी धरा उसे मिल भी जाएगी तो भी धर्म धरा (The Mother religion and relation of the earth) का कम नहीं होगा......

मर्म (दु:ख) धरा का तब भी कम नहीं होगा.....

अतिशीघ्र (Just after few periods) धरा के मानव को नव धरा (New Earth/ E2) भी मिल जाएगी .....

आज की मानव विज्ञान निश्चित रूप से आज जिस पायदान (Stage) पर हैं उससे आगे ही होगी मगर धर्म भी मानव में निश्चित रूप से आज से कम ही होगा..... (चिंतन मननपूर्ण सत्यनिष्ठ अद्भुत आत्मीय विषय पर व्यवहारिक विचार हैं) मानव अपने हृदय में यहाँ (On the Earth) धर्म को रखेगा तो वहाँ (E2) भी रह जाएगा......

धर्म कोई वस्तु (Object) नहीं जिसे उठा कर एक जगह से दूसरी जगह स्थानांतरित (Shift) किया जा सकें (From one place to another place)......

धर्म तो एक यथार्थ विषय (Fact & true subject) हैं जिसे अटूट विश्वास और अमर आत्मीय श्रद्धा से सदा हृदय में ही जीया जा सकता हैं..... हृदय गें ही पीया जा सकता हैं।

सत्यनिष्ठा पूर्ण आस्था रखने से रहता हैं..... वरना हृदय से ही नहीं, युग (Century) से भी निकल कर जाता रहता हैं।

धर्म को हमेशा हृदय में ही जीना पड़ता हैं..... हृदय से ही जीतना पड़ता हैं

धर्म को हमेशा हृदय में ही जीना पड़ता हैं..... हृदय से ही जीतना पड़ता हैं.....

धर्म ने कभी भी कुछ नहीं लिया..... केवल और केवल दिया ही हैं जिसने भी हृदय से श्री धर्म को जीया हैं..... उसे हर युग खुद श्री धर्म ने ही सब कुछ दिव्यतापूर्ण दिया हैं..... दिव्यतापूर्ण दिया ही हैं.....

दिव्यतापूर्ण दिया ही हैं!

जितनी विश्वसनीय विज्ञान रखों उससे अधिक सहिष्णु संजीदा धर्म आज रख लो..... ताकि मानव में धर्म धरा का DNA साथ वहाँ (E2) सहज रह सकें.....

धरा के धर्म DNA का वहाँ वरदान रहेगा..... तो कल्याण वहाँ मानव का होगा..... कल्याण मानव का वहाँ भी हो ही जाएगा।

बिना धर्म के तो धरा का मानव वहाँ (E2) भी किसी दानव (Monster Alien) से कम नहीं होगा।

धर्म में सच्ची श्रद्धा और आस्था यहाँ (धरा) रहेगी तो वहाँ (नवधरा) भी "श्री वीर वसुधा वासुदेवाय" सदा रक्षा करने याद करते ही पहुँच जायेंगे.....

वीर देव तो श्री वंदना करते ही पहुँच जाते हैं..... बस वंदनीय वंदना में इतना दम होना चाहिए की वह वीर वीरों के हृदय तक पहुँच जाएँ......

कोई घोड़े पर तो कोई ऐरावत पर तो कोई नंगे पाँव (Bare feet) ही जहाँ सत्यपुकार होगी वहाँ पहुँच ही जायेंगे...... श्री वीर विधाता पहुँच ही जायेंगे..... श्री वीर विधाता पहुँच ही जायेंगे......

बस वंदनीय वंदना (Thankful Blessing prayer) अपनी भूल मत जाना..... श्री सत्यनिष्ठ धर्म को हृदय अपने भूल मत जाना.....

हर्ष में हँसना और दु:ख में रोना कभी भूल मत जाना.....

ऐ माटी के मनु खूब दया धर्म वहाँ (E2) भी रखना..... सदा-सदा का श्री धर्म वहाँ सब रखना..... पाप कर्म से सदा वहाँ बचना..... पाप कर्म से सदा वहाँ बचना..... श्री धर्म धरा से वहाँ (E2) सब बसना..... हृदय वहाँ सदा श्री संपूर्ण वीर वसुधा को भी रखना.... हृदय वहाँ सदा श्री संपूर्ण वीर वसुधा को भी रखना....

ऐ माटी के मनु सुख में अपने..... श्री को कभी भूल मत जाना..... सुख में अपने.... श्री को कभी भूल मत जाना

हे धीर वीर वसुधावासियों..... जब भी श्री युग श्री योग में नव धरा (E2) पर जाओ तो तन मन हृदय से मेरे महावीर, मेरे बुध (बुद्ध) और श्री साईं के सत्य धर्म दूत बनकर.... श्री देवदूत बनकर..... एक अमर अवतार में जाना..... एक अद्‌भुत नव अवतार में जाना..... जय के जय श्री घोष में जाना..... जय से जय-जय जयते से जाना..... जय से जय-जय जयते से जाना

युगों युगों के के अनंत श्री ब्रह्म गगन में.... युगों युगों के असीम श्री ब्रह्म गगन में सदा-सदा से भव्य भावी श्री नाथ मेरे..... सदा-सदा के भव्य भारी श्री नाथ मेरे युगों

युगों के दिव्य हृदय में आज भी अनंत असीम हैं श्री धर्म जिनके.... दु:ख आज किस बात का हैं उनमें..... दु:ख आज किस बात का हैं उनमें.....

की आधी खुली और आधी बंद क्यों कर रखी हैं आज पलकें अपनी
सदा मुकुट धारी श्री नाथ ने..... मुकुट अपना आज क्यों उतार रखा हैं.....
सदा शांत श्री नाथ ने बालों को भी क्यों खोल रखा हैं......
अपने अमर अक्ष पर आज उदास क्यों हैं आप..... श्री नाथ मेरे
अपने अमर अक्ष पर आज उदास क्यों हैं आप...... श्री नाथ मेरे
सन्नाटा सर्व श्री ब्रह्म गगन में..... आज क्यों साया हैं..... श्री नाथ मेरे
ऊँचा गगन झुक रहा है...... पूरा गगन सूख रहा हैं.....
सन्नाटा सर्व श्री ब्रह्म गगन में..... आज क्यों साया हैं..... श्री नाथ मेरे
ऊँचा गगन झुक रहा है...... पूरा गगन सूख रहा हैं.....
चरण में आकर पूछ रहा हैं.... हे नाथ मेरे श्री नाथ मेरे
क्यों आज ना कुछ खा रहें हो..... ना ही जल पी रहें हो
हे नाथ मेरे.... श्री नाथ मेरे..... श्री अनंत-अनंत के अमरनाथ मेरे.....
लेकर भोजन श्री ब्रह्म ब्रह्मा जी दाता स्वयं सम्मुख कब से ही विराजे हैं.....
अर्ज आज सर्व देव करावें..... अब तो भोजन ग्रहण करावें
हे नाथ मेरे..... श्री नाथ मेरे..... श्री अनंत-अनंत के अमरनाथ मेरे......
जब तक भोजन ग्रहण नहीं करेंगे..... पूरा ब्रह्म भी भूखा रहेगा.....
अब तो भोजन ग्रहण करावें..... अब तो भोजन ग्रहण करावें....
हे नाथ मेरे..... श्री नाथ मेरे...... हे नाथ मेरे.... श्री नाथ मेरे.....
हे नाथ अब तो अन्न जल ग्रहण करावें..... अब तो अन्न जल ग्रहण करावें......

हे मनु..... हे भरत.... हे भारत.... अन्न जल तो अब मैं तभी ग्रहण करूँगा..... जब श्री सात्विक भोजन और श्री भजन भक्ति का Concept Clarification धर्म धरा पर Complete होगा.....

धर्म धरा पर विज्ञान विद्वानों द्वारा पुनः श्री सर्व ब्रह्म धर्म (परम पूर्ण प्राकृत धर्म) का Concept भी Scientific Certification संग Complete होगा.... सर्वमानव ज्ञान विज्ञान में वीर विधाता संग धीर वसुधा वासुदेवाय का विश्वास होगा.....

सर्वमानव ज्ञान विज्ञान में वीर विधाता संग धीर वसुधा वासुदेवाय का विश्वास होगा.... जब धर्म धन्य फिर वसुधा होगी.... जब धर्म धन्य फिर वसुधा होगी.....

हे मनु..... हे भरत..... हे भारत.... कब धर्म धन्य फिर वसुधा होगी?..... कब धर्म धन्य फिर वसुधा होगी?

हे मनु.... हे भरत.... हे भारत.... क्या धीर धर्म धन्य फिर वसुधा होगी भी या नहीं..... तू मुझे आज बता ही दे.... हे हृदय वीर योगी..... तू मुझे आज बता ही दे..... हे हृदय वीर युग योगी....

धीर धर्म धन्य फिर वसुधा होगी तो कब होगी? और नहीं होगी तो क्यों (Why) नहीं होगी?

Please give me crystal clear clean answer today……

Please give me crystal clear clean answer today…..

हे नाथ.... आप श्री अनंत-अनंत कर्मयोग कृपालु की दिव्य अनुकम्पा से दोनों निष्काम धर्म धन्य हो चुके हैं..... आप श्री धन्य धर्म समर्थ सिद्ध श्री नाथ ने स्वयं अपने परम पूर्ण दिव्य परमार्थ प्रकाश से ही दोनों निष्काम धर्म को धन्य किया हैं..... आप ही श्री निष्काम कर्मयोगी कर्ता हैं और आप ही श्री धर्म धारण धारक श्री धर्ता हैं।

श्री भक्ति में मुझ भक्त भरत के हृदय हस्ते हर्ष योग में आप युगों युगों के अमर तप तपस्वी..... अनंत असीम ब्रह्म श्री नाथ ने ही तो स्वयं निष्काम धर्म से धीर वीर धरा को घोर काले कलयुग के काल से एक बार पुनः बाहर निकाल कर श्री स्वर्ण युग में स्वयं श्री धन्य धर्म की धूरी के अक्ष अस्तित्व पर अनंत असीम अमर उजाला किया हैं.....

नवप्रभात में नव श्री युग का अनंत उजियारा किया हैं.....

नवप्रभात में नव श्री युग योग का अमर उजाला किया हैं.....

हे नाथ मेरे..... श्री नाथ मेरे..... हे नाथ मेरे.... श्री नाथ मेरे....

अनंत असीम दाता श्री के गगन में..... सदा अमर रहें श्री अमर अनंत नाथ मेरे

सदा अमर रहें..... सदा अमर रहें..... श्री अमर अनंत नाथ मेरे.....

ॐ श्री नाथ नाथाय नमो नमः..... ॐ श्री नाथ नाथाय नमो नमः

ॐ श्री सर्व देव देवाय नमो नमः..... ॐ श्री सर्व देव देवाय नमो नमः

ॐ श्री सर्व सिद्ध समर्थ वीर गुरुदेव देवाय नमो नमः.....

ॐ श्री सर्व सिद्ध समर्थ वीर गुरुदेव देवाय नमो नमः.....

ॐ श्री सर्व वीर वीराय विधाता बावजी नमो नमः.....

ॐ श्री सर्व वीर वीराय विधाता बावजी नमो नमः.....

ॐ श्री सर्व देव देवी संग धर्म धारिणीगौगायत्री माता नमो नमः.....

ॐ श्री गायत्री माता नमो नमः..... श्री गायत्री माता नमो नमः.....

श्री गायत्री माता नमो नमः..... नमो नमः नमो नमः नमो नमः

ॐ जय-जय श्री..... जय-जय श्री...... जय-जय श्री सा.......

हे नाथ मेरे....... श्री नाथ मेरे........ हे नाथ मेरे....... श्री नाथ मेरे....... हे नाथ अब तो अन्नजल ग्रहण करावें........ अब तो अन्नजल ग्रहण करावें........

हे नाथ......... माँ अन्नपूर्णा को उदास ना करावें....... श्री ब्रह्म ब्रह्मा जी दाता के सर्व ब्रह्म गगन को निराश ना करावें.......

अर्ज आज सर्व देव करावें...... अब तो भोजन ग्रहण करावें......

हे नाथ मेरे....... श्री नाथ मेरे........ हे नाथ मेरे....... श्री नाथ मेरे.......

हे मनु....... हे भरत....... हे भारत....... माँ अन्नपूर्णा को उदास नहीं करूँगा....... श्री दाता के सर्व ब्रह्म गगन को भी निराश नहीं करूँगा....... सब कहते हैं तो हे मनु...... भोजन (अन्नजल) तो मैं ग्रहण कर लूँगा...... लेकिन कुरु में गुरु गौरक्ष संग सर्व गौ गुरु कब से ही खड़े है....... गऊएँ अपनी फिर से लेने...... वीर गुरु सर्व अब भी खड़े हैं...... रूठे गऊ गुरु सब भूखे खड़े हैं......

रूठे गऊ गुरु सब भूखे खड़े हैं........ ऐसे कैसे मैं भोजन करूँ......
पहले गौ गुरुओं का मंगल काज........ कुरु में आज तू कर दे........
पहले गौ गुरुओं का मंगल काज........ कुरु में आज तू कर दे........
पहले भरत तू चिट्ठी लिख दे........ पहले भरत तू चिट्ठी लिख दे........
मेरे भरत तू चिट्ठी लिख दे........ पूरी-पूरी चिट्ठी लिख दे......
पूरे गगन को उसमें भर दे........ दर्द गगन का उसमें भर दे
मेरे भरत तू चिट्ठी लिख दें....... पहले भरत तू चिट्ठी लिख दें......
दर्द दुआ सब उसमें भर दें....... फिर से गगन को ऊँचा कर दें.......
मेरे भरत तू चिट्ठी लिख दे....... सारे तारें उसमें भर दें.......
पहले भरत तू चिट्ठी लिख दे....... दर्द बया सब उसमें भर दें......
मेरे भरत तू चिट्ठी लिख दे....... दर्द गगन का उसमें भर दें......
धर्म धरा को धन्य करती....... दर्द धरा का दूर करती.......
मेरे भरत तू चिट्ठी लिख दें....... दया धर्म सब उसमें भर दें......
पहले भरत तू चिट्ठी लिख दे........ पहले भरत तू चिट्ठी लिख दे........
पूरी-पूरी चिट्ठी लिख दे........ पूरी-पूरी चिट्ठी लिख दे........
धर्म की नदियाँ बहती कर दे........ गऊ गुरुओं की प्यास बुझा दे.......
ऐसी बहती धरा फिर से........ नील गगन से बहती कर दे.......
रूठे गुरुओं को फिर से मनाने....... रोती वसुधा हँसती कर दें.......
मेरे भरत तू चिट्ठी लिख दें........ पूरी-पूरी चिट्ठी लिख दे........
पूरे गगन को उसमें भर दें...... दर्द गगन का उसमें भर दें......
मेरे भरत तू चिट्ठी लिख दे........ पहले भरत तू चिट्ठी लिख दे........
दर्द दुआ सब उसमें भर दें....... फिर से गगन को ऊँचा कर दें.......
मेरे भरत तू चिट्ठी लिख दे........ सारे तारें उसमें भर दें.......
अनंत-अनंत की चिट्ठी लिख दे...... सर्व जगत को चिट्ठी लिख दें.......
हर देश की मिट्टी गीली कर दे..... ऐसी मेरी चिट्ठी लिख दे........

मेरे भरत तू चिट्ठी लिख दें........ मेरे भरत तू चिट्ठी लिख दें........

पहले मेरी चिट्ठी लिख दें........ पूरी-पूरी चिट्ठी लिख दे........

मेरे भरत तू चिट्ठी लिख दें........ मेरे भरत तू चिट्ठी लिख दें........

हे भरत....... हे भारत....... तू ही मेरी चिट्ठी लिखेगा........

पूरी-पूरी चिट्ठी लिखेगा....... यह मेरा विश्वास है....... यह मेरा विश्वास है...... तुझ से मेरा वास्ता है...... आज से नहीं आदि अनंत से तुझ से आज भी मेरा रिश्ता है.......

आज से नहीं आदि अनंत से तुझ से आज भी मेरा रिश्ता है.......

रिसते रिसते देख....... आज फिर आखिर तुझ में आ ही गया......

रिसते रिसते देख....... आज फिर आखिर तुझ में आ ही गया......

रिश्ते रिश्ते देख...... आज फिर आखिर तुझ में आ ही गया......

रिश्ते रिश्ते देख...... आज फिर आखिर तुझ में आ ही गया......

रिश्ता अगर ना होता तुझसे तो..... अनंत-अनंत से क्यों आता तुझमें.....

रिश्ता अगर ना होता तुझसे तो..... अनंत-अनंत से क्यों आता तुझमें.....

चिट्ठी अपनी पूरी लिखवाने...... अनंत-अनंत से नहीं आता तुझमें.......

चिट्ठी मेरी पूरी लिख दे....... चिट्ठी मेरी पूरी लिख दे.......

रोती वसुधा फिर से हँसती कर दे...... रोती वसुधा फिर से हँसती कर दे......

ऐ युगों युगों के हंस हृदय मेरे....... ऐ युगों युगों के हृदय हंस मेरे.......

आधी चिट्ठी तो लिख दी तूने..... आधी चिट्ठी तो लिख दी तूने.....

शेष की आधी भी पूरी कर दे...... शेष की आधी भी पूरी कर दे......

रोती वसुधा हँसती कर दे...... रोती वसुधा हँसती कर दे......

उपकार अनंत में आज तू फिर कर दे......

उपकार अनंत में आज तू फिर कर दे......

मेरे भरत तू चिट्ठी लिख दें........ मेरे भरत तू चिट्ठी लिख दें........

हे भरत....... तू भारत से सम्पूर्ण वसुधा राष्ट्रों को मेरी एक चिट्ठी लिख दे........ हर राष्ट्र को मेरी चिट्ठी के साथ एक मुट्ठी भारत की मिट्टी (Soil) भेज देना...... हे भरत इस दर्शन शास्त्र को श्री सम्पूर्ण कर (मेरी चिट्ठी) सब को प्रेषित करना........

मेरी चिट्ठी और भारत की मिट्टी से फिर वीर वसुधा धीर वसुधा का कल्याण होगा....... संग तेरे फिर से मेरा एक कर्म पुरूषार्थ अभियान होगा........

सम्पूर्ण विश्व के वैश्विक राष्ट्रों को श्री मंगल सुमंगल पथ पर एक परम पुण्य परमार्थ श्री प्रकाश अभियान होगा......

अधर्म अंधकार को सदा दूर करता दिव्य दीप का प्रकाश होगा.......

पुण्य परमार्थ प्रकाश का एक महापर्व होगा......

पहले से ही गुरु राष्ट्र रहें भारत राष्ट्र का फिर महादान होगा......

पहले से ही गुरु राष्ट्र रहें भारत राष्ट्र ही वीर वैश्विक महाराष्ट्र होगा...... श्री वैश्विक महाराष्ट्र होगा...... श्री वैश्विक महाराष्ट्र होगा......

श्री को भाऐ, श्री को गाऐ, श्री से सर्व को फिर मिलाएं........

ऐसा अद्भुत महाराष्ट्र होगा....... वीर वैश्विक महाराष्ट्र होगा...... श्री वैश्विक महाराष्ट्र होगा......

हे भरत तेरा भारत राष्ट्र ही वीर वसुधा का फिर से श्री गुरु महाराष्ट्र होगा.....

हे भरत तेरा भारत राष्ट्र ही धीर वसुधा का फिर से श्री गुरु महाराष्ट्र होगा.....

.... हे भरत चिट्ठी मेरी पूरी करके हर देश को उसको प्रेषित कर दे

.... हे भरत चिट्ठी मेरी पूरी करके हर देश को उसको प्रेषित कर दे

एक मुट्ठी भारत की मिट्टी (Soil) साथ में चिट्ठी संग प्रेषित कर दे

एक मुट्ठी भारत की मिट्टी (Soil) साथ में चिट्ठी संग प्रेषित कर दे

PART – 2

जय श्री ...... जय श्री ...... जय श्री ...... श्री सूर्य नारायण..... जय श्री स्वामीनारायण

ॐ नमो नमः.... ॐ नमो नमः.... ॐ नमो नमः....

भगवान श्री सूर्य नारायण.....ॐ श्री नाथ नाथाय नमो नम:

ॐ नमः शिवाय.... ॐ नमः शिवाय.....श्री शिव शिवाय नमो नमः....

श्री नमो नमः.... श्री नमो नमः.... श्री नमो नमः....

भगवान श्री सूर्य नारायण.....हे भरत......तन मन व हृदय से सदसत में भगवान श्री अमरनाथ व शक्तिस्वरूपा माँ पार्वती को श्रवण व दर्शन मन मनोयोग में अटूट श्रद्धा व साहसी धीर वीर योग योगिनी (वसुधा) का मनु महात्मा तृष्णाओं के सागरों को पार कर मद मोह माया को हरा (Defeat) कर ही पूर्ण व परम अमरता के अक्ष, छोर, क्षितिज को शाश्वत साक्षात्कार के श्रम साहस व सौभाग्य को प्राप्त पूर्ण प्राकृत प्रकृति में श्री सदसत पुण्य परिष्कृत पुरूषार्थ है।

तन मन व हृदय को एक सूत्र में पूर्ण परम योग योगिनी धीर वीर धरा के कण-कण को अमर अद्भुत करते बाबा अमरनाथ (श्री महादेव) और शक्तिस्वरूपा माँ पार्वती को दर्शन श्रवण करना आज भी अद्भुत श्री युग योग व सर्व सौभाग्य की बात है।

हे भरत.....युगों-युगों हर युग अनंत अटूट श्रद्धा सरोवर पर जिस जिस श्री योगी ने जब-जब वसुधा को वरण किया तब-तब भगवान श्री अमरनाथ की अमर कथा को आत्म आध्यात्मिक किया है और कराया भी है।

हे भरत.....भारत राष्ट्र युगों-युगों से श्री युग योगियों, ऋषियों, मुनियों, साधु संतो, महंतो के ध्यान ज्ञान से धर्म धन्य अद्भुत अद्वितीय व अतुल्नीय भूमि रही है।

अनंत असीम ब्रह्म ब्रह्माण्ड में मैं तो आज भी परम ब्रह्म शक्तियों के योग में युगों-युगों से हर युग अद्भुत सम्पूर्ण वसुधा की जय, वसुधा का मंगलगान वसुधा की

आत्मीयता, वसुधा का अमर आत्मीय साक्षी साक्षात्कार भारत भूमि....श्री भरत भूमि से करता कराता आया हूँ।

तन मन व हृदय से निष्काम कर्म पुरूषार्थ को धन्य श्री भारत राष्ट्र सम्पूर्ण विश्व की अमर आत्मीय गर्व गौरवान्वित गुरु गुरुत्वीय भूमि रही है।

जब-जब वसुधा की प्राकृत प्रकृति में परम सदसत भव भावपूर्ण युग योग की समृद्ध धर्म संस्कृति सजीव सहिष्णु साकार हुई हैं तब-तब सम्पूर्ण वसुधा अद्‌भुत अमर वर वरदान में वन्दनीय हुई है।

हे शाश्वत वीर तेजस्वी श्री सूर्य नारायण देव.........अनंत असीम नील गगन में आप अमर अजर हैं और जब तक आप हैं.......मैं तन मन हृदय से हर युग वीर वसुधा को अमर आत्मीयता से वरण कर वासुदेवाय कुटुम्बकम की परम पुण्य पावन श्री परम्परा के निष्काम निर्वाह का प्रण लेता हूँ......युग कितना ही आगे क्यों न चला जाये मैं आदि-आदि से श्री आदिनाथ श्री अमरनाथ की आराधना साधना में सदैव सद व सत से पूर्ण से पूर्ण व परम से परम की प्रज्ञा प्रभा में आपके मण्डल कमण्डल में अमर आत्मीय हृदय से माँ गंगा की निर्मल निश्चल अमृत धारा को भरकर हर युग अद्‌भुत हृदय योग युग यथार्थ में आत्मीय श्रद्धा से सदा सद समर्पित रहूँगा......सदा श्री समर्पित रहूँगा......

श्री सूर्य नारायण देव.......हाँ मनु यही मेरे कुल परिवार अंश वंश की रीत है............

प्राण जाए पर वचन न जाए....... प्राण जाए पर वचन न जाए......

मनु.....हे नाथ आप ही मेरे परम सदसत सृष्टि में दिव्य अमर अजर अद्‌भुत पूर्ण परमार्थ में आज भी पूर्ण व परम युग योग व युगत्व के अद्‌भुत अमर योगी नाथ हैं..... अद्‌भुत अमर योगी नाथ हैं..... अद्‌भुत अमर योगी नाथ हैं.....।

श्री सूर्य नारायण देव.......हे मनु तू युगों-युगों से श्री योग योगेश्वरों के अमर योग से पूर्णतया तृप्त था और आज भी तृप्त तटस्थ है........तेरे भव भाव पूर्ण भक्ति व श्री युग योग की मंगल सुमंगल अमर यात्रा में आज भी तेरे यज्ञ में, तेरे यथार्थ यज्ञमान में मैं तेरे साथ हूँ।

मनु........हे नाथ इस युग योग में भी आप ही मेरे जीवन की जड़ों को सींचकर सम्पूर्ण श्री ब्रह्म ब्रह्मा जी दाता बावजी के ब्रह्माण्ड तक तथा भगवान श्री अमरनाथ की अद्‌भुत अमर अनंत आनंद की अमर वर वंदना वाणी में मेरे श्री गुरु मातृ पितृ और एक-एक से बनें अनंत संसार सागर में मुझे समझने समझाने में मेरे सर्व मंगल श्री साक्षी श्री सौभाग्य बनें।

श्री सूर्य नारायण देव.......हे मनु तन मन व हृदय से मैं तो आदि-आदि से आज तक अनंत असीम श्री ब्रह्म ब्रह्माण्ड में स्थिर प्रज्ञ हूँ.......अपनी प्रज्ञा में पूर्ण से पूर्ण व परम से परम पुण्य के प्रार्थी की वसुधा वंदना को आज तक अमर आत्मीयता से स्वीकार कर फूलित फलित करता आया हूँ और भविष्य के गर्भ में समाहित भावी कालखंडों में भी श्री यथार्थ युग योग के हितार्थ में अंत:मन हृदय से उस योगी के हृदय कमल को सींचता संवारता रहूँगा.......श्री हृदय कमल को सींचता रहूँगा.......श्री हृदय कमल को सींचता रहूँगा........स्वयं अपने हृदय हर युग श्री कमल सँवारता रहूँगा ......

मनु.......हे नाथ मेरे ....श्री नाथ मेरे..... हे नाथ मेरे ....श्री नाथ मेरे....... मुझे तो आपकेअद्‌भुत अमर युग योग में अमर अद्‌भुत दिव्य शक्तियों से श्री धर्म कर्म की प्राकृत प्रकृति में धीर वीर वसुधा आज भी अद्‌भुत अमर योग युग में युगों-युगों से अद्‌भुत योग योगियों की अमर यशोधरा और श्री योग माता ही लगी........ अनगिनत असंख्य जीव जीवात्मों की पालक पोषक परम पुरूषार्थी जगत जननी जोग माया की अमर जोग अमरजोत से जोत ज्योति में हर युग हर योग जग में जगदीश और जगदीश में जय जयकार का यथार्थ "अद्‌भुत योग" ही मिला.......

श्री सूर्य नारायण देव.......हे मनु युगों-युगों की श्री योग योगिनी वीर वसुधा में अमर अद्‌भुतता की शाश्वत सम्पूर्णता में, दिव्यता में, "श्री वासुदेव" आज भी भारत भूमि से सम्पूर्ण जग की माटी को आत्मीय श्रद्धा और श्री शक्ति से सहृदय सहिष्णुता को कण-कण में "वासुदेवाय कुटुम्बकम" का तन मन हृदय से श्री मंगलगान करा रहे हैं........प्राकृत प्रकृति में "एक धरा श्रेष्ठ धरा" को काल के महाकाल श्री अमरनाथ का अमरवरदान "वसुधा और वासुदेव" को तन मन हृदय से सर्वकाल कालंतरों को पारकर आज भी अद्‌भुत अद्बितीय व अतुलनीय युग योग यथार्थ योगियों के हृदय को " वसुधा वासुदेवाय" वर वरदान में वन्दनीय हैं।

मनु......हे नाथ आप और आपका श्री युग योग मेरे जीवन की परमज्योति में आज भी आप की शाश्वत श्री सदसत समर्थ सामर्थ्य शक्तियों से अनंत-अनंत में अद्भुत प्राकृत प्रकृति व प्रकृति के परमार्थ पुण्य परम परमेश्वर युग योगेश्वरों से एक एकत्व में ही रहा

श्री सूर्यनारायण देव......हाँ मनु तू भीड़ में रहा पर कभी भीड़ का हिस्सा नहीं रहा.......गुरुओं महात्माओं के योग सानिध्य में ही रहा........श्री योग साधना, श्री युग योग भक्ति में भक्त और भगवान दोनों का एक एकत्व युग योग युगत्व अत्यंत दुर्लभ हैं मगर ऐसा नहीं है कि ऐसा होता ही नहीं है........यह सर्व सृष्टि शाश्वत है.......यह ब्रह्म ब्रह्माण्ड अनंत श्री शक्तियों से ही सजीव सहिष्णु व शाश्वत है..........

देश काल युग योग में भाषा भले ही बदल जाए मगर भक्त और भगवान श्री-श्री योग और योगी के भव भाव व भावना कभी नहीं बदलती हैं......... आदि-आदि ही आज है और आज आदि-आदि को ही एक शाश्वत सृष्टि में श्री काल के महाकाल के प्राकृत में प्रकाश प्रकाशित पूर्ण परम परमार्थ में कण-कण व क्षण-क्षण अद्भुत अमर अनंत में श्री निष्काम कर्मयोगमय है........ श्री निष्काम कर्मयोगमय है........ श्री निष्काम कर्मयोगमय है........ अद्भुत अमर अनंत में श्री ब्रह्म ब्रह्मा जी दाता बावजी का शाश्वत सर्व ब्रह्माण्ड कण-कण में श्री कर्मयोग है....... कण-कण में श्री कर्मयोग है....... सर्व श्री कर्मयोगी है....... सर्व श्री कर्मयोगी है.......युगों-युगों के हृदय यथार्थ से हर युग कर्मयोग है.... युगों-युगों के यथार्थ हृदय से हर युग में कर्मयोगी है.......

मनु........हे श्री समर्थनाथ आप को जिस जिस धर्मवीर धीर ने तन मन व हृदय योग के केंद्र में अमर अटूट आत्मीय श्रद्धा से अनंत गगन में श्री अमर कर्मयोग में देखा तब-तब आप श्री से ही भक्त के भव भाव भावना को अनंत अमर अद्भुत वर विद्या विनय में सर्व दिशाओं में सर्वत्र वसुधा वासुदेवाय कुटुम्ब में सजती संवरती सजीव संस्कृतियों को चित चरित्र चैतन्य में सिद्ध समर्थ सम्पूर्ण युग योग यथार्थ को शाश्वत साकार किया है........शाश्वत आकार दिया है........

श्री सूर्यनारायण देव........हाँ मनु मानव जीवन में हर मानव के कर्मयोग भाग्य सौभाग्य में प्रकृति के परम ब्रह्म शक्तियों के अनंत देव देवत्व तो बिना किसी पक्षपात पूर्ण निष्पक्षता से जिसका जैसा कर्मयोग एवं श्री धर्मयोग........उसको वैसा ही

फलयोग देते हैं..........श्री सर्व देवत्व तो बिना किसी पक्षपात पूर्ण प्रकृति के कण-कण में विराजमान है........

आज भी सद सत पूर्ण प्राकृत प्रकृति व परम ब्रह्म शक्तियों में वे शक्तियाँ जो स्वयं मुझे पूर्ण प्रसन्न कर परमार्थ के पथ पर वीर वसुधा पर "वासुदेव कुटुम्बकम" के "श्री युग योग पथ" पर गर्व गौरवान्वित गुरु गुरुत्व में मैं गगन में होते हुए भी उन अमर श्री योगियों के हृदय में तथा श्री अमर योगपथ के अनंत छोर तक अनंत अद्‌भुत क्षितिज तक मेरे प्रकाश की सुनहरी किरणें "गुरु गुरुत्वीय" वर वरदान में फलित फुलित ही रही है और सदा रहेगी।

मनु.......हाँ नाथ हर युग हर योगी के जीवन में परम से परम, तेज से तेज अनंत प्रकाश की धर्म धन्य पुण्य पुरूषार्थ में आज भी पूर्ण व परम के श्री शाश्वत देव देवत्व हैं.....

हे नाथ.....वीर वसुधा धीर वसुधा पर पड़ने वाली आपकी हर किरण श्री कर्मयोग कल्याण है......श्री धर्मयोग धन्य है......श्री युगयोग यज्ञ हैं......श्री सर्वयोग मंगल है.....श्री सर्वयोग शुभ है......श्री सर्वयोग सिद्ध है......

हे श्री नाथ.......आप ही Good Morning, Good Afternoon........Good Evening और Good Night है.......

Really Dada Guru.....You are the first super sonic 100% Golden Natural Lord......Great Lord......Good Lord......who always wish best of the best "Good" in morning.......noon.......evening and in night.......

Oh Dada Guru......Your's nature clock never stop......never miss......this route & routine.......It's my wish......It's my Veer Vasudhara's Dheer Vasundhara wish to you.......to you.......to you forever........

हे श्री नाथ मेरे.......मुझे आपके श्री परम पूर्ण पुण्य परमार्थ तेज ओज अक्ष अस्तित्व में अंशमात्र भी किसी तरह का कोई संचय संदेह शक या चिंता भाव न पूर्व के

आदि-आदि काल कालंतरों में था और न ही आज के विशिष्ट अत्याधुनिक मशीनी काल (21वीं सदी) में हैं......

श्री सूर्य नारायण देव......हे मनु इस वर्तमान युग में भी मैं आज भी पूर्ण व परम की अमर अटूट आस्था में श्री श्रद्धा श्री संयम व श्री धर्म धैर्य को श्री धार्य मनु मनीषियों, संत सनातन के समस्त साधू साध्वियों, ऋषि मुनियों, महात्माओं, युग योगियों, ज्ञानियों, ध्यानियों, श्री विनय विद्या धारियों के सर्व निष्काम कर्मयोग को श्री शाश्वत सम्पूर्ण करता हूँ......श्री सर्व सुख सुखद करता हूँ.......श्री सर्व सुख सुखद करता हूँ।

मनु.......हे नाथ मेरे......श्री नाथ मेरे......आप और आप तक आज तक सर्व सम्पूर्ण जीवन योग सूत्र में मुझे पिरोने वाले मेरे आदि-आदि के सर्वश्री अमर असीम माता पिता पितरों, मेरे कुल भूषण गुरुओं गुरुमाताओं के साथ-साथ सर्व श्री श्रेष्ठ आराध्य देव देवत्व जिनका मुझे जो भी सद समर्थ सौभाग्य में अमर अनंत आनंददायी परम व पूर्ण की अमरयात्रा (सर्व जीवन) में जो युग योग यथार्थ हृदय सौभाग्य प्राप्त हुआ है.......वह सबकुछ आपका ही था......आपका ही है.......और सदा आपका ही रहेगा.....भावी काल कालान्तरों में भी आपका ही रहेगा......

श्री सूर्य नारायण देव.......हाँ मनु आदि अनंत युगों-युगों से तू मेरा ही था....... आज भी मेरा ही है......सदा मेरा रहेगा.......और भावी काल कालंतरों में भी मेरा ही रहेगा...... मेरा ही रहेगा...... मेरा ही रहेगा......

जैसा तेरा विश्वास है.......ठीक वैसा मेरा भी विश्वास है........

जितना तुझे विश्वास है.......उतना ही मुझे भी विश्वास है......

मेरे मनु तू मेरा ही है....... मेरे मनु तू मेरा ही है.......

मेरे मनु तू मेरा ही है....... श्री ध्यान धर्म धूरी से देख.......

मेरे मनु तू मेरा ही है....... मेरे मनु तू मेरा ही है.......

मेरे मनु तू मेरा ही है.......

मेरे मनु तू जो ना मेरा होता...... मेरे मनु तू जो ना मेरा होता......

अनंत अनंत तक अंश ना होता......मेरे कुल का वंश ना होता.....

अनंत अनंत तक अंश ना होता......मेरे कुल का वंश ना होता.....
मेरे मनु तू जो ना मेरा होता...... मेरे मनु तू जो ना मेरा होता......
तो ना गहरा इतना होता......तो मैं ना तुझमें तेरा होता.......
तो तू ना मुझमें मेरा होता....... तो तू ना मुझमें मेरा होता.......
सारे सागर पार तू करके.......मेरे पास तू आज ना होता.......
सारे सागर पार तू करके.......मेरे पास तू आज ना होता.......
तू सागर पार ना करता........तो पास में तेरे मैं आज ना होता.......
तू सागर पार ना करता........तो पास में तेरे मैं आज ना होता.......
लेने तुझे मुझे आना पड़ता.......सागर पार मुझे करना पड़ता.......
लेने तुझे मुझे आना पड़ता.......सागर पार मुझे करना पड़ता.......
मेरे मनु मुझे आना पड़ता.......नीले नभ से आना पड़ता......
मेरे मनु मुझे आना पड़ता.......सागर पार करना पड़ता......
मेरे मनु तू मेरा ही है........ मेरे मनु तू मेरा ही है........
सर्व सदा तू मेरा ही रहना.......चाहे धरा पर ही तू रहना.......
मेरे मनु तू मेरा ही रहना.......सदा हृदय आँगन मेरे ही रहना.......
धर्म धरा से आते रहना.......नील गगन की गोद में मेरे........
धर्म धरा से आते रहना.......हृदय आँगन हर युग में मेरे.......
मेरे मनु तू मेरा ही है........ मेरे मनु तू मेरा ही है........
मेरे मनु तू मेरा ही रहना.......चाहे धरा पर ही तू रहना......

हे मनु......इस युग तू वीर वसुधा के हृदय योग यथार्थ में मेरे श्री क्षत्रिय वंश में मारवाड़ (Marwar) के युग पुरूष, मारवाड़ के अमर योद्धा, मारवाड़ के रक्षक व स्वर्णिम स्वामी भक्ति में जीवन पर्यंत सत्यनिष्ठ श्री श्रद्धा समर्पित रहें वीरों में वीर शिरोमणि श्री दुर्गादास राठौड़ के श्री धर्म कुल परिवार में एक गृहस्थ योगी रूप में मिला है......मेरे श्री करण में मिला.......मेरे श्री करण को मिला....... मेरे श्री करण को मिला....... मेरे श्री करण को मिला.......इस युग भी माँ बसंत को बसंत पंचमी में ही मिला.......परम परमेश्वरी श्री शारदे भगवती कृपार्थ वर विद्या विनयदायनी

के हृदय योग से.......मेरे श्री धर्म योग में मेरा मनु आखिर मुझे ही मिला........मेरा मनु आखिर मुझे ही मिला

.........मेरा भरत आखिर मुझे भारत में ही मिला

.........मेरा भरत आखिर मुझे भारत में ही मिला

.........मेरा भरत आखिर मुझे भारत में ही मिला

हे मनु........तूने श्री क्षत्रिय को एक बार फिर अमर अनंत के श्री क्षितिज पर विराजमान परम पूर्ण परमात्मा की परम पुण्य "वंदना" में वीर वसुधा वात्सल्य में अपने माता पिता गुरु महात्माओं श्री संतो के साथ समस्त सृष्टि में श्री धरा रक्षार्थ में करोड़ों करोड़ों क्षत्रियों को "वीर भोग्या वसुंधरा" के वीर रस में परम पुण्य जगत जननी श्री वसुधा भक्ति श्री वासुदेवाय शक्ति" में सद व सत से निर्मित क्षत्रिय एक क्षितिज.......क्षत्रिय एक शक्ति......क्षत्रिय एक संकल्प......क्षत्रिय एक परम...... क्षत्रिय एक पूर्ण......क्षत्रिय एक धर्म......को आत्मानुभूत भक्ति भाव के श्री सौभाग्य को प्राप्त किया है।

मनु......हे नाथ मेरे.......श्री नाथ मेरे.....आप श्री तो आज भी मेरे लिए अनंत असीम में मेरे हृदय कमल में ही विराजमान हैं.......हृदय योग से हर युग मेरे श्री क्षत्रिय धर्म में शाश्वत शक्ति स्वरूपा श्री वरदाता......श्री वर विधाता रहे हैं...... युगों-युगों के श्री युग पितामाह रहे हैं......

श्री सूर्यनारायण देव.......हे मनु भक्त और भगवान का अद्भुत अमर रिश्ता आदि-आदि अनंत काल से आज तक पूर्ण परिष्कृत परम पुण्य परमार्थ में ही रहा है....... रहा था......और सदैव रहेगा..... सदैव रहेगा..... सदैव रहेगा.....

हे मनु.....तूने अपने युगों-युगों के श्री हृदय योग से अपनी इस युग योग यात्रा में भी "श्री वसुधा वंदना" श्री वीर वासुदेवाय विधाता" से वर वरदान में मिले श्री अमर अद्भुत आत्म आध्यात्मिक भक्ति भाव में दिन में मेरे और रात में माँ संज्ञा के साथ अनंत गगन में फैले परम पुण्य में चमकते तारों और सितारों संग धर्म धरा के भाई चंद्रदेव के साक्षी भव भाव में परम प्राकृत प्रकृति में श्री योगेश्वर में युग और योग को आत्म आत्मानुभूत श्री सौभाग्य को प्राप्त किया है......उसे सदा श्री धर्म में हर युग बनाएं रखना.......

जय जोत माँ जगदम्बा की हर युग श्री हृदय योग जलाएं रखना.....

श्री धर्म से सर्व गगन में अपनी बाहें (Big Hands) फैलाएं रखना......

श्री योग धर्म के परम पथ पर धन्य धरा संग चलते रहना.......

श्री कर्मयोग के कर्मपथ पर युगों-युगों संग श्री रामाकृष्णा के चलते रहना.....

श्री कर्मयोग के कर्मपथ पर युगों-युगों संग श्री रामाकृष्णा के चलते रहना.....

राहें चाहें कठिन हो.......रहें चाहें कठिन हो.....

राही धर्म निभाते रहना......राही धर्म निभाते रहना.....

राहें चाहें जटिल हो...... राहें चाहें जटिल हो......

रात दिन चलते रहना...... रात दिन चलते रहना......

श्री क्षत्रियों का वीर धर्म......श्री क्षत्रियों का वीर धर्म.....

श्री धीर धरा संग निभाते रहना......श्री धीर धरा संग निभाते रहना......

श्री धर्म से सर्व गगन में अपनी बाहें फैलाएं रखना......

श्री योग धर्म के परम पथ पर धन्य धरा संग चलते रहना......

श्री समर्थ सिद्ध वीर गुरुओं के पवन पद चिन्हों पर युगों-युगों चलते रहना......

श्री योग धर्म के परम पथ पर धन्य धरा संग चलते रहना......

श्री धर्म पथ पर चलते रहना...... श्री धर्म पथ पर चलते रहना...... श्री धर्म पथ पर चलते रहना......

हे नाथ मेरे......श्री नाथ मेरे....... हे नाथ मेरे......श्री नाथ मेरे.......

कुछ भी आसान नहीं होता......कुछ भी आसान नहीं होता......

अगर युगों-युगों के वीर गुरु श्री हनुमान जी न होते......

अगर युगों-युगों के वीर गुरु हृदय योग मेरे न होते......

राह आसान न होती......जो राह में मेरे श्री राम न होते....

कुछ भी आसान नहीं होता...... कुछ भी आसान नहीं होता......

जो राह ही न होती......तो राही परेशान ही होता......

जो राह ही न होती......तो राही परेशान ही होता......

चाह कर भी घोर काल कलयुग में हृदय मेरे श्री कर्मजयी कमल न खिलता......

जो राह में युगों-युगों के कर्मयोगी श्री कृष्णा न होते......

चाह कर भी घोर काल कलयुग में हृदय मेरे श्री कालजयी कमल न खिलता......

जो राह में कभी श्री राम......तो कभी कर्मयोगी श्री कृष्णा बारी बारी से बारम्बार न आते......

कुछ भी आसान नहीं होता......कुछ भी आसान नहीं होता......

जो राह ही न होती......तो राही परेशान ही होता......

कुछ भी आकाश में नहीं होता.....जो यह आकाश ही न होता.....

सब कुछ होते हुए भी.......कुछ भी आसान नहीं होता.......

जो आप आकाश में न होते......तो यह आकाश भी परेशान ही होता......

सब कुछ होते हुए भी.......कुछ भी आसान नहीं होता.......

राह आसान न होती.......जो राह में मेरे श्री राम न होते.......

सब कुछ आकाश में होते हुए भी......कुछ भी आसान नहीं होता......

जो आप आकाश में न होते....... जो आप आकाश में न होते.......

कुछ भी आसान नहीं होता......जो आज भी आकाश गंगा बीच श्री धर्म के आसन पर आप न होते......

कुछ भी आसान नहीं होता......जो आज भी आकाश गंगा बीच श्री धर्म के आसन पर आप न होते......

कुछ भी आसान नहीं होता......कुछ भी आबाद वीर वसुधा पर आज भी नहीं होता.....

कुछ भी आसान नहीं होता...... कुछ भी आबाद वीर वसुधा पर आज भी नहीं होता.....

जो आप आकाश में न होते......तो यह आकाश भी परेशान ही होता......

जो आप आकाश में न होते......तो यह आकाश भी परेशान ही होता......

सब कुछ आकाश में होते हुए भी......कुछ भी आसान नहीं होता......

जो आप आकाश में न होते....... जो आप आकाश में न होते.......

हे मनु......हे भरत......शाश्वत सत्य ही नहीं अति सुंदर कहा.......तेरे "श्रीगीत" को हृदय योग आत्मानुभूत कर मुझे आज पुन: प्रसन्नता हुई है......आधी अधूरी नहीं पूर्ण परम प्रसन्नता हुई है.....

देख भरत देख......सर्व ब्रह्म ब्रह्माण्ड के स्वामी श्री ब्रह्माजी दाता बावजी के साथ सर्व श्री-श्री वीर विधाता, सर्व देवी देवता, अमर अजर सर्व श्री सिद्ध समर्थ ब्रह्मयोगी, ऋषिमुनि, श्री संतों श्री महंतों, श्री आचार्यों, श्री वीर वेदाचार्यों, सर्व अमर अनंत दिव्य श्री देव दिगंबर, श्री-श्री सर्व ब्रह्म धर्म पालनार्थ में सर्व श्री ग्रहों, तारों, श्री शुभ मंगल नक्षत्रों संग सर्व भूते सर्व काले श्री-श्री आदिनाथ भगवान श्री अमरनाथ महादेव को आज पुन: अद्भुत दिव्य प्रसन्नता हुई......श्री परम पूर्ण प्रसन्नता हुई है......

हे मनु......हे भरत......श्री सत्य शाश्वत कहा......एक युग यात्रा को भी श्री धर्म में श्री कर्मयोगपूर्ण पार करना......श्री समर्पण समर्पित सर्व सम्पूर्ण करना आसान नहीं है तो युग दर युग.......श्री पथिक धर्म में युगों-युगों को परम पार करना वाकई आसान नहीं है......

भवों भवो श्री युगों-युगों की श्री भक्ति श्री शक्ति के बिना वाकई कुछ भी आसान नहीं होता...... कुछ भी आसान नहीं होता......

हे मनु......हे भरत......मुझे तो सबसे ज्यादा परम प्रसन्नता इस बात की है कि मेरे वंश में......मेरे अंश में आज भी (कलयुग) अद्भुत अनंत श्री धन्य धर्म भक्ति हैं...... श्री धन्य धर्म शक्ति है.......श्री सदसत श्रद्धामय सर्व सृष्टि है......

श्री सौभाग्य को फलित फुलित वर वरदान में अपने हृदय योग में माँग मेरे वीर वसुधा बसंत पुत्र......तेरे हृदय योग सर्व श्री काज मैं स्वयं अपने पुण्य पुरूषार्थ करूँगा.....अपने तेज से सदा परम पुण्य किरणों से पोष कर सींचता संवारता रहूँगा.....

युगों-युगों योगी रूप में श्री योग पथ पर अमर पथ पथिक बन कर हर हाल में हर युग तेरी अमर यात्राओं में आता रहूँगा......कभी पथ बनकर......कभी पथिक बनकर......तेरी अनंत यात्रौं में आता रहूँगा.......कभी युग बनकर......कभी योग बनकर......हर युग तेरी अमर यात्राओं में आता रहूँगा......सर्व श्री सुमंगल हृदय

वांछित सर्वकाज स्वयं सिद्ध समर्थ करूँगा......स्वयं श्री सम्पूर्ण करूँगा......सदा श्री सम्पूर्ण करूँगा......

मनु......हाँ नाथ आप और वीर वसुधा आज भी अपने परम व पूर्ण को जीते जागते श्री शाश्वत सदसत में सदभाव व समभाव में आदि-आदि के अनंत काल खंडों को पार कर वर्तमान में भी मेरे अमर आत्मीय परम वंदनीय वीर और श्री धन्य धर्म धीर है

श्री सूर्य नारायण देव.......हाँ मनु सर्व सृष्टि में श्री सदसत के शाश्वत को आत्मसात कर अमर पथ पर अमर पथिक आज भी पूर्ण व परम में मेरे और वसुधा के प्रिय है......

हे मनु वे धीर वीर जिन्होंने अपने हृदय श्री युग योग योगेश्वरों की वीर वसुधा का वरण कर लिया वे सभी अपने-अपने पथ पर पथिक धर्म की युगों-युगों की परम्परा में "वीर वसुधा" की वंदना में वर वंदनीय श्री युग योग यात्रा को अपने श्री परम धर्म संग कर्मजयी कालजयी पुरूषार्थ में पूर्ण करते है.......हर युग श्री परम धर्म का अमर अद्भुत अतुल्य श्री युग योग देते हैं......श्री सर्व सम्पूर्ण युग योग युगत्व देते हैं......

पल भर के लिए स्वयं धरा थम जाती है......पल भर के लिए स्वयं धरा थम जाती है......बड़े ही दुर्लभ दिव्य क्षणों में वीर वसुधा अपने धीर धैर्य धूरी पर झुक कर जब स्वयं वसुधा जान लेती है......जब स्वयं वसुधा मान लेती है......श्री युग के योग पथ पर थक चुके श्री पथ और पथिक को हृदय अपने विश्राम को स्वयं वसुधा थाम लेती है......स्वयं वसुधा थाम लेती है......नव युग के नव अवतार में हर युग....... नव युग के नव अवतार में हर युग.......श्री ब्रह्मदेवों से पुन: माँग लेती है........माटी (मिटटी) में ममता की फिर वही अमर अद्भुत जोत जाग उठती है.......

युगों-युगों की यात्रा का श्री रथ पुन: चल पड़ता है......
युगों-युगों की यात्रा का श्री रथ पुन: चल पड़ता है......

युगों-युगों के श्री योग पथ पर वीर वसुधा के हृदय कमल फिर खिल उठता है.....

युगों-युगों के श्री योग पथ पर वीर वसुधा के हृदय कमल फिर खिल उठता है.....

पल-पल परम परमार्थ को पालती पोषती श्री धरा पर युगों-युगों का यथार्थ युग योग व यात्रा में वासुदेवों और वासुदेवों में वसुधा की अमर अद्भुत यात्रा आज भी अद्भुत अनंत अनुपम व अतुल्य है।

मनु.......हाँ नाथ सदसत समर्थ में युगों-युगों आदि-आदि से वर्तमान तक हर युग का यथार्थ योग युगत्व में वीर और धीर वसुधा व वासुदेवाय हृदय आज भी अमर अनंत अद्भुत प्राकृत प्रकृति में परम धैर्य से धर्म धन्य कर्म धन्य चित चैतन्य शक्ति में पूर्ण से पूर्ण व परम से परम के श्री पथ परमार्थ में कण-कण क्षण-क्षण को श्री सदसत में वरवंदनीय हैं।

श्री सूर्य नारायण देव.......हाँ मनु जिस तरह मैं श्री समाधी में होते हुए भी शाश्वत श्रम साधना से सद समर्पित पुरूषार्थ में पूर्ण परम प्राकृत के अनंत श्री ब्रह्म ब्रह्माण्ड में आज भी अमर अनंत की युगों-युगों की यात्रा में अद्भुत श्री ब्रह्म ब्रह्मांडीय शक्तियों की पालनार्थ में परमार्थ प्रसन्न पथ प्रकाश पुंज में कालजयी कर्मजयी वसुधा को गगन में गुरु गुरुत्वीय धन्य धर्म धरोहर धूरी पर सदसत की अमर यात्रा में एक सृष्टि श्रेष्ठ सृष्टि में सदसत शाश्वत अनंत असीम गगन में गर्व से परम ब्रह्म देवों सहित अक्ष अस्तित्व के साकार में तेज से तप कर अमर तप में तृप्त श्री साधना सौभाग्य में आज भी धरा के साथ धरा को धन्य प्रकाश में परम से परम पूर्ण से पूर्ण पुरूषार्थ में प्रत्यक्ष दिव्य भव्य भव भाव में जल थल नभ सर्वत्र सदसत को परिष्कृत में परम से परम को प्रज्वलित हूँ.....एक क्षण भी वीर वसुधा मेरे बिना या मैं वीर वसुधा बिना न रहें और न रहेंगे......

जल थल नभ को धर्म धार्य धरा को धन्य ध्यान से युगों-युगों से आज भी मेरे हृदय योग की परिक्रमा में परम प्रकाशित पुण्य के पूर्ण को प्राप्त परम परमेश्वरी की युगों-युगों की सदसत अद्भुत साधना में श्री पदमनाभ की नाभि से श्री कमल कुंज में कालजयी कर्मजयी धूरी पर धन्य धर्मजयी है।

मनु......हाँ नाथ......जल थल नभ में सर्व ब्रह्म ब्रह्माण्ड की कर्मयोगी रचना सरंचना में काल के महाकाल में युगों-युगों के आदि-आदि से आज तक के क्षण-क्षण में आप धीर वीर वसुधा के वासुदेवाय बन एक अद्भुत अटल अनंत श्री साक्षी श्री साथी व श्री शक्ति रहे हैं।

श्री सूर्य नारायण देव.......हाँ मनु युग दर युग युगों-युगों बीत गये......हर युग की श्री योगमाया.......श्री युगमाया.......धीर वीर वसुधा के कण-कण को कर्मजयी कालजयी कल्याणार्थ में अद्‌भुत युग योग की यथार्थ यात्रा में मेरे सद साक्षी भव भाव में परम शक्ति से आज भी अद्‌भुत अनुपम श्री परम्परा में प्रति क्षण पूर्ण पुण्यार्थ परम पुरूषार्थ के श्री पथ पर श्री पथिक धर्म में धन्य धरामय हैं.......धन्य श्री धर्म धरोहरमय ही है......

श्री पदमनाभ भगवान विष्णु जी की नाभि से प्रफुल्लित सौम्य सहिष्णु श्री कमल सृष्टि में युगों-युगों की अमर योग योगिनी धीर वीर वसुधा को श्री प्रकाश प्रकाशित परम पथ पर सदा श्री गुरु गुरुत्वीय........श्री गर्व गौरवान्वित रखना ही मेरी श्री शक्ति साधना है.......सर्व के श्री-श्री दाता बावजी की श्री योगमय श्री युगमयी आराध्य साधना हैं......सर्व श्री अनंत ब्रह्मगगन में मेरी यही श्री अमर आराधना हैं

हे मनु.....श्री अमर ब्रह्मयुग आराधना.......श्री के सर्व ब्रह्मगगन की साधना में...... मैं और तो क्या कहूँ.......और तो क्या करूँ.......धीर धरा के श्री धन्य धर्म कर्म पूर्ण युग योग यात्रा में आज मुझे श्री साधना में.......श्री पथ प्रकाश पुंज........श्री परमार्थ कर्म पुरूषार्थ में परम पूर्ण प्रसन्नता की अद्‌भुत अनुभूति हुई है.......हर युग की भांति इस युग भी पुन: श्री स्मरण स्तुति की अद्‌भुत अमर आत्मीय आत्मानुभूति हुई है......

युगों-युगों की अमर यात्रा में थोड़ा विश्राम आज फिर एक बार अनंत गगन में मिला है.......युगों-युगों की अमर यात्रा में पुन: मेरे मनु का विश्वास आज फिर एक बार अनंत गगन में मिला है......युगों-युगों की अमर वसुधा को मेरे भरत और भारत का आज फिर एक बार पूरा पूरा भरोसा मिला है.......

युगों-युगों की अमर वसुधा ने अपना थोड़ा भार भरत के कन्धों पर.......तो थोड़ा भार भारत के कन्धों पर फिर एक बार इस युग कुछ पलों के विश्राम में......पुन: पुण्य परम विश्वास में रखा है......

हे मनु.....हे भरत......हे भारत......श्री धर्म की धूरी पर धन्य आज फिर एक बार मैं हो गया.......

श्री धर्म की मेरी धुणी पर धन्य आज फिर एक बार तू हो गया.......
मेरे श्री राम रघुवीरों का अमर वचन मेरे भरत में पूर्ण आज हुआ.......
पूरा भारत आज भरत संग वीर वसुधा वंदन हुआ.......
मेरे वचन को पूर्ण करने पूरा विश्व आज एक वृक्ष (Tree) हो गया......

काल कलयुग में कई कालखंडों से रुखा सूखा (Rude and dry) विशाल वट वृक्ष (Banyan Tree) विश्व वृक्ष (World Tree) आज फिर से एक बार हरा भरा (Fully Green) हो गया......एक ही वृक्ष की हर एक डाल (Each branch/ Each country) से भारी भरकम फिर से मेरा वृक्ष हो गया......धन्य धरा पर परम ध्यानी आज फिर मेरा वृक्ष हो गया......काल की काली आँधी को भी पार कर कभी न गिरे इतना गहरा मेरा वृक्ष हो गया......

काल की काली आँधी को भी पार कर कभी न गिरे इतना गहरा मेरा वृक्ष हो गया.....
मेरे वक्ष (Chest) से भी चौड़ा (Wide) मेरा वट वृक्ष हो गया....
मेरे वक्ष (Chest) से भी चौड़ा (Wide) मेरा वट वृक्ष हो गया....
युग दर युग युगों-युगों हर युग हर हाल सदा हरा भरा रहे मेरा वट वृक्ष......
युग दर युग युगों-युगों हर युग हर हाल सदा हरा भरा रहे मेरा विश्व वृक्ष......
मेरे वक्ष (Chest) से भी चौड़ा सदा मेरा वट वृक्ष रहे.......
मेरे वक्ष (Chest) से भी चौड़ा सदा मेरा वट वृक्ष रहे.......
विश्ववृत्त में वीर वसुधा.......हर युग मेरा वट वृक्ष बनें......
हर युग राह में चलते हर राही को.......अनंत की गहरी छाँव मिले......
हर युग श्री योग पथ पर.......एक अद्भुत वीर वट वृक्ष मिले......

मनु......धन्य सदा मेरे नाथ रहें......श्री धर्ममय धन्य सदा मेरे श्री नाथ आप रहें...... हर युग रहें......हर हाल रहें......युगों-युगों ऐसा ही अमर अनंत श्री योग रहें....... पूरे सोने (Gold) के खरे (Pure Prime) सोने के सदा मेरे श्रीनाथ रहें......सर्व श्री के सीने में सदा मेरे श्री नाथ रहें.....

श्री अनंत ब्रह्म गगन में सदा चमकते (shining) मेरे श्रीनाथ रहें.....

श्री अनंत ब्रह्म गगन में सदा चमकते (shining) मेरे श्रीनाथ रहें.....

युगों-युगों के श्री योग पथ पर सदा मंगल महिमामय मेरे श्रीनाथ रहें.......

हर युग मेरे अनंत तक.......सदा मेरे श्रीनाथ रहें....... सदा मेरे श्रीनाथ रहें....... सदा मेरे श्रीनाथ रहें.......

हे मनु......हे भरत......हे भारत......मुझे खरे सोना (Prime and Pure 100%)

का कहने वाला......तू भी कोई पीतल ताम्बे या लोहे का बना हुआ थोड़े ही है...... खरे सोने का है.......मुझे तो तू मुझसे भी पीला पीला श्री सुनहरा लग रहा है....... देखकर तेरे मुख को मुझे अपना ही मुख लग रहा है.......

मनु.......हे नाथ मेरे........श्रीनाथ मेरे.......जब मैं आपका हूँ तो आप जैसा ही तो लगूँगा ना.......

सत्य कहा.......श्री सत्य कहा......यदि मेरा नहीं होता.......और पीतल ताम्बे लोहे का बना होता तो कब का ही काठ (जंग, Stain) लग गया होता......युग दर युग युगों-युगों हृदय योग मेरे श्री भक्ति को कैसे आता तू...... युगों-युगों का हृदय अपना हर युग कैसे देता मुझको......श्री युग के सर्व योग में हर्ष हर्षित कैसे करता मुझको......

श्री युगों-युगों की वीर वसुधा को श्री वंदन अभिनन्दन संग मेरे श्री अनंत ब्रह्म गगन में करता कैसे......

मेरे वंश में.......मेरे अंश में.......मेरे भरत तू मेरा न होता तो......

युगों-युगों की श्री दृढ धर्म रीत निभाने पुन: भारत में आता कैसे......

युगों-युगों का श्री हृदय बन......वीर वसुधा के श्री गीत गीता गहन गगन में गाता कैसे......

युगों-युगों के श्री हिम हिमालय देव जैसी अमर अटूट श्री भक्ति सम्पूर्ण श्री गगन में सर्व देव स्वीकार्य होती कैसे......

हे मनु......हे भरत.......हे भारत.......वर्तमान घोर काल कलयुग से पुन: श्री धर्मयुग तक युगों-युगों की मेरी वीर वसुधा धीर वसुंधरा के श्रीरथ को अपनी श्री भव भाव पूर्ण भक्तिमय अद्‌भुत शक्ति से यहाँ तक लाने के लिए हार्दिक आभार....... हृदय अभिनन्दन...... हार्दिक आभार....... हृदय अभिनन्दन......

हे मनु......हे भरत.......हे भारत.......अपने श्री-श्री सद समर्थ गुरुओं श्री-श्री महामनु महात्माओं का हृदय हंस बनने के लिए.......यथार्थ हृदय से श्री युग तक बुलंद उड़ान भरने के लिए........वर विद्या विनयदायनी माँ श्री सरस्वती के चरण कमलों में श्री श्रद्धा से स्वयं श्री सुगन्धित श्री समर्पित हृदय प्रिय परम पुष्प बनने के लिए.......माँ शारदे के आदर आज्ञा पालन में परम पूर्ण पुण्य की अमरजोत को मेरे हृदय योग तक लाने के लिए.......

मेरे हृदय योग में श्री युग योग यात्रा में मेरे साथ श्री समाधी में सत्यनिष्ठ श्रद्धा और अमर अनंत परम पूर्ण आस्था में "श्री अमरदीप" की श्री प्रकाश किरणों में सर्व श्री ब्रह्म ब्रह्माण्ड विहार में मेरे साथ व्यक्त अभिव्यक्त श्री विचार......श्री विमर्श......श्री चिंतन.......श्री मनन.......श्री परम पूर्ण श्रद्धेय भव्य भव भाव के लिए......

परम वन्दनीय........पूर्ण पूजनीय वीर वसुधा धीर वसुंधरा के टूट चुके खंड खंड विश्वास को पुन: विश्वास देने के लिए.......

थक कर थकान से चूर चूर वीर वसुधा धीर वसुंधरा को अपनी श्री शक्ति पीठ पर श्री विश्राम देने के लिए......

श्री युग योग अमर यात्रा में श्री श्रम साहसपूर्ण अटूट विश्वास युक्त श्री धरा धर्म ध्यान ज्ञान, श्री विद्या श्री विनय श्री विवेक पूर्ण श्री चैतन्य ब्रह्म ब्रह्मांडीय सर्व सृष्टि में अनंत-अनंत के श्री क्षितिज तृप्त तटस्थ भक्ति के लिए.......मेरे कुल वंश में युग दर युग श्री कालजयी युग योगमय श्री धर्मकर्म के लिए पुन: एक बार अनंत असीम अमर आत्मीय हर्ष हर्षित हार्दिक आभार....... हृदय अभिनन्दन...... हार्दिक आभार....... हृदय अभिनन्दन......

हे मनु......हे भरत.......हे भारत.......जहाँ इतने कदम चल लिए हैं.......इतने युग चल लिए हैं.......तो कुछ कदम चलना अभी भी शेष है.......इस युग को पूर्ण श्री

सदसत धर्मयुग की दहलीज़ तक पहुँचाने के लिए......कुछ शेष के क़दमों को और चलना होगा...... कुछ शेष के क़दमों को और चलना होगा......

बीच मझदार में घोर काल कलयुग को श्री युग के तट तक लाना ही होगा.....किसके भरोसे छोड़ू.......किससे कुछ मैं कहूँ.......हे मनु...... हे भरत.......हे भारत......तेरे हृदय तेरे युग भरोसे पुन: परमपूर्ण श्री योग समझ......मुझे तेरा भरोसा है......पूर्ण परम विश्वास है......

जैसे श्री साधना में सदियों सधे कदम चला है......उसी श्री पथ परिक्रमा को पूर्ण इस युग को भी श्री सम्पूर्ण कर लेगा तू......श्री सम्पूर्ण कर लेगा तू......थका ज़रूर है मगर थक कर बीच राह थमा नहीं है तू......यह मेरा भरोसा है.......यही विश्वास वीर वसुधा को अब भी है.......स्वयं अम्बर को आशा (hope) अब भी है......

देवों के देव श्री महादेव जी स्वयं सर्व देवों संग मान रहे है......हर युग की भांति इस युग को भी श्री सम्पूर्ण कर लेगा तू......

युग में तेरा योग देख......सर्व देव भी स्नेह से तुझे चूम लेंगे.......
जब इस युग को भी......श्री सम्पूर्ण कर लेगा तू.....

काल कलयुग के भंवर जाल में घोर धर्म संकट में पड़ी गौ गायत्रियों को श्री युग धर्म का श्री योग सम्पूर्ण देकर.......पुन: श्री धन्य धरा पर ला देगा तू......श्री गऊओं को पूर्ण धर्म धरा पर.......ममतामयी मातृत्व का दर्जा हर हाल पुन: दिला देगा तू......
हर हाल पुन: दिला देगा तू.......

श्री-श्री गुरु गौरक्षनाथ संग "श्री गऊ" की अनंत महिमा हर युग में अद्‌भुत गा लेगा तू.......

नव युग के नव अवतार में श्री युग की "श्री गीता" को श्री धर्मधरा से अनंत श्री अम्बर तक हर युग......श्री धर्म में अद्‌भुत गा लेगा तू.......

श्री युग की स्वर्णप्रभा में मेरी पहली किरण (First Ray) में होगा तू.....
श्री युग की स्वर्णप्रभा में मेरी पहली किरण में होगा तू......

श्री युग की स्वर्णिम सांझ (Golden Evening) तक तो मेरी हर किरण में होगा तू......श्री युग की स्वर्णिम सांझ तक तो मेरी हर किरण में होगा तू......

हे मनु......हे भरत.......हे भारत.......जहाँ इतने कदम चल लिए हैं.......इतने युग चल लिए हैं.......तो कुछ कदम चलना अभी भी शेष है.......इस युग को पूर्ण श्री सदसत धर्मयुग की दहलीज़ तक पहुँचने के लिए......कुछ शेष के क़दमों को और चलना होगा...... कुछ शेष के क़दमों को और चलना होगा......

मनु......हे नाथ मेरे......श्री नाथ मेरे......हे नाथ मेरे......श्री नाथ मेरे......हार्दिक आभार....... हृदय अभिनन्दन...... हार्दिक आभार.......हृदय अभिनन्दन......इस युग को पूर्ण करने.......सर्व श्री कर्मयोग परम पुण्यार्थ करने......शेष के सर्व कदमों को......अपना श्री प्रकाश पथ प्रदान करावें......

श्री युग के छोर (Edge) तक.......श्री क्षितिज के भोर तक.......शेष के सर्वकदमों को......हर कदम संग आपके कदम दर कदम चलता रहूँगा.......श्री युग का श्री कमल खिलाने.......श्री धर्म में श्री पथ पर संग आपके चलता रहूँगा......

श्री धर्म में श्री पथ पर संग आपके चलता रहूँगा......

श्री धर्म में श्री पथ पर संग आपके चलता रहूँगा......

ॐ श्री नाथ नाथाय नमो नम:......ॐ श्री नाथ नाथाय नमो नम:

श्री-श्री सर्व देव देवाय नमो नम:......श्री-श्री सर्व देव देवाय नमो नम:

ॐ जय श्री.....जय श्री......जय श्री......

हे मनु......आज घोर काल कलयुग में युगों-युगों की धीर वीर वसुधा को जितना संकट और खतरा श्री ब्रह्म ब्रह्मांडीय अनंत असंख्य ज्ञात अज्ञात (मनु स्मृति यथा ज्ञान विज्ञान) में अन्य ग्रहों, नक्षत्रों, तारों, सितारों, उल्कापिंडो आदि खगोलीय अंतरिक्ष घटना क्रम से नहीं है जितना मानव के वर्तमान मशीनी एवं वैज्ञानिक युग में "विज्ञान और विश्वास" के विवेकहीन दुर्पयोग से है

मनु......हाँ नाथ आज के वर्तमान युग में देश दुनियाँ को देखते हुए.......

आप श्री का चिंतन चैतन्य हृदय सत्य की अनुभूतियों में सार्थक व श्रेष्ठ हैं।

हे मनु......विज्ञान और विद्वान वैज्ञानिक गलत नहीं है.......मैं जानता हूँ और मानता भी हूँ की ज्ञान का ही पूर्ण परिष्कृत रूप विज्ञान है......और विज्ञान का ही पूर्ण परिष्कृत रूप स्वयं विद्वान वैज्ञानिक होता ह.......

हे मनु......हे भरत.......हे भारत.......यहाँ से आगे की श्री अमर आत्मीय श्री धर्म यात्रा में कहूँ.......या श्री धीर वीर धर्म धरोहर यात्रा कहूँ......या वर्तमान मानव विज्ञान में श्री धर्म की पुनर्व्याख्या यथा प्रतिस्थापना कहूँ......जो भी हृदय योग यथा युग योग से समझो जानो या मानो......चाहों तो ना मानो......मगर फिर भी मैं (श्री सूर्यनारायण) आप सभी श्री वसुधा के विशिष्ट प्रबुद्ध विद्वान विज्ञानियों का हृदय से अभिनंदन करता हूँ......

हे मनु......हे भरत.......हे भारत.......और श्री सम्पूर्ण धीर वीर वसुधा के अमर आँचल (आँगन) में बसे सर्व देश दुनिया का यहाँ से आगे की श्री युग योग यात्रा में पुन: एक बार हृदय से आभार अभिनंदन करता हूँ......

हृदय से आभार अभिनंदन करता हूँ......

हे मनु......धीर वीर धर्म धरा ने अपने अद्‌भुत आँचल में आँगन में मानव को खुले हृदय से सर्व हाथों से......श्री सर्व धर्मकर्म योग अर्जित भाग्य सौभाग्य का सर्व दिशाओं में......सर्व दशाओं में मनवांछित सब कुछ दिया......

महा मातृत्व ममता में सर्व समर्पित किया.......ऐसा कुछ भी नहीं है जो मनुमानव को नहीं मिला हो?

मैं.......सर्व वसुधावासियों से नहीं.......आज सिर्फ और सिर्फ संसार सागर भर के सर्व महाप्रबुद्ध विद्वान ज्ञानियों......विज्ञान विज्ञानियों (वैज्ञानिकों) से पूछ रहा हूँ.....क्या काल दर काल.......युग दर युग......वीर वसुधा से सम्पूर्ण जीवन भर लेना या लेते ही रहना चाहिए......

क्या कभी सत्यनिष्ठ आत्मीय श्रद्धा भाव से अपने सर्व सर्वस्व में से श्री सदसत समर्पण में कुछ देना नहीं चाहिए?

क्या यहीं आज के वैश्विक मानव मनु का धर्मकर्म, रीतिरिवाज, संस्कार संस्कृति, सुख दुःख पूर्ण संसार सागर संस्कृति है?

रेत मिट्टी कंकड़ पत्थर का मात्र ढेर मान रहे हो......मेरी धीर वीर....वसुधा को...... और केवल आग का गोला मान रहे हो मुझको......ऐसा कैसा यह आज है?...... ऐसा कैसा यह आज है?.....कैसा अद्‌भुत आज यह संसार है.......कैसा अद्‌भुत आज यह संसार है......

केवल स्वयं (मानव) के सुख में ही कैद आज यह संसार है.....
केवल स्वयं (मानव) के सर्व में ही कैद आज यह संसार है.....
काल कलयुग में काला काला आज यह संसार है.....
काल कलयुग में काला काला आज यह संसार है.....
ऐसा कैसा यह आज है..... ऐसा कैसा यह आज है.....
कैसा अद्‌भुत आज यह संसार है...... कैसा अद्‌भुत आज यह संसार है......
काल कलयुग में इतना घोर काला क्यों आज यह संसार है....
काल कलयुग में इतना घोर काला क्यों आज यह संसार है....
क्या वसुधा वीर नहीं है?......क्या वसुधा धीर नहीं है?.....
क्या नदियों में नीर नहीं है?.....क्या अम्बर में वीर नहीं है?......
क्या सर्व में श्री नहीं है?.......क्या श्री में सर्व नहीं है?......
क्या दर्द में दुआ नहीं है?......क्या दुआ में दर्द नहीं है?......
क्या धरा का धर्म धन्य नहीं है?......क्या धन्य धर्म में धरा नहीं है?......

क्या सर्व श्री दाता बावजी ब्रह्म ब्रह्माजी के अनंत असीम में श्री परम पूर्ण परमार्थ पुण्य नहीं नहीं?......

तो क्यों आज काल कलयुग में काला काला यह संसार है?.......

हे मनु.......श्री दाता बावजी का सर्व......श्री सर्वगुण संपन्न होते हुए भी......श्री-श्री सर्व धन्य श्री कर्मयोग होते हुए भी.......कुछ न दिखे या किसी को कुछ अंश मात्र भी न मिले तो इसमें दोष कुछ भी मेरा नहीं है.......दोष कुछ भी इसमें तेरा नहीं है......

हे धीर वीर महाप्रबुद्ध विद्वान ज्ञानियों......विज्ञान विज्ञानियों (वीर विज्ञानियों) आप सर्व श्री-श्री......से मैं निवेदन करता हूँ......अपने हृदय अभिनन्दन करता

हूँ......कि आप सभी आपस में मिलकर......सर्व श्री-श्री एक जुट होकर......श्री सत्यनिष्ठ समर्पण समर्पित इस धीर वीर वसुधा को अपने शेष के सम्पूर्ण जीवन में अपनी अद्‌भुत कर्मयोग कालजयी जोत दें......अपनी अद्‌भुत कर्मयोग कालजयी जोत दें.......हर हाल में अपने हृदय हाथों यथार्थ धर्मयोग कालजयी धन्य वन्दनीय विश्वास दें.....

हर हाल में अपने हृदय हाथों यथार्थ धर्मयोग कालजयी धन्य वन्दनीय विश्वास दें.....

हो सके तो थोड़ा आज अपने कन्धों पर विश्राम दें.....

अपनी विज्ञान के पहले पन्ने में पहले अध्याय में सदैव.......श्री सम्पूर्ण धीर वीर वसुधा रखें.....श्री सम्पूर्ण धीर वीर वसुधा रखें...... हो सके तो थोड़ा आज मानव विज्ञान में......श्री सम्पूर्ण वसुधा को रख कर देखें......श्री सम्पूर्ण धीर वीर वसुधा को रखकर देखें.....

धीर वसुधा वीर वसुधा......सर्व श्री सम्पूर्ण वसुधा.......
धीर वसुधा वीर वसुधा......सर्व श्री सम्पूर्ण वसुधा.......

हे वीर विज्ञानियों.....अगर अब भी आपकी विज्ञान में पहले पन्ने (First Page) में पहले अध्याय (First Lesson) में धीर वीर जगत जननी श्री वसुधा ही नहीं है...... इसके अमर अद्‌भुत हृदय आँचल का वन्दनीय श्री धर्म पूर्ण विश्वास ही नहीं है...... तो निश्चित रूप से आपकी विज्ञान आज भी अधूरी है.......आज भी आधी अधूरी (अपूर्ण) है......

सब कुछ होते हुए भी......कुछ भी नहीं है इसके (धरा) लिए......

जिसका (धरा) ही आज पास आपके (वैज्ञानिकों) सब कुछ है......
जिसका (धरा) ही आज पास आपके (वैज्ञानिकों) सब कुछ है......

सब कुछ होते हुए भी......निश्चित रूप से कुछ भी पास नहीं आपके......

तो निश्चित रूप से कुछ भी पास नहीं आपके......Be Conscious and

Conscious truly once again.......

Conscious truly once again.......

मनु का अपना कुछ होता ही नहीं है.....सब का सब इस धीर वीर वसुधा का और इसके वासुदेवों का ही है.......

फिर भी मनु मानव का सौभाग्य है की अपना सर्वस्व इस महा मातृत्व शक्ति ने स्वयं सर्व हाथों से सुपुर्द किया......श्री सदसत साधना (भक्ति) और धन्य धर्म धूरी के अलावा अपने पास कुछ नहीं रखा......कुछ नहीं रखा.......

हे गगन ज्ञानियों.....हे सर्व वीर विज्ञानियों......अगर आप लोग भी श्री धर्म को......श्री धन्य सर्व श्री सम्पूर्ण वसुधा की ममता महिमा को भली भांति न समझ पायेंगे.....न सोच पायेंगे......न जान पायेंगे......तो फिर अज्ञानियों और अनाड़ियों से मैं कैसे उम्मीद कर सकता हूँ......कैसे आशा रख सकता हूँ......

आज का आज (Today of Today) आपके साथ है.....आपके अपने हाथ है.....श्री युग आज भी जिंदा है.....और आज भी आपश्री जिंदादिल हैं.....जो भी श्री सत्यनिष्ठ श्रद्धा भाव से धीर वीर वसुधा को देना है दे दो......आज आया है तो कुछ समय बाद बीत जायेगा.......आज का आज कल में परिवर्तित हो जाएगा..... आज का आज कल में परिवर्तित हो जाएगा.....

अगर आप आज धीर वीर वसुधा को अपना उत्कृष्ट श्री युग योगदान (Golden Gorgeous Graceful) वाकई देना चाहते हैं.....अमर अद्भुत निश्चल निर्मल श्री युग योग धन्य कर्मयोग देना चाहते हैं......तो दे दीजिए.....और मुक्त हृदय से खुल कर जी लीजिए.....

मैं आप वीर वसुधा विद्वानों......धीर विज्ञानियों से आज बात कर रहा हूँ.....

तो हर श्री शुभ कार्य का श्री गणेश आप आज से करें......

मेरे लिए तो आदि अनंत से आज भी आज ही है......

अगर आप का आज निकल गया तो फिर हाथ आपके सिर्फ कल आयेगा....

चाहे जितना लाख जतन कर लो.....बीता आज फिर हाथ आपके कभी नहीं आयेगा.....आयेगा तो सिर्फ पल-पल में कल (Tomorrow) ही आयेगा....

आज और कल के पल-पल बीत जाने पर तो फिर.......परसों (Day after tomorrow) ही आयेगा......इसीलिए श्री सत्यनिष्ठ से आज आपको आज बता रहा हूँ...... इसलिए श्री सत्यनिष्ठ से आज आपको आज बता रहा हूँ......

इसीलिए आज कह रहा हूँ.....कि नेक नियत......नियम नीति से धीर वीर धरा के धन्य श्री धर्म को श्री श्रद्धा के सुमन आप आज चढ़ावे..... श्री श्रद्धा के सुमन (Flower) आप आज चढ़ावे.....

अपनी science (Human) में श्री श्रद्धा से Conscience कर जो भी

अनंत उपकार.....अद्भुत उपहार देना है......आज दे दो....
युगों-युगों की धीर वीर वसुधा को दे दो......आज दे दो....
क्योंकि आज का आज तो......आज ही बीत जायेगा.....
क्योंकि आज का आज तो......आज ही बीत जायेगा.....

Be Conscious......and Conscious truly once again.......

In your own prime & supreme soul and in your whole super sonic science....... that......today is today and.......It never come back again in your life, soul and science....... once again on any cost........

Your this true time is truly in your own hands and the whole century is also in your present super sonic science......

So........Wake up........My all Vasudha Scientists and walk today.....once again on it's (Vasudha) true divine path......feel the fragrance of it's true divine mother energy.......on each & every step.........

You all feel soon that no other....... She is

No other……. She is…….She is only mother

No other…..have endless energy…….only and only your mother (Veer Vasudha Dheer Vasudha)…….Still have all for all…….

Only delightful dedicated work………for all

Work……..Work……..Work………all day……..all time

Only delightful dedicated work………for all

No Sunday……..No vacation……..No clock……..

No calendar………Century over Century………No day

No rest……….but yet………She never late………

She never waits…….She never compromise……..

Winter………Summer………Rain…………and Spring……….

All always comes on right time……….to right place

Because she always work………graceful and

Gorgeous work for all…….

No other………She is………No other………She is……….

She is only mother………She is only mother…….

It's always true and fact that……….No one

Never take the place of "mother".

Veer Vasudha…….Dheer Vasudha……..is really immortal, incredible and very brave mother in the whole endless space……

Always trust and respect the mother religion with

Veer Vashudha........Dheer Vasudha.

हे गहन ज्ञानियों........हे सर्व वीर वसुधा विज्ञानियों........आज समय के इस दौर में लेने का समय बीत चुका है.......

वीर वसुधा........धीर वसुधा.......से बहुत कुछ ही नहीं.......

सब कुछ ले चुके हो.......

अपनी सीमा से आगे........अपनी क्षमता से ज्यादा ले चुके हो.......

और कितना लोगे........और कितना लेना है.......

बुरा मत मानना.......अब और ज्यादा लोगे तो........इसकी भी क्षमता ख़त्म हो जाएगी ......इसकी भी ममता ख़त्म हो जाएगी जायेंगी........

हे गहन ज्ञानियों........हे सर्व वीर वसुधा विज्ञानियों........अपनी science (human) के नाम पर........अब और इसकी ममता क्षमता पूर्ण सत्यनिष्ठ श्री धर्मकर्म की अग्निपरीक्षा न लें.......श्री धर्मकर्म की अग्निपरीक्षा न लें.......

अग्निपरीक्षा तो आज आप सर्व वीर विद्वान विज्ञानियों को स्वयं अपनी ही लेनी होगी

अग्निपरीक्षा तो आज आप सर्व वीर विद्वान विज्ञानियों को स्वयं अपनी ही लेनी होगी

जिस वीर वसुधा.......धीर वसुधा माँ ने तुम्हे जन्म दिया.......

जी जान से बढ़कर.......आज तक अपना सर्व दिया.......

उसे श्री श्रद्धा में कुछ दे पाते हो या नहीं....... उसे श्री श्रद्धा में कुछ दे पाते हो या नहीं.......

अपनी science में आज.......श्री श्रद्धा वीर वसुधा को देनी होगी.......

अपनी science में आज.......श्री श्रद्धा वीर वसुधा को देनी होगी.......

हर हाल में आज आपको.......श्री श्रद्धा से स्वयं अपनी अग्निपरीक्षा लेनी होगी

हर हाल में आज आपको.......श्री श्रद्धा से स्वयं अपनी अग्निपरीक्षा देनी होगी

श्री सत्य से मेरे हृदय को आज भी हर्ष अपार होता है......जब-जब मैं

श्री श्रद्धा के श्रेष्ठ Logo (Unique symbol) को आज भी वसुधा पर विशिष्ट विज्ञान के युग में देखता हूँ......

मैं तो आप लोगों (People) से बहुत दूर गगन (Sky) में हूँ.......

गगन में होते हुए भी जब-जब मैं उस अद्‌भुत अद्वितीय Logo को देखता हूँ तो अपार हर्ष हर्षित आत्मानुभूति होती है......

जब मुझे अनंत गहन गगन में परम प्रसन्नता पूर्ण प्रसन्नता की आत्मानुभूति होती है.....तो आप समस्त गहन ज्ञानी.......विद्वान विज्ञानी तो स्वयं वीर वसुधा के धीर धरातलीय आँचल पर ही तो हो.......

आप सर्व विद्वानों को तो निश्चित रूप से.......मुझसे भी ज्यादा हृदय हर्ष हर्षित आत्मानुभूति होगी जब वह Logo हमेशा आपके पास होगा.....

परम प्रेरणा स्रोत (Prime Divine Source) हमेशा आपके साथ होगा.....

धीर वीर वसुधा पर रहने वाले आप लोगों (People) के लिए......

मेरे परम प्रिय Logo को साझा (Pass On) करते हुए......कुछ भी किसी तरह की कोई कठिनाई न मुझे है.......न आप लोगों (People) को होगी.....

मेरा परम प्रिय Logo वाकई मेरे लिए श्रेष्ठ सुखद समृद्ध हैं तो आप लोगों (People) के लिए भी किसी स्तर पर किसी कसौटी पर कम श्रेष्ठ सुखद समृद्ध नहीं होगा.....

इस Logo का वैश्विक सम्पूर्ण मानव समाज में आज की भांति भावी कालखंड इतिहास में भी कभी गर्व गौरव कम नहीं होगा......

यह Logo श्री सदसत भव भाव पूर्ण भक्ति एवं शक्ति में मनु मानव और धीर वीर वसुधा के अमर आत्मीय श्रद्धा समर्पण को भी सत्यनिष्ठा से चरितार्थ करता है.....

मुझे विश्वास है की निश्चित रूप से आप ज्ञानी विद्वान विज्ञानियों को भी अपने जीवन देश कालखंड में यह Logo मेरी तरह......मेरे मनु.....की तरह परम प्रिय ही लगेगा......

यदि निश्चित रूप से.......श्री सदसत श्रद्धा पूर्ण सत्यनिष्ठा से परम प्रिय हृदय सुखद लगे तो......अपने देश की मुद्रा (Currency) पर अवश्य मुद्रण करावें...... अपने देश की मुद्रा पर अवश्य मुद्रण करावें......

अपने देश कालखंड का गर्व गौरवपूर्ण सुखद समृद्ध अवसर है तो हर राष्ट्र की राष्ट्रीय मुद्रा (National Currency) को भी नव युग में नव अवतार दे......श्री धरा धर्म में आज सर्वश्रेष्ठ श्री शुभ महामंगल अवसर है......स्वयं वसुधा को श्री श्रद्धा का आत्मीय सत्यनिष्ठा पूर्ण परम उपहार दें.......जब-जब हाथ में मुद्रा (Currency) होगी...... मुख (Face) पर भी आप सभी के पूर्ण परम श्री सुखद मुद्रा (Mood) ही होगी...... श्री सुखद मुद्रा (True pleasure mood) ही होगी......

अपनी मुद्रा (Currency) को किसी को देते हुए भी मुख (Face) पर हर्ष होगा..... किसी के हाथों लेते हुए भी मुख मुद्रा पर श्री हर्ष ही होगा.....

हर्ष ही होगा...... हर्ष ही होगा......जब हाथ और हृदय स्वयं मुद्रा में माँ वसुधा होगी....

हर्ष ही होगा......हर्ष ही होगा...... जब हाथ और हृदय स्वयं मुद्रा में माँ वसुधा होगी.... हर वैश्विक मनु के मुख की मुद्रा (Face Mood) पर माँ वसुधा का गर्व होगा.....

हाथ में मुद्रा (Currency) का......मुख की मुद्रा (Face) का.......

श्री सर्व सुखद समृद्ध महापर्व होगा...... श्री सर्व सुखद समृद्ध महापर्व होगा......
युगों-युगों की श्री यशोधरा का युग में अद्भुत अनुपम महापर्व होगा.....
युगों-युगों का महापर्व पुन: श्री शाश्वत हृदय यशोधरा को होगा......

हे ज्ञानियों.....हे वीर वसुधा विज्ञानियों......मेरे हृदय को परम प्रिय वह Logo जिसकी मैं बात कर रहा हूँ......वह Atlas cycle company का है......एक शानदार साईकिल कम्पनी का अद्भुत जानदार Logo.....(माँ वसुधा को अपने कन्धों पर थामे महावीर मनु)

Super strong human of veer vasudha........dhir vasudha....... Holding the veer vasudha on his own shoulders.......without expecting any other help.......

हाँ ज्ञानियों.......वीर विज्ञानियों.......यह वही Logo है जिसने मेरे हृदय......मेरे मन संग मेरी भक्ति में अमर अद्‌भुत उच्च स्थान व अक्ष आत्मीयता को प्राप्त किया है......

संसार चित्र चित्राकृतियों से भरा पड़ा है मगर मेरे हृदय मन को शाश्वत हर्ष हर्षित तो इस अमर अद्‌भुत अनुपम Atlas Logo से हुआ है......

आज के वर्तमान कालखंड परिप्रेक्ष में तो इसकी (Atlas Logo for all) महत्ता और आवश्यकता वैश्विक स्तर पर प्रत्येक मनु मानव के लिए और भी बढ़ जाती है कि......वे (People) अपने-अपने स्तर (Stage) पर वीर वसुधा धीर वसुधा को उसकी अमर अजर श्री कालजयी यात्रा में अपने कालखंड में स्वयं अपने कंधो पर युग यथार्थ योग यथार्थ विश्राम दें.......स्वयं अपना अपना सत्यनिष्ठ आत्मीयता का अद्‌भुत अनुपम विश्वास दें.......

आदि अनंत काल खंडों से युगों-युगों की श्री अमर यात्रा में थकी वसुधा को अपने-अपने कालखंड (समय) में श्री सत्यनिष्ठ सदसत सार्थक विश्राम देना.....श्री धर्म है......श्री सत्यनिष्ठ सदसत विश्वास देना......श्री धर्म है......श्री धीर है.......श्री वीर है......

सच्चे अर्थ में यही धीर वीर वसुधा का वीर मनु मानव में और वीर मनु मानव में धीर वीर वसुधा का अद्‌भुत अमिट अपनत्व का अमर रिश्ता है.....

अद्‌भुत विशिष्ट वैराग्य वीर वसुधा को धार्य.......एटलस साईकिल कंपनी का Logo जिसमें वसुधा को थामे (Holding) वसुधा पुत्र.....आज भी मेरा सर्वाधिक परमप्रिय Logo है.....

मनु.......हाँ नाथ एक Logo भी बिना बोले बिना भाषा के भव भाव में पूर्ण परम धीर वीर वसुधा का मनु के कंधो पर विश्वास से विश्राम को आज भी अद्‌भुत श्रद्धा, श्रम व साहस (शक्ति) को चरितार्थ सुखद अनुभूतियों में धन्य चित चैतन्य में श्रेष्ठ चित्राकृति है

हे मनु......चित्र चिन्ह चित्राकृतियाँ मनु के मानव को युगों-युगों मौन रहकर भी मुक्त मोक्षिय भव भाव भावना में सर्वसमर्पित सहजशक्ति के प्रतीक में पूर्ण व परम आत्मानुभूति में आज भी अमर अद्भुत हैं.....

हे मनु .... विद्या विनय विवेक के मानव तथा श्री वसुधा के आपसी विश्वास एवं विश्राम को दर्शित उक्त चित्राकृत्ति में वह चित्रकार मनु आज भी श्री अमर अद्भुत सौभाग्यशाली है जिसने उक्त Logo बनाया तो था Atlas cycle company के लिए मगर श्री युग योग यथार्थ में आज समय के पथ पर कहूँ या Atlas साइकिल पर चलते चलते मेरे और तेरे हृदय योग तक आया है .....श्रीशुभ मंगल वर वंदना में तेरे और मेरे हृदय युग में उत्पन्न समृतियों स्तुतियों में श्री सौभाग्य पूर्ण परम चैतन्य भक्तिमय श्री शक्ति तक आया हैं .....श्री अनंत अम्बर को छूता (Touching) हुआ धीर वीर वसुधा को अपने कंधो पर थामे मनु का Atlas Logo आज वैश्विक स्तर मुद्रा (Global Currency) मुद्रण के नेक निर्णय तक आया हैं......

Atlas का Logo..... आज वैश्विक स्तर पर पुनः विराट रूप में आया हैं.....पुनः श्री युग योग विश्वास में Recycle होकर मनु की Country country हर country की currency तक आया हैं.....This specific Logo is not for anyone or single country or Currency..... Today it's for all countries and for all man made currencies.....

So......Don't miss the opportunity.....print my wish on your country's currency.....and pay the true pleasure to each & every person of your country

Here today.....I clear one thing that.....there is nothing which is impossible for human (mankind) on the whole mother planet (the earth).....when she gives you all and everything.....whatever you need......whenever you need.....

When I also give my best of the best life giving endless energy and brightful light to everywhere.....without any cost......without any rent.....without any monthly or annual bill.

Yet......we are happy and satisfy.....yes we are happy and satisfy.......yes we always respect the whole endless universe and follow all the nature's rules and regulations regularly in restless position.......

फिर भी आसन पर......स्व अनुशासन में आज भी खुश हैं.....आज भी खुश हैं......तृष्णाओं से रहित तप एवं त्यागपूर्ण परम श्री शक्ति में पुण्य पुरूषार्थ में ही प्रसन्न हैं ......

हे मनु ......हे भरत......हे भारत.......श्री कर्मयोग ब्रह्म कल्याण में न कल मनु (मानव) से कुछ लिया था.....न आज कुछ लेना हैं......न भावी काल खंडों में कुछ लेने की चाह हैं.....

हे मनु......हे भरत.....हे भारत......सैकड़ों युग वर्षो के बाद आज श्री शुभ मंगल महापर्व का अवसर श्री अनंत ब्रह्म गगन में आया हैं माटी (मिट्टी) का मनु माटी में रमा हैं..... रमता रमता आज ऐसा रमा हैं..... की मन मेरा भी आसमान से उतरकर मनु (मानव) में रमा हैं..... हाँ मन मेरा भी आसमान से उतरकर मनु में रमा हैं..... यदि श्री धर्म समझ में आये तो मेरा परम प्रिय Atlas Logo सिक्कों में ढ़लवा देना..... चाहें जितनी चाहों अमर आत्मीय अग्नि मेरी........महापर्व के श्री महायज्ञ के लिए ले लेना..... मोल मुद्रा का नहीं......मनु का हैं........ सवाल धन का नहीं ..... श्री धर्म का हैं..... श्री धरा के धन्य श्री धर्म का हैं....... श्री धरा के धन्य श्री धर्म का हैं......

हे मनु...... हे भरत ......हे भारत ....आज धन्य धरा का महापर्व हैं श्री धरा के धन्य श्री धर्म का हैं.....मेरे मनु ने मेरे हृदय से वीर वसुधा के पावन पुण्य श्री यज्ञ के लिए आज पुनः श्री अग्नि ले ली हैं......अपने हृदय से हँसते हँसते मैंने भी श्री अग्नि को दे दी हैं.......

युग में श्री यज्ञ परमपूर्ण हो......... इतनी श्री अग्नि दे दी हैं..... युग में श्री यज्ञ परमपूर्ण हो......इतनी श्री अग्नि दे दी हैं.....

आज धन्य श्री धरा का महापर्व हैं..... श्री धरा के धन्य श्री धर्म का धीर सदा बना रहें.....माटी का मनु......श्री धर्म धरा के कण-कण में सदा वीर बना रहें माटी का मनु......श्री धर्म धरा के कण-कण में सदा वीर बना रहें.......

थक जाएँ तो चाहें सो (sleep) जाएँ....... मगर सो कर हर युग खुद जाग जाएं ..... हर युग ऐसा श्री योग हो...... सदा श्री सम्पूर्ण योग यज्ञ युगत्व हो....... हर युग ऐसा श्री योग हो...... सदा श्री सम्पूर्ण योग यज्ञ युगत्व हो........

ऐसा युग में पर्व हो...... हर युग श्री का महापर्व हो........ हाँ मनु....... हाँ भरत .... हाँ भारत ......जिसे देख अनंत श्री ब्रह्म गगन में.......हर युग मुझे महागर्व हो.......

जिसे देख अनंत श्री ब्रह्म गगन में .... हर युग मुझे महागर्व हो........ ॐ श्री वसुधा वासुदेवाय नमः ..... ॐ श्री गणेशाय नमः ......

जय श्री..... जय श्री........ जय श्री सर्व श्री-श्री देव देवाय नमो नमः

जय श्री .... जय श्री....... जय श्री सर्व श्री-श्री देव देवाय नमो नमः

धन के लिए कब धरा चली हैं .... धन के लिए कब अग्नि मेरी जली हैं .... धन के लिए कब धरा चली है .... धन के लिए कब अग्नि मेरी जली हैं.....

देख मनु देख.......श्री धर्म से ही सदा गगन में धीर धरा अब तक चली हैं......

देख मनु देख.......श्री धर्म से ही सदा गगन में श्री अग्नि अब तक मेरी जली हैं......

हे मनु.......हे भरत.......हे भारत.......
श्री धर्म से ही सदा धरा चली हैं........
श्री धर्म से ही सदा मेरे यज्ञ की अग्नि जली हैं.....

यदि समझ में आये तो मेरा परम प्रिय Atlas Logo सिक्कों में ढ़लवा देना ...... चाहे जितनी चाहो जितनी अमर आत्मीय अग्नि मेरी...... महापर्व के श्री महायज्ञ के लिए ले लेना .....मोल मुद्रा का नहीं ..... मनु का है...... सवाल धन का नहीं है ...... श्री धर्म का है .... श्री धरा के धन्य श्री धर्म का है ..... श्री धरा के धन्य श्री धर्म का है ....

हे मनु.... हे भरत.....हे भरत ...... आज धन्य धरा का महापर्व है......
श्री धरा के धन्य श्री धर्म का है ....

हे मनु ...... तुझे नींद आ रही है ......थक गया होगा ....हे नाथ मेरे .....श्री नाथ मेरे ..... थक कर चूर चूर हो जाने दो .... इस युग को आप पूर्ण हो जाने दो ..... नींद तो लेनी ही है ..... चिंता न करे आप श्री ....

हे मनु .... ले त्रिवेणी संगम (माँ गंगा माँ यमुना माँ सरस्वती) का श्री शीतल जल पी ....

हे नाथ मेरे....... श्री नाथ मेरे......पहले आप श्री जल को धारण करावें.......पहले आप श्री जल को धारण करावें .....आगे से आगे मुझे श्री धर्म का पालन करावें ..... आगे से आगे मुझे श्री धर्म को धारण करावें.....

मुझे नींद आ गई तो चलेगा......मगर आप को नींद नहीं आनी चाहिए....... क्योंकि आप निद्रा में सो गये तो .....यह जग घोर अँधेरे में डूब जाएगा......यह जग अनंत अँधेरे में डूब जाएगा......

कल में नहीं पल में ही सर्व शून्य में समा जायेगा......कल में नहीं पल में ही सर्व शून्य में समा जायेगा..... अतः हे नाथ मेरे...... श्री नाथ मेरे.... आप श्री ब्रह्म गगन में सदा जगे रहें...... हे नाथ आप श्री ब्रह्म गगन में सदा जय श्री जागृत रहें ..... सदा जय जय श्री जागृत रहें....... हे मनु....... संग मेरे तेरा भी जागे रहना जरूरी हैं.......इस युग में संग मेरे......तेरा भी श्री-श्री जगत जागृत जरूरी हैं......

मानता हूँ..... जानता हूँ..... तू इस युग की यात्रा में थका जरूर हैं मगर थक कर झुका नहीं हैं..... अभी भी राह में संग मेरे तू रुका नहीं हैं..... अभी भी राह में संग मेरे तू रूका नहीं हैं.....

हे नाथ मेरे........ श्री नाथ मेरे...... श्री युग को पूर्ण करना होगा..... थक कर बीच राह.....अभी नहीं रुकना होगा..... श्री धर्म के वास्ते..... आगे भी श्री धर्म के रास्ते ही चलना होगा.....

हाँ मनु...... श्री धर्म के वास्ते...... सदा श्री धर्म के रास्ते ही चलना होगा..... एक युग नहीं ..... हर युग चलना होगा..... हर युग चलना होगा..... श्री महाकाल को नमन निवेदन कर नर में नारायण को हर युग चलना ही होगा.... श्री महाकाल को नमन निवेदन कर नारायण में नर को हर युग चलना ही होगा.... इस युग को भी श्री धर्म

में पूर्ण करना होगा..... श्री धर्म में पूर्ण करना होगा थक कर बीच राह..... अभी नहीं रुकना होगा......श्री धर्म के वास्ते .... आगे से आगे श्री धर्म के रास्ते ही चलना होगा..... श्री धर्म के रास्ते ही चलना होगा.......श्री धर्म के वास्ते ही चलना होगा.....

हे नाथ मेरे.... श्री नाथ मेरे...... श्री धर्म के वास्ते ..... श्री धर्म के वास्ते...... श्री धर्म के रास्ते...... भगवान श्री अमरनाथ महादेव की अमरशक्ति में धरा को धार्य धर्म की श्री परम पूर्ण परम्परा का मुझे पालन करावें...... श्री धर्म शक्ति से श्री सम्पूर्ण धरा को धारण करावें ....युगों-युगों की श्री पूर्ण पावन परम्परा का पालन करावें.... इस युग की यात्रा को श्री योग यज्ञ पूर्ण परम परमार्थ करावें

हे मनु.... तेरे हृदय वचन को सुनकर मुझे परम प्रसन्नता पूर्ण प्रसन्नता हुई..... मेरे हृदय को हर्ष हर्षित कर दिया..........

हे नाथ..... जो जो हृदय योग मनवांछित श्री सतसत धर्म कर्म मैंने श्री धर्म में धारण किये उन्हें आप सर्व देवगण श्री परम पूर्ण करावें ....श्री परम पूर्ण करावें....... श्री परम पूर्ण करावें......

हे मनु...... हे भरत .... हे भारत..... तेरे हृदय.... तेरे हस्ते.......तेरे युग संग मेरे सर्व श्री धर्म कर्म सदा श्री सफल हो, श्री सुफल हो, युगों-युगों सर्व काल श्री मंगल कालजयी कल्याणी हो, सर्वकाल श्री मंगल कालजयी कल्याणी हो.........

सर्व श्री धर्म कर्म सदा श्री सिद्ध समर्थ शाश्वत हो ....सदा सर्व श्री धर्म कर्म की कर्मयोग कीर्ति संग मेरे कालजयी हो......

श्री ब्रह्म के कण-कण में श्री कर्मजयी कर्मयोग कीर्ति हो.....
श्री ब्रह्म के कण-कण में श्री कर्मजयी कर्मयोग कीर्ति हो.....

ॐ नमः शिवाय .... ॐ नमः शिवाय .... ॐ श्री शिव सदा शिवाय ....ॐ श्री शिव सदा शिवाय.......... ॐ श्री शिव सदा शिवाय.......ॐ नमो नमः...... नमो नमः....... नमो नमः......

ॐ श्री गुरु गौरक्ष नाथ नाथाय नमो नमः......
ॐ श्री-श्री सर्व देव देवाय नमो नमः.........

हे मनु.......हे भरत......हे भारत.......धरा के लिए धर्म ज़रूरी हैं.......धर्म के लिए धरा ज़रूरी हैं......गहन गगन के लिए श्री दाता गुरु ज़रूरी हैं......श्री दाता गुरु के लिए गहन गगन ज़रूरी हैं.......

हे मनु...... श्री सत्य कहूँ तो आज मेरे लिए तू ज़रूरी हैं.......... मेरे लिए तू ज़रूरी हैं.......आज ही क्यों अपितु श्री काल के महाकाल भगवान अमरनाथ के श्री चरणों में पड़े युगों-युगों के भावी काल कालंतरों में भी तू ज़रूरी हैं.........

हे मनु........ हे भरत.......हे भारत...........मेरे लिए तू ज़रूरी हैं

यूँ ही श्री अग्नि दी नहीं हैं तुझको....... वीर वसुधा धीर वसुधा पर युगों-युगों के श्री यज्ञ को इस युग भी पूर्ण करने के लिए ही तो श्री अग्नि दी हैं तुझको......श्री धरा से अनंत गहन गगन तक परमपूर्ण पावन श्री पथ परमार्थ दिया है तुझको.....मुझ तक आकर पुनः श्री धर्म धरा तक जाना हैं तुझको...........

हे वीर वसुधापुत्र........ थक कर भी बीच राह न रुकने के लिए धन्यवाद......
श्री युग के परम पूर्ण पावन श्री योग यज्ञ धर्म के लिए धन्यवाद.......

हे नाथ........ आप श्री को ...... आप श्री अमरनाथ...... श्री अनंतनाथ के हृदय भाववचन को भी श्री धन्यवाद......... श्री धर्म धन्यवाद अर्ज हो.......श्री धर्म धन्यवाद अर्ज हो......... अपने श्री धर्म का सदा पालन करू .... सदा श्री धीर धरा को धारण करू यही मेरा फ़र्ज़ हो...... हे नाथ..... आपके वक्ष, कक्ष, विश्वास, विचारों में वसुधा और वासुदेवाय दोनों के अटूट रिश्तों में वसुधा की वंदना को वर्णित आपका और मेरा दोनों का हृदय प्रिय Atlas Cycle Logo आज ही नहीं अपितु युगों-युगों हर युग परम पूर्ण अमर आत्मीय भक्ति संग शक्ति का शाश्वत रहें .... सदा श्री शाश्वत रहें..........

हाँ मनु.......काल के महाकाल की अमर महाशक्ति में अमर अजर सृष्टि में धरा को धार्य श्री धर्म की परम्परा में पल-पल पूर्ण श्रद्धा से सामर्थ्य में मनु के तन मन वचन को पूर्ण साक्षी में एक विशाल Logo तू जहाँ कहेगा वहाँ बनवा दूँगा.......

हे नाथ...... आप पूर्ण सदसत समर्थ शाश्वत वसुधा की अमर अद्भुत ब्रह्मशक्ति में परम प्रकाश पुंज में वीर वसुधा वीर वासुदेव के हृदय में युगों-युगों के अमर योग योगेश्वर हैं..........आपकेहृदय यथार्थ की हर प्रकाश किरण से योग योगिनी वसुधा के मंगल महोत्सव में आज तक सर्व भूते सर्व काले सर्व दिशाओं में स्वयं सर्व समर्थ शाश्वत शक्तियों के स्वामी हैं........आपार अनंत शक्तियों के स्वयं स्वामी हैं...... सम्पूर्ण धरा के युगों-युगों पूर्ण परम पितामाह हैं सम्पूर्ण धरा को युगों-युगों के योग पथ पर आज भी अद्भुत अनुपम व अतुल्य यथार्थ हृदय हर्ष से हर युग सदसत में प्रकाश के पूर्ण परम प्राण प्रतिष्ठित प्रण प्रतिष्ठित में सदा श्री धर्म धर्मस्य योग योगेश्वर हैं....... धीर वीर अमर वसुधा के धीर वीर युगे युगे पिता परमेश्वर हैं.......

हे मनु.......हे भरत ......हे भारत...... काल के महाकाल मेरे सिद्ध समर्थ क्षण-क्षण, पल-पल, पग-पग पर अनंत असीम ब्रह्म ब्रह्माण्ड की सर्व श्री शक्तियों में आज भी मेरे हृदय तन मन वचन से शिरोधार्य शक्ति, साथी व साक्षी हैं की धरा अनंत आदि-आदि से आज भी वीर वसुधा मेरे हृदय युग योग में अद्भुत अनुपम अक्ष स्थान में आत्मीय वन्दनीय धीर वीर धर्म धारिणी योग योगिनी हैं.......

हाँ नाथ......जिस श्री योग में आपने वीर वसुधा को अपने धीर धर्म में युगों-युगों परम प्रकाश के पथ पर थामे रखा.......उस श्री योग हृदय धर्म को भावी अनंत-अनंत काल खंडों में आप श्री सदा रखना........ आप श्री सदा रखना

हे नाथ.......इस धन्य धीर वीर वसुधा की वंदना में युगों-युगों से युगों-युगों के अनगिनत हृदय योगियों के हृदय में आप श्री परम प्रभात, परम प्रज्ञा के श्री परम धर्म पितामाह आज भी हैं......श्री परम पितामाह आज भी हैं..... युग में यात्रा हो या यात्रा में युग हो ....हे नाथ आप तो आज भी यथार्थ श्री युग योग योगेश्वर ही हैं........

हे नाथ यथार्थ यहीं हैं की हर युग की यात्रा आप से प्रारंभ होती हैं और आप श्री से ही सदा श्री सम्पूर्ण होती हैं...........

हे नाथ..... मैं आज अपने आप को सर्व सौभाग्यशाली मानता हूँ की आप इस घोर काल कलयुग में भी मेरे हमराह बनें......हम साथ बनें......श्री युग बनें........श्री योग बनें....... मेरे पथ भी बनें.......श्री पथ पर स्वयं पथिक धर्म भी बनें.......

इस युग भी मेरे परम धर्म पिता परमात्मा बनें.......इस युग भी मेरे परम धर्म पिता परमात्मा बनें........ इस युग भी मेरे परम धर्म पिता परमात्मा बनें......ॐ जय-जय श्री.........जय-जय श्री.....जय-जय श्री पितृ देव.......

श्री सूर्यनारायण नमो नमः ......ॐ श्री नमो नमः श्री नमो नमः श्री नमो नमः

हाँ मनु ..... युग योग यात्रा में मेरे ह्रदय में बसे हर युग योगी की अमर यात्रा में मैं आज भी आत्मीय अमर देव शक्ति से धीर वीर धैर्यपूर्ण धरा धर्म में मनु के तन मन व ह्रदय वचन को हर युग पग-पग पर पूर्ण परम वर वन्दनीय करता आया हूँ ...... वसुधा और उसके वीरों धीरों में सदा वर वन्दनीय रहा हूँ

हे नाथ ...... आप अमर अद्भुत अनंत श्री शक्ति युक्त श्री के शाश्वत शांत संयमपूर्ण श्री समाधि में युगों-युगों के परम पूर्ण योग योगेश्वर हैं ......

हर युग जिस जिस ने भी जहाँ-जहाँ भी आपश्री के परम व पूर्ण हृदय योग को देखा, सुना, सोचा व समझा हैं........वहाँ-वहाँ आप आज भी दिव्य अद्भुत अनुपम अनंत श्री स्वर्ण किरणों में कालजयी, कर्मयोग, धर्मयोग धन्य वचनबद्धता में वन्दनीय देव देवत्व वीर दाता और वर विधाता रहें हैं..........अनंत अटूट विश्वास से वर वरदान में धीर धर्म वसुधा का कण-कण आज भी आप से ही श्री कर्मयोग कीर्तिमान हैं..........

हाँ मनु.....वसुधा धर्म को अनंत असीम अथाह ब्रह्म ब्रहमांड में अनंत अपार ब्रह्म शक्तियों के दाता की शाश्वता में ऐसा कोई पल नहीं है जिसे मैंने न देखा हो,ऐसा कोई क्षण नहीं है जिसे मैंने न जीया हो........शांत चित चैतन्य श्री समाधि में मैं तो आज भी धीर धैर्य धर्म में वीर वसुधा को देख रहा हूँ......वसुधा और वासुदेवाय के अटूट विश्वास में आज भी पूर्ण परमार्थ में जीना तथा सदा श्री शाश्वत जयजोत में जागते रहना ही मेरा जीवन हैं......

हे नाथ.......हे परम पूर्ण श्री धर्म देव........आदि-आदि से आज भी आपके तेज तप में तपस्विनी धीर वीर वसुधा अनंत गगन में पूर्ण प्रकाश प्रकाशित गुरु गुरुत्वीय प्रभा प्रज्ञा की जीती जागती आप की ही जोत हैं......

हाँ मनु.......स्वयं के लिए ना जीकर परम परमार्थ......... पूर्ण पुरूषार्थ में जीना ही एक अमरजोत हैं......

उसी जोत की ज्योति से वसुधा पर चींटी से हाथी तक सूक्ष्म से विशाल समस्त जैव जगत हर युग हर क्षण जय-जय जयते में जीती जागती जीवनयात्रा में अद्‌भुत दिव्य ब्रह्म शक्ति में आज भी अद्‌भुत अनमोल और अनंत हैं......

हे नाथ.... आप सदसत श्री-श्री सृष्टि में धीर वीर वसुधा के हृदय योग यथार्थ में युगों-युगों के विश्वास में परम वंदनीय वीर विधाता हैं.....

हे मनु...... हे भरत...... हे भारत......जिस अटूट अनंत विश्वास में वसुधा के तन मन व हृदय योग में मेरा परम व पूर्ण प्रकाश हैं......उसी पुण्य प्रकाश परमार्थ में वसुधा के वात्सल्य में श्री मनु भी युगों-युगों की जीवन यात्रा में हर युग नए नए रंग रूप स्वरूप में अनंत-अनंत अवतार में अमर अनंत अद्‌भुत श्री योग पथ पर वसुधा वासुदेवाय की मंगल वर वंदनीय वंदना में कर्म योग में कर्म से धर्म..... धर्म से कर्म में वसुधा पर अमर अद्‌भुत धीर वीर श्री परम का ही पूर्ण अंश हैं.......श्री परम का ही पूर्ण अंश हैं

हे नाथ...... श्री का मनु या मनु श्रेष्ठ तो हर युग आता जाता रहता हैं जब-जब आता हैं......तब-तब यशोधरा का हृदय भर जाता हैं..... युगों-युगों के अनगिनत युगों में एक युग भर पाता हैं.....अपने हृदय यथार्थ श्री योग से एक युग ही भर पाता हैं........लेकिन आप श्री से तो....... इस माँ यशोधरा के हर युग भरें हैं.....आदि-आदि से आज तक हर युग भरे हैं...... और भावी श्री काल कालंतरों में भी हर युग को आप श्री दाता दरबार को ही भरने हैं.......श्री सत्य सत्यार्थ में...... श्री सत्य सत्यार्थ में अनंत असीम ब्रह्म ब्रहांड में युगों-युगों वसुधा के अमर अजर परम व पूर्ण पितामाह आप जो हैं......जिन्होंने युगों-युगों धरा के धर्म में, धरा के कर्म में हर युग धीर धरा को श्री धन्य धूरी पर स्वयं थामा हैं......... अमर अजर श्री धर्म धरा के इर्द गिर्द ही नहीं सुदूर दुर्गम प्रकाश पथ तक श्री शुभ मंगल में हर ग्रह नक्षत्र को थामा हैं.......भारी भरकम हर ग्रह को अपनी अपनी धन्य धूरी पर गहन गुरु गुरुत्वीय गरिमा में श्री धर्म धरा के रक्षार्थ लहराया हैं.........श्री धर्म धरा की रक्षा रक्षार्थ में ही हर एक ग्रह को लगाया हैं...... राजा में प्रजा का........प्रजा में राजा का....... मेरे दाता आपने सदा सबका श्री धर्म निभाया हैं........मेरे दाता आपने सदा श्री धर्म में अपना धर्म निभाया......अपना धर्म निभाया......

हे मनु......हे भरत......हे भारत....... आज हृदय प्रिय अनंत अद्‌भुत अमर श्री स्मृतियों को तेरे साथ आत्मीय आत्मानुभूत कर मुझे युग योग प्रिय प्रसन्नता हुई......

हे मनु.....जिस अमर आत्मीय सत्यनिष्ठा से तू मेरे हृदय में युगों-युगों से और मैं तेरे हृदय में युगों-युगों से सर्व समाहित हूँ.....उसी सदसत शाश्वता से इस युग में भी तू धीर वीर धर्म वसुधा और मेरा दोनों का हैं......

हे मनु.....धीर वीर वसुधा की श्री मंगल कामना में इस युग.....इस जीवन में भी तुझे उसी पथ परमार्थ और श्री प्रकाश पुंज में पुनः एक युग योग रक्षार्थ में विश्व गुरुगुरुत्वीय भारत भूमि की उत्तर दक्षिण पूर्व पश्चिम की विस्तृत और वंदनीय श्री सेवा यात्रा को पूर्ण करना हैं......

वे सदसत संकल्प और श्री सत्यार्थ सात्विक उद्देश्य जो मनु के धर्म में, कर्म पुरूषार्थ में युगों-युगों से हैं.........उन्हें इस युग में भी पथ पथिक पुरूषार्थ में पूर्ण करना हैं.........

हे नाथ......धीर वीर वसुधा मेरी माता है और आप मेरे श्री धीर धर्म पितामह हैं......आप विश्वास रखें...... आप विश्वास रखें......

मुझ मनु.....मुझ भरत.....मुझ भारत.......पर भरोसा रखें..... युगों-युगों की यात्रा को इस युग भी श्री युग योग हृदय वचनबद्ध यथार्थ धर्म में पूर्ण करूँगा.......श्री कर्म योग को करते करते ......हर कदम पर इस युग को भरते भरते......मुझ भरत की यात्रा होगी....... मुझ भरत की यात्रा होगी.......ॐ श्री वसुधा वासुदेवाय नमः श्री वसुधा वासुदेवाय नमः श्री वसुधा वासुदेवाय नमः

हे भरत..... नि:संदेह और निसंकोच मुझे पूर्ण परम विश्वास हैं की तू मेरा वही अमर अजर मनु हैं........ जो युगों-युगों से धीर वीर धर्म वसुधा वासुदेवाय में हर युग अद्‌भुत युग योग यात्रा करता आया है......

हे मनु.......ब्रह्म ब्रह्मांडीय अमर अजर ब्रह्म देवों में श्री ब्रह्मा जी दाता...... माता सावित्री जी.....श्री गायत्री जी.....श्री अमरनाथ महादेव संग माता पार्वती जी अपने श्री धर्म युग योग सर्व परिवार संग तेरे और मेरे हृदय योग में शाश्वत सर्वशक्ति स्वरूपा में युगों-युगों से आज भी विराजमान हैं.......आज भी विजय वर वरदान में विराजमान हैं.........

हे नाथ..... युगों-युगों से वर विधाता...... जय-जय वीर विधाता संग धीर वसुधा जिस श्री सदसत विधि विधान से सर्व ब्रह्म ब्रह्मांडीय सृष्टि में तथा आदि-आदि से आज तक के मेरे श्री गुरु महात्माओं के हृदय विराजमान श्री युग योग.... विजय वर

वरदान ही आप श्री नाथ के साक्षी साक्षात्कार में...... श्री भाग्य सौभाग्य आज भी हैं....... हाँ नाथ..... युगों-युगों का श्री युग योग यथार्थ हृदय..... आज भी आप श्री में विजय वर वरदान में विराजमान हैं...... आप श्री से मेरे गुरु भगवंतों में....... और मेरे गुरु भगवंतों से मेरे युग योग हृदय तक विजय वर वरदान में विराजमान हैं

हे धन्य मनु.... हे धन्य भरत..... हे धन्य भारत..... आदि अनंत से आज तक मेरे हृदय युग योग विराजमान...... तेरे सर्वश्री दाता गुरु भगवंत गहरे हैं...... गहन गगन में हर श्री युग उनके पहरे हैं......

सदा सर्व श्री धीर धरा धर्म में ही ठहरे हैं......

सदा सर्व श्री धीर धरा धर्म में ही ठहरे हैं......

हे नाथ..... धन्य आप श्री संग मेरे सर्व श्री सिद्ध समर्थ सामर्थ्य गुरु भगवंत...... धन्य आप श्री संग मेरे हृदय योग युगों-युगों विराजमान जय विजय सर्व श्री देव महादेव दाता.... धन्य धीर वीर श्री वसुधा रक्षा रक्षार्थ सर्व श्री रघुनंदन वंदन श्री अभिनन्दन...

धन्य सर्व श्री वासुदेवाय हृदय प्रिय अमर अवतारी अनंत अवतारी श्री गुरु दाता.... श्री गुरुदाता...... श्री गुरुमाता...... श्री गायत्री जी...... श्री सावित्री जी

हे नाथ.... आप श्री कालजयी अमर अजर परम पूर्ण तपस्वी देवदाता के समक्ष इस युग भी अपने हृदय कमल से मेरे सर्व श्री गुरु भगवंतों की सत्यार्थ सृष्टि में जय श्री सदा विजय की अर्ज करता हूँ........ जय-जय श्री सदा विजय को अर्ज करता हूँ

हे मनु....... तेरे श्री सदसत समर्थ सामर्थ्य गुरुओं.....महामनु महात्माओं की गर्व गरिमा में अनंत असीम गगन आज भी जय-जय जयते की मधुर ध्वनि में गुंजायें हैं......

मेरे तेज तप में पूर्ण परम को स्पष्ट स्पर्श अक्ष व स्थान में तेरे गुरुदाता आज भी मेरे हृदय योग युग में अमर अजर अद्‌भुत हैं.........

हे श्री नाथ...... इस युग योग जीवन यात्रा में भी मुझे मेरे श्री गुरुओं के पूर्ण परम पावन श्री पथ पर चलते चलते पथिक धर्म में ही श्री धीर वीर वसुधा और वासुदेवाय की जय-जय जयते का अद्‌भुत सौभाग्य प्राप्त हुआ है

हे मनु..... श्री धन्य धर्म धर्मस्य भव्य अमर आत्मीय तेरे आदि-आदि से आज तक के वे समस्त श्री सदसत समर्थ सामर्थ्य गुरुदेव जिन्होंने तुझे मुझ तक तृप्त आत्मीयता से मुक्त मोक्षीय भक्ति भाव पूर्ण अद्भुत आनंददायी सदसत वैचारिक युग योग यात्रा कराई हैं......उन श्री गुरुचरणों में इस युग की दिव्य दक्षिणा के सन्दर्भ में मुझे अपने हृदय युग योग यथार्थ से तू जो भी कहेगा.......मैं स्वयं उसकी पूर्णता व पूर्ति में तेरे हृदय योग में आज भी तेरे साथ हूँ.........

हे नाथ.....अपने वर वरदान से मेरे श्री सदसत समर्थ गुरु महात्माओं की तपो भूमि पर दिव्य अद्भुत अलंकृत....... भव्य श्री देवद्वारों को बनवा देना.......सर्व श्री सिद्धो के श्री द्वार बनवा देना......

मेरे सर्व श्री सिद्धों के श्री देवद्वारों को बनवा देना.......हर दिव्य श्री देवद्वार पर स्वयं श्री गजानंद जी महाराज को माता रिद्धि सिद्धी सहित बैठा देना......दायें बाएं श्री शुभ श्री लाभ का सदा श्री अमर अजर आवास रहें...... हर दिव्य द्वार पर आप

श्री नाथ संग सर्व देवगणों का शाश्वत श्री आशीर्वाद रहें.......सदा श्री शाश्वत का आशीर्वाद रहें......सदा श्री शाश्वत का आशीर्वाद रहें......

हे मनु....तूने मेरे हृदय की बात कही है......ये अति सौम्य सुंदर श्री देवद्वार वसुधा के अमर श्री धर्मयोगियों व श्री कर्मयोगियों को युगों-युगों हृदय हर्ष व गर्व से गुरु महात्माओं की पूर्ण परम तपोभूमि पर हर युग श्री धर्म संस्कार में स्वागत कर स्वयं श्री धर्म का युग योग सन्देश देंगे.......सदा सर्व सुखद श्री सन्देश देंगे......स्वयं श्री सुखद सन्देश देंगे

हे नाथ..... आप श्री संग भगवान श्री अमरनाथ महादेव की कृपा करुणा में धीर वीर वसुधा अपनी श्री धर्म धूरी पर इन गुरु गौरव "देवद्वारों" से गुरुओं की तपोभूमि पर आने वाले हर श्री सदसत जीव जीवंत प्राणी को कर्मजयी धर्मजयी कल्याण में युगों-युगों सदसत समर्थ सदभाव समभाव में वर वंदनीय रहें........

हे मनु.....श्री भारतराष्ट्र विश्व वसुधा पर आदि-आदि काल से आज तक विराट विश्वसनीय गुरु भूमि रहा हैं........आज भी श्री गुरुशिखर (आबू) आदि-आदि के गुरुओं के गर्व गौरव को सर्वोच्च अक्ष अस्तित्व में अरावली की अमर आत्मा में अमर अद्भुत आस्था का परम पावन श्री धर्म धाम व धरोहर हैं........

हाँ नाथ...... युगों-युगों से अमर अद्भुत पर्वतराज हिम हिमालय और अरावली का आबूराज युग योग योगियों, वीरों और वैराग्यों की अमर आत्मीय आनंददायी हृदयस्थली रहें हैं......

हाँ मनु..... धीर वीर वसुधा ने अपनी कोख से उत्पन्न इन अमर अजर विराट पर्वतराजों ने गहन धीर वीर मनु महात्माओं को युग दर युग.........

एक से बढ़कर एक अमर अद्भुत श्री शूरवीरों को अमर आत्मीय श्री धर्म कर्म कीर्तिमान में आज तक जय-जय जयते की जगजोत दी हैं........जय-जय जयते की जगजोत दी हैं.........

हे नाथ..... श्री धर्म धरा के गर्भ से उत्पन्न इन गहन गगन चुम्बी श्री पर्वतराजों को मैं नमन करता हूँ....... इस धीर वसुधा के हर उस वीर पर्वतराज को आज आप श्री के साक्षी समक्ष..... मैं पुनः श्री युग योग नमन करता हूँ........ मैं पुनः श्री युग योग नमन करता हूँ..........

हे नाथ......आप श्री के युगयोग हृदय की यात्रा में युगों-युगों से श्री धर्म कर्म में सदा आप श्री नारायण को स्मरण स्तुति में अटल अडिग खड़े इन पर्वतराजों में मुझे आज भी आदि गुरुओं...... श्री सदाशिव शंकाराचार्यों श्री महामनु ऋषि आचार्यों....... श्री महात्माओं के अमर अनंत धर्म कर्म में जय-जय जयते की अमरजोत से तन मन व हृदय को एक सूत्र में साधता सदसत आत्म प्रकाश पुंज की अद्भुत अनंत तक आनंदमय श्री कर्म करूणामय धर्म पथ पर हर युग की भांति इस युग में भी जीवन यात्रा का सम्पूर्ण योग यथार्थ मेरे हृदय सागर में सौभाग्य पूर्ण रहा..........

अद्भुत मनु अद्भुत....... अपने आदि-आदि के अमर अनंत सदसत समर्थ सर्व श्री सिद्ध गुरुओं, ऋषियों, श्री शिवशंकराचार्यों तथा महामनु महाआत्माओं के प्रति हृदय से युग दर युग पूर्ण श्रद्धा में अटूट विश्वास के साथ वृक्ष की भांति सहिष्णु श्रम सेवामय सौभाग्य में सदभाव समभाव रहना ही श्रेष्ठ शिष्ट शिष्य का धर्म कर्म तथा गुरुओं महात्माओं का शांत चित चैतन्य में अनंत असीम को छूता शीर्ष ही श्री गुरुशिखर हैं....... श्री गुरुशिखर हैं....... श्री गुरुशिखर हैं..........

हे नाथ .... आप और मेरे हृदय को एक एकत्व करता सदसत भव भाव पूर्ण उक्त" "श्री धर्मग्रन्थ" में "वीर वसुधा" को अपनी पीठ पर थामें "मनु महात्मा" की अनुपम

अद्भुत विराट पुण्य प्रतिमा को आप अमर अरावली के आबूपर्वत (राजस्थान) में जहाँ भी आप चाहें वहाँ श्री सम्पूर्ण युग योग हृदय यथार्थ से बनवा देना.......

श्री युग योग में एक स्वर्ण मुकुट श्री हिम हिमालय जी को भिजवा देना.......

हाँ मनु.......... यह पुण्य प्रतिमा वसुधा पर तेरे आदि-आदि से आज तक के समस्त श्री गुरुओं, ऋषियों, मुनियों, मनु माता पिता महात्माओं को हृदय योग से "श्री वसुधा धर्म" में धन्य सदसत समर्पित शाश्वत भेंट होगी ..... तेरे हृदय योग द्वारा मुझे संबोधित...... सम्प्रेषित सर्व श्री धर्म काज श्री परम पूर्ण होंगे...... सर्व श्री काज सर्वकाल सदा श्री सम्पूर्ण रहेंगे...... श्री वर विद्या विनय को युगों-युगों अमर वर वरदान रहेंगे .... नील गगन

में मेरे हृदय .... धीर धर्म में वीर वसुधा के हस्ते तेरे सर्व श्री धर्म काज स्वयं युग यथार्थ होंगे........ सदा धर्म रक्षार्थ होंगे......

हे धन्य मनु........ जिस तरह भक्त का भागवान में और भगवान में भक्त का अमर आत्मीयता से वास होता हैं......... उसी तरह गुरु में शिष्ट शिष्यों का और शिष्ट शिष्यों में श्री गुरुओं का गर्व गरिमामय पूर्ण परम वास होता हैं

हे धन्य मनु........हे धन्य भरत.......हे धन्य भारत........धीर वीर वसुधा के धर्म गर्भ से उत्पन्न पर्वतराजों में हिम हिमालय जी और आबूराज जी आज भी अद्भुत व अद्वितीय श्री सदसत संयम, श्री शक्ति व श्री भक्ति के परम पावन श्री धाम धरोहर हैं........युगों-युगों से अमर अवतारी सर्व दिव्य देवों की हृदयप्रिय रमणीय स्थली हैं........अतः हे मनु........ हे भरत.......हे भारत........मैं हृदय योग से श्री युग योग में इस धीर वीर वसुधा रक्षार्थ........वसुधा को अपनी पीठ पर धार्य मनु की विशाल पुण्य प्रतिमा को श्री अरावली के आबूराज में अवश्य बनवाऊंगा......... पर्वतों के राजा हिमहिमालय के लिए स्वर्ण मुकुट.......हे मनु स्वयं तेरे हाथों ही भिजवाऊँगा......

श्री युग धर्म में तेरे हृदय........ श्री योग धर्म में तेरे हस्ते.......इस युग भी संग तेरे कमल स्वरूप श्री कालजयी कर्मयोग में मुझे परम प्रिय हर धन्य धर्म हृदय यथार्थ निभाऊँगा.......सर्व श्री को हृदय योग प्रिय श्री हिमालय जी का स्वर्ण मुकुट....... हे भारत स्वयं तेरे हाथों ही भिजवाऊँगा.......

सर्व श्री को हृदय योग प्रिय श्री हिमालय जी का स्वर्ण मुकुट.......हे भरत स्वयं तेरे हाथों ही भिजवाऊँगा.............

श्री कुबेर जी को आज मैं अपने हृदय बुलाऊँगा.....

श्री धर्म के युग कल्याण में अपना हृदय सुनाऊँगा........

श्री यशोधरा का यह युग भर जाएं .... उतना दिव्य महादान करवाऊँगा......

धन्य श्री धन धान के सर्व द्वार खुलवाऊँगा......

धन्य श्री धन धान के सर्व द्वार खुलवाऊँगा......

हे मनु..... हे भरत.......हे भारत......श्री युग धर्म में तेरे हृदय.......श्री योग धर्म में तेरे हस्ते...... इस युग भी संग तेरे कमल श्री कालजयी कर्मयोग में मुझे परम प्रिय हर धन्य धर्म हृदय यथार्थ निभाऊँगा........

हे मनु.....हे भरत.....हे भारत......तेरे हृदय........तेरे युग श्री धर्म के श्री काज आज स्वयं श्री सिद्ध सम्पूर्ण करवाऊँगा..... श्री यशोधरा का यह युग आज पुनः श्री हर्ष योग से भर जाएँ........ऐसा अद्‌भुत श्री सिद्ध योग यज्ञ सर्व देवों के संग आज स्वयं मैं करवाऊँगा........

हे मनु........हे भरत......हे भारत......श्री युग के श्री योग धर्म में..... इस युग का महायज्ञ होगा.......श्री युग के सर्व देवों का श्री धन्य धर्ममहायज्ञ आज मेरे हृदय होगा........ हे महामनु......आज तू मेरे हृदय बीच ही तो बैठा हैं.......

बोल मनु बोल.....इस युग के महायोग में......इस युग के महायज्ञ में दिव्य दान धर्म.....श्री हृदय यथार्थ से मेरे हृदय योग........बोल मनु बोल.....श्री यशोधरा का यह युग आज पुनः श्री हर्ष योग से भर जाएँ इस युग का भी मेरे हृदय....... श्री महायज्ञ आज पूर्ण हो जावें ......

हे महाप्रज्ञ...... श्री महायज्ञ आज पूर्ण हो जावें......श्री यशोधरा का यह युग आज पुनः श्री हर्ष योग से भर जाएँ...... श्री वेदों की वाणी में पुनः वसुधा रच जावें...... श्री वीरों की छाती पुनः वसुधा बस जावें.......

इस युग का भी मेरे हृदय...... श्री महायज्ञ आज पूर्ण हो जावें........
श्री युग धर्म में हँसते हँसते......श्री योग धर्म के रस्ते रस्ते.......
श्री युग धर्म में हँसते हँसते......श्री योग धर्म के रस्ते रस्ते......

हे मनु........हे भरत.....हे भारत....... श्री धर्म का कुम्भ भराने.......अपना हृदय युग भराने...... सदा वसुधा तेरे हृदय आवें........स्वयं वसुधा तेरे हृदय आवें......

श्री युग धर्म में .... आज पुनः मैं श्री योग धर्म से कहता हूँ.......श्री युग धर्म के सर्वकाज मेरे हृदय बोल मनु.........इस युग के महायोग में....... इस युग के महायज्ञ में.........अपना विराट हृदय श्री युग धर्म में खोल......श्री युग धर्म में खोल.........

जो हुकुम........हे नाथ मेरे.......आपकी हर आज्ञा मान्य मुझे...... जय श्री नाथ...... जय श्री नाथ ....जय-जय श्री नाथ........

हे नाथ मेरे......श्री नाथ मेरे.....इस युग के महायोग में.......श्री युग के महायज्ञ में......आज हृदय आप श्री के बिराजे श्री-श्री सर्व देवों को .....संग बिराजे सर्व श्री गौरक्ष गुरुदेवों को......श्री युग के इस महायज्ञ में मेरा हृदय योग से इस युग का श्री अभिनंदन...... श्री अभिनंदन......श्री अभिनंदन.......

हे नाथ......आप श्री संग मेरे हृदय इस युग के श्री धर्म कर्म योग के सर्व काज आज आप स्वयं श्री सम्पूर्ण करावें........

श्री यशोधरा का यह युग हर्ष हृदय से आज पुनः भर जावें.....
ऐसा अद्भुत श्री महायज्ञ........ आज गगन में आप स्वयं करावें......
ऐसा अद्भुत श्री महायज्ञ....... आज गगन में आप स्वयं करावें........

इस युग भी श्री धर्म के महाकुम्भ को धीर वीर धरा के हृदय आज पुनः आप स्वयं भरावें......... इस युग भी श्री धर्म के महाकुम्भ को धीर वीर धरा के हृदय आज पुनः आप संग श्री-श्री सर्वदेव भरावें.......

हे मनु.... हे भरत.......हे भारत......सर्व श्री देवों के हृदय आज श्री ब्रह्म ब्रह्मा जी दाता का पूरा गगन स्वर्ण प्रभा में चमक रहा हैं......सर्व श्री के युग में आज पूरा गगन कमल कुंज में महक रहा हैं........

स्वयं श्री गुरु शिखर (आबू) भी आज सर्व श्री के कमल चरणों को छू रहा हैं.......सर्व श्री के हृदय आज स्वयं श्री हिम हिमालय जी श्री योग गीत को गा रहें......युगों-युगों के श्री योग गीत को ही आज पुनः वो गा रहे हैं........

श्री हर्ष योग में हँसते हँसते.......स्वयं श्री हर हर महादेव जी भी माता पार्वती जी संग........इस युग मेरे श्री धर्म महायज्ञ में आज पुनः मंत्र मुग्ध हो रहें हैं......

गहन गगन में.........श्री धर्म धरा का इस युग का श्री महायज्ञ आज हृदय मेरे हो रहा हैं.......श्री ब्रह्मा जी दाता की आरती स्वयं श्री सदा शिव उतार रहें हैं....... श्री विष्णु जी संग माँ लक्ष्मी जी........सर्वमहायज्ञ स्वयं आज संभाल रहें हैं......... श्री धर्म की धीर वीर धरा पर श्री गुरु गौरक्ष संग गौ गायत्री माता का.......श्री स्वर्ण युग सर्व देवदाता आज श्री महायज्ञ में बोल रहें हैं.......

हे मनु.....हे भरत......हे भारत.....आज श्री ब्रह्म ब्रह्मा जी दाता के सर्व गगन की दशों दिशाओं से मेरे श्री धर्म महायज्ञ को परम पावन पूर्ण करने सुदूर सुदर्शन तक फैली अनंत सर्व सृष्टि के श्री-श्री सर्व दिव्य भव्य देव दाताओं को देख......

हे युग दृष्टा ..... युगों-युगों से मेरे हर युग ...... श्री धर्म महायज्ञ को परम पुण्य पावन करने वाले सर्व श्री रघुवीरों को देख...... श्री ब्रह्म ब्रह्मा जी दाता के आज तू स्वयं........सर्व श्री महावीरों को देख.......श्री ब्रह्म ब्रह्मा जी दाता के आज तू स्वयं........सर्व श्री गम्भीरों को देख.......

श्री ब्रह्म ब्रह्मा जी दाता के सर्व श्री महावीरों को देख........
श्री ब्रह्म ब्रह्मा जी दाता के सर्व श्री युगयोग अवतारों को देख.......

हे मनु.....हे भरत ....हे भारत...........अब तो श्री युग योग में श्री धर्म के तेरे सर्व हृदय योग काज खुलकर मेरे हृदय बोल.......

श्री धर्म के सर्व काज......श्री युग के महायज्ञ में मेरे हृदय योग तू बोल...... श्री धर्म के सर्व काज..... श्री युग के महायज्ञ में मेरे हृदय योग तू बोल........

हे नाथ मेरे.........श्री नाथ मेरे .....श्री युग के महायज्ञ में धन्य धरा के महायोग में.....मेरे हृदय युग प्रिय आदि-आदि से आज तक के समस्त श्री सदसत महा मनु

महात्माओं की अमर स्मृति में इस धीर वीर वसुधा के धर्म कर्म की अमर स्तुति को धार्य महामनु की विशाल पुण्य प्राण प्रतिष्ठित पाषाण प्रतिमा (Atlas Logo) को आबू (Abu) की भूमि पर बनवा दो.....श्री गुरुओं की हृदय स्थली.......श्री देवों की रमणीय स्थली......अमर अरावली के आबू में इस युग की परम पुरम प्रतिमा बनवा दो......

हे नाथ....... इस पुण्य प्रतिमा तक आबू दर्शन को आने वाले हर श्री सदसत युग योग प्रिय प्राणियों के सुस्वागत में मेरे अमर गुरु महात्माओं को हृदय से भेंट इस युग योग का प्रथम अमर अद्‌भुत "श्री देवद्वार" भी आबू की तलहटी में बनवा दो......

श्री धर्म के युग योग में...... श्री धन्य गुरुओं की तपो भूमि पर अमर अद्‌भुत श्री धर्म अलंकृत.....मेरे श्री-श्री सर्व गुरुओं के आप दिव्य देवद्वार बनवा दो.....आप दिव्य सर्व देवद्वार बनवा दो......

हे मनु..... जिस भव भाव व भावना से तेरे युग.......तेरे हृदय में धीर वीर वसुधा और वासुदेवाय की अमर मंगल वंदना हैं......उसी भव भाव व भावना में बसे तेरे अमर अजर श्री गुरुओं के श्री परम धाम तक सदसत को सुशोभित हर दिव्य देवद्वार को बनवाना अब मेरा श्री धर्म सौभाग्य कर्म है.......

हे मनु......हे भरत.....हे भारत.......तेरे अमर आत्मीय हृदय योग में मेरा ही पूर्ण व परम प्रकाश हैं.......जो आज श्री युग योग धर्म में पुनः प्रकाशित हुआ हैं....... श्री गौरवशाली गुरुओं के श्री चरण वंदन में पुन: श्री अभिनंदन हुआ हैं.........तेरे अमर अजर श्री गुरुओं, ऋषियों, मुनियों व मनु महात्माओं के हृदय योग में भी मेरा ही अद्‌भुत अमर असीम पूर्ण व परम प्रकाश पुंज आज भी हैं.......वे हृदय योगी मनु महात्मा जो योग से युग के मंगल में अमर अजर धीर वीर वसुधा के विशाल हृदय में सुख शांति पूर्ण हर्ष और गर्व से श्री श्रद्धा समर्पण समर्पित हैं...... वे समस्त सदसत ईश्वरीय ब्रह्म शक्ति के ही अद्‌भुत अमर अंश में वसुधा के ही नहीं अपितु मेरे भी अंश और वंश हैं

युगों-युगों से इस धीर वीर वसुधा की मंगल महिमा में सम्पूर्ण जगत में श्री गुरुओं, ऋषियों, मुनियों, मनु महात्माओं का अपना अपना अद्‌भुत सदसत पूर्ण युग योग में सिद्ध समर्थ व शाश्वत यश यथार्थ हृदय से धन्य योगदान रहा हैं......

धीर वीर वसुधा पर पर्वतराज आबू की धरती पर गुरुओं, महात्माओं की अमर अद्‌भुत आत्मीय कृपा करुणा आज भी कालजयी कर्मजयी श्री शक्ति में शाश्वत सदसत पूर्ण हैं.......

इस गुरु गुरुत्वीय धर्म भूमि पर आज भी श्री कर्म योग धर्म धन्य शक्ति को श्री भक्ति संग पग-पग ही नहीं कण-कण में अनुभूत किया जा सकता हैं..........

मैं धर्म धरा की इस धन्य गुरु भूमि से सम्पूर्ण वसुधा के लिए सुख शांति व समृद्धि में सदा मंगल की हृदय से श्री काल के महाकाल को वंदना करता हूँ......

धन्य श्री नाथ......धन्य......आपकी अमर आनंददायी वंदनीय वाणी में..... श्री वर वरदान में धीर वीर वसुधा सदा आपके परम पूर्ण परमार्थ में प्रकाश प्रकाशित प्रवाहवान प्रण प्राणवान रहें.......

हे मनु .....हे भरत......हे भारत........ मैं तो अनंत असीम श्री ब्रह्म गगन में आज भी पूर्ण में पूर्ण और परम में परम सर्व ब्रह्म देवों के हृदय आँचल में अमर आत्मीयता से युग योग में युगों-युगों का अमर अनंत योगी हूँ........

श्री ब्रह्म ब्रह्मा जी दाता की आज्ञा में...... सदा श्री धर्म कर्म की परम पूर्ण प्रतिज्ञा में अब भी श्री गहन गगन में बैठा हूँ......

श्री ब्रह्म ब्रह्मा जी दाता जी का आज भी आज्ञाकारी बेटा हूँ.......
श्री ब्रह्म ब्रह्मा जी दाता का आज भी आज्ञाकारी बेटा हूँ.......

श्री ब्रह्म ब्रह्मा के अनंत गगन में सदा श्री परम पूर्ण प्रकाशित रहता हूँ.......श्री ब्रह्म के युग यथार्थ धर्म में युगों-युगों के श्री योग धर्म में ही रहता हूँ.......

हे धर्म धन्य श्री नाथ मेरे..... आप परम पूर्ण प्रकाशवान, परमार्थवान, प्रवाहवान, पुण्य के पुंज हैं........सर्व गगन ग्रहों में सदा श्री श्रेष्ठ मेरे ग्रह घर (श्री वसुधा) के आप मेरे और मेरे श्री मंगल मुखी गुरुओं मनु महात्माओं के हर युग वर वंदनीय वसुधा वासुदेवाय बनें रहना........ श्री-श्री के सर्व युग......वर वंदनीय वीर वसुधा वासुदेवाय बनें रहना......... श्री योग भक्ति...... श्री युगशक्ति बनें रहना..........

हाँ मनु.......श्री काल के महाकाल को नम्रनिवेदन कर.........संग सर्व श्री ब्रह्मदेवों हर युग तेरे हृदय योग की यात्रा में परम पूर्ण प्रकाशवान, परमार्थवान, प्रवाहवान पुण्य का पुंज बना रहूँगा...... तेरे श्री धर्म के कुंज में सदा रहूँगा..........

हे मनु.....हे भरत.....हे भारत....... आज पुनः मैं श्री परम योग में धीर धर्म से कहता हूँ..........युगों-युगों हृदय योग यथार्थ से कहता हूँ..........

जिस देश में वृक्ष को विधाता रूप में पूजा जाता हैं.....फल फूल पत्ती तोड़ने से पहले वृक्ष से पूछा जाता हैं........जिस देश में वन पर्वत सागर सरोवर नदी संग जल थल नभ वायु सबको जीव जीवन का अमर आधार आराध्य माना जाता हैं.......जिस देश में गऊ(गौ) को श्री ब्रह्म गुरुओं की परम पूजनीय माता माना जाता हैं.......जिस देश की मिट्टी में सुख शांति दया धर्म कर्म की श्री जगत कल्याणी मधुर सौहार्द महक होगी......तब-तब उस देश काल......वर वंदनीय श्री युग योग के अनंत अवतार में श्री योग भक्ति......श्री युग शक्ति बन आऊँगा.......सुदूर गगन में सर्व ग्रहों से पार श्री सुदर्शन तक उस देशकाल को स्वयं पुनः मैं अपने हृदय युग योग की परम पुण्य श्री ब्रह्म जगत की जय जोत को दूंगा........जय-जय जयते की श्री परम जोत को दूंगा........

ॐ जयश्री .....ॐ जयश्री.......ॐ जय-जय श्री.......जय श्री नाथ मेरे.......जय-जय श्री नाथ मेरे.......

धन्य मनु.........धन्य भरत......धन्य भारत......इस युग भी युगों-युगों की भांति..... धीर वीर वसुधा का श्री भारत राष्ट्र ही मेरे भाग्य सौभाग्य रहा.....सर्व ब्रह्म गगन के हृदय श्री श्रेष्ठ रहा.......

मेरे युग योग हृदय की श्री चिट्ठी भी मेरे भरत के हृदय योग हस्ते श्री सिद्ध सम्पूर्ण हुई........सर्व ब्रह्म गगन के हृदय श्री श्रेष्ठ रही...........

घोर काल कलयुग के उपरान्त भी...... श्री भारत की मिट्टी इस युग भी मेरे वक्ष संग वट वृक्ष वीरों में परम पूर्ण वंदनीय रही....... श्री धीर धर्म धन्य रहीं.........श्री वीर धर्म वंदन रही....... इस युग भी श्री वसुधा के अंग राष्ट्रों के भाग्य सौभाग्य....... श्री भारत की मिट्टी श्रेष्ठ रही...... श्री भारत की मिट्टी ही सर्वश्रेष्ठ रहीं........

धन्य मनु.........धन्य भरत.....धन्य भारत........श्री धर्म को धारण इस युग की मैंने श्री ब्रह्म जगत की जय जोत........जय-जय जयते.......श्री सत्यमेव जयते की परम जोत पुन हे मनु.....हे भरत.......हे भारत तेरे भाग्य सौभाग्य दी.......तेरे भाग्य सौभाग्य दी.......

हे धन्य मनु........मेरे भरत इस जीवन यात्रा में धीर वीर वसुधा पर अपने हृदय योग में विराजमान गुरुओं, ऋषियों, मुनियों व महामनु महात्माओं को श्री सदसत समर्पण में वचनबद्ध वंदना को पूर्ण करती युग योग यश-यशस्वी "श्री भारत यात्रा" को प्रारम्भ करने का समय आ गया हैं

हाँ नाथ.....आपके हृदय आशीष से श्री गुरुओं मनु महात्माओं की छत्र छाया में धरा धर्म में मेरी कर्मयोग "श्री भारत यात्रा" का अब मुझे भी आत्मीयता से इंतजार हैं.......

हे नाथ...... जब तक सम्पूर्ण भारत यात्रा करते हुए धीर वीर वसुधा के हृदयांचल पर सवा करोड़ (12500000) श्री वृक्ष विधाता मेरे हाथों लगते नहीं तब तक मेरी यात्रा अपूर्ण ही रहेगी........मेरी युग योग यात्रा को परम पूर्ण करना......

हे नाथ...... मेरे पास समय कम और कार्य अधिक हैं........आप दाता ज्ञाता और विधाता से मेरी अमर आत्मीय वंदना हैं की मेरे सदसत हृदय योग इस युग संकल्प श्री कर्मयोग को धीर वीर वसुधा के लिए समर्थ सामर्थ्य पूर्ण कराना......श्री धर्म परिपूर्ण कराना.......

हे मनु.....हे भरत....... इस धीर वीर धन्य वसुधा के लिए कर्म योग में तेरी श्री भारत यात्रा के लिए.......तेरे श्री शुभ संकल्प.......श्री गज संकल्प के लिए मेरा सम्पूर्ण समर्थ सामर्थ्य श्री सदसत पूर्ण तेरे साथ हैं........

हाँ नाथ....... आपके और धीर वीर वसुधा के अटूट अटल विश्वास वंदना और वात्सल्य में मेरे इस जीवन यात्रा की सार्थकता सदसत संकल्पित श्री कर्मयोग में निश्चित रूप से पूर्ण परम पुण्य परमार्थ में सिद्ध शाश्वत होगी.....

हाँ मनु....जब युग योग में सद सत योगी मनु महात्मा का हृदय वसुधा के चिंतन मनन में कर्मयोग कर्तव्यवान हुआ हैं तब-तब प्राकृत परम प्रकृति में धीर वीर वसुधा

पर परम पूर्ण ब्रह्म देवों के कृपा करूणा में काल के महाकाल कल्याण कीर्ति से धरा धर्म में........धरा धर्म से हर युग योग योगी के हृदय में हर्ष हर्षित व गर्व गौरवान्वित रूप स्वरूप में सिद्ध शाश्वत प्रकट हुए हैं.......

हे नाथ.......धीर वीर धरा धर्म में और धरा धर्म से मेरे हृदय योग व युग में जो कुछ और जितना कुछ मुझे इस जीवन यात्रा में मिला.......वह सर्व आप परम पूर्ण ब्रह्म देवों की कृपा करूणा में श्री सिद्ध समर्थ शाश्वत गुरुओं मनु महात्माओं से सदसत पूर्ण श्रद्धा से साक्षी भाव में भवों भवों के भव्य भव भाव पूर्ण परमार्थ के परम पथ पर हृदय युग योग हस्ते अर्पित हुआ हैं।

हे नाथ........मेरी इस जीवन यात्रा में भी जो कुछ और जितना कुछ भी इस धीर वीर वसुधा धर्म में और वसुधा धर्म से हो सके उसे शेष जीवन यात्रा में भी पूर्ण परम परमार्थ पथ पर कृपा करूणामय निष्काम कर्मयोग से श्री धर्म योग पूर्ण प्रसन्न रखना.......

हे मनु.......सदसत हृदय से हर युग हर हृदय योगी को निष्काम कर्मयोग से धर्म योग पूर्ण परम प्रसन्नता का सदा सौभाग्य रहा हैं और सदा रहेगा......

हाँ नाथ......आप श्री की अमर अनंत सदसत पूर्ण ब्रह्म शक्तियों से ही बिन्दु सिंधु में और सिंधु बिन्दु में समाया हुआ हैं.......हर युग की भांति इस युग में भी मेरा अपना कुछ आज भी नहीं हैं.......जो कुछ भी हैं.......वह सर्व आप श्री की कृपा करूणा का ही था और आज भी आप श्री में ही हैं.......मेरे लिए तो आप आज भी बिन्दु से सिंधु तक मेरी हर युग यात्रा में श्री सिद्ध शाश्वत सम्पूर्ण युग योग योगेश्वर ही हैं......

हे मनु......हे भरत.......तेरी श्री कर्मयोग यात्रा आदि-आदि से आज तक जिस अद्भुत आत्मीय प्रसन्नता से परिपूर्ण रहीं हैं उसे उसी सदसत सहजता व सरलता से इस युग में भी मेरे हृदय योग यथार्थ में पुण्य परमार्थ पूर्ण करना........श्री धर्म सम्पूर्ण करना.......श्री धर्म सम्पूर्ण करना........

हे नाथ....... आपकी अमर आत्मीयता का परम पूर्ण प्रकाश...... मेरे हृदय युग योग को सदा प्रकाश प्रकाशित रखें.......

वचन श्री नाथ......वचन श्री नाथ...... जो भी श्री सदसत पुण्य प्रकाश अर्पित रहेगा...... वह सम्पूर्ण धीर वीर वसुधा को सदा श्री सदसत समर्पित रहेगा...... सदा श्री सदसत समर्पित रहेगा........

हे मनु ......हे भरत.......हे भारत....... मैं तेरी अमर आत्मीय सोच समझ चिंतन मनन कर्मयोग धर्मयोग श्रमसाधना से पूर्ण प्रसन्न हूँ.........परम प्रसन्न हूँ।

हे नाथ मेरे..........श्री नाथ मेरे......... आप और धीर वीर वसुधा अनंत असीम श्री ब्रह्म ब्रह्मा जी के हृदय श्री युग कल्याण योग यज्ञ में सदा पूर्ण

प्रसन्न हर्ष हर्षित रहें....... सदा पूर्ण प्रसन्न हर्ष हर्षित रहें........सदा श्री कालजयी धन्य कर्मयोग रहें.........सदा श्री कालजयी धन्य धर्मयोग रहें..........

हे मनु.......हे भरत.....हे भारत...... तेरे हृदय योग से उत्पन्न एक-एक सदसत शब्द भव भाव को प्रकाश प्रकाशित मेरी एक-एक अमर आत्मीय किरण को यह धीर वीर धर्मयोगिनी कर्मयोगिनी यशोधरा.......... युगों-युगों की भांति आज भी पूर्ण सहज सरल सजीव संजीदगी से सोच रहीं हैं और समझ रहीं हैं.......साधनारत होते हुए भी जगत कल्याण की कामना को सुन रही हैं.......श्री काल के महाकाल को अपना परम पुण्य परमार्थ में प्रवाह कर रही हैं..........श्री ब्रह्म ब्रह्मा जी दाता की कालजयी कर्मजयी साधना में सदसत पूर्ण शक्ति स्वरूपा हैं..........

अनंत अनगिनत युगों-युगों से आज भी चित स्वभाव में परम व पूर्ण की शांत (मौन) पुण्य प्राण प्रतिमा हैं.........मेरे प्रभा मंडल के पूरे गगन में परम श्री गुणी प्रतिभा हैं......... जब तक इस युग धर्मयोगिनी कर्मयोगिनी धीर वीर वसुधा का हृदय पूर्ण हर्ष हर्षित नहीं होता.........तब तक मैं कैसे पूर्ण हर्ष हर्षित हो सकता हूँ..........

हाँ नाथ......आप सत्य कह रहें हैं...........आपकी दिव्य देव आत्मानुभूति में धीर वीर वसुधा का धर्म कर्म आज भी अद्‌भुत अमर अनंत तक आप से ही पूर्ण हैं और आप से ही पुण्य प्रसन्न परमार्थ पूर्ण हैं............आपके लिए वसुधा का हृदय हर्ष हर्षित होना और वसुधा के लिए आप परमपूर्ण पिता श्री का हृदय हर्ष हर्षित होना परम आवश्यक हैं.........

धन्य मनु......धन्य भरत...... धन्य भारत.......सत्य कहा.....सुन्दर कहा......श्री धर्म को जैसा सदा कहा.....हे मनु......हे भरत......हे भारत आज तूने पुनः वैसा ही कहा......

हे मनु......हे भरत......हे भारत.......तेरे हृदय तेरे युग तेरे योग में आज पुनः मैं कहता हूँ......धीर धरा के लिए आज भी पिता हूँ.... पिता हूँ......पिता हूँ........खुद के लिए कहाँ जीता हूँ......

पिता हूँ.......पिता हूँ......वंदनीय वीर वसुधा के लिए ही तो अब भी गगन में जिंदादिली से जीता हूँ......

श्री परम ध्यान धर्म में ही जीता हूँ......श्री परम ध्यान धर्म से ही जीता हूँ...... पिता हूँ......पिता हूँ.......खुद के लिए कहाँ जीता हूँ......

हे मनु......हे भरत......हे भारत......मैं श्री ब्रह्म ब्रह्मा जी दाता के अनंत असीम गहन गगन में हूँ.....तू धीर वीर धरा पर हैं......

तू ही मेरे सदसत साक्षी भाव में इस धीर वीर वसुधा से आत्मीय शाश्वत श्री साक्षात्कार कर कि क्यों आज यह हर्ष हर्षित नहीं हैं.......

हे मनु......हे भरत.....हे भारत........तेरे हृदय तेरे युग तेरे हस्ते धर्म धन्य धीर वीर वसुधा हैं........

युगों-युगों से तेरा और श्री योग यशोधरा का वास्ता हैं......

श्री युग योग भक्ति के श्री श्रद्धा सुमन चरण वसुधा के चढ़ा कर आ......

श्री युग योग शक्ति से युगों-युगों की यशोधरा का हृदय श्री हर्ष से आज पुनः तू भरकर आ......आज पुनः तू भरकर आ......

हे मनु......हे भरत.....हे भारत.....मुझे तो अब भी तेरा अमर अटूट अटल विश्वास हैं की तू चाहे तो हृदय यशोधरा के भावी युगों-युगों को भी हर्षयोग से आज भी भर सकता हैं......

श्री सत्य धर्म कहा......श्री धन्यसार कहा........मेरे श्री नाथ आपने....मैं आपके हृदय के व्यक्त विचारों को.......हृदय से व्यक्त विश्वास को व्यर्थ नहीं जाने दूँगा.......

हे अमरनाथ......हे अनंत नाथ.........मैं आपके समक्ष प्रण करता हूँ.......प्रयास करूँगा.......प्रयास करूँगा......सदा श्री धर्म योग प्रिय पुरूषार्थ ही करूँगा...... ज्यादा नहीं तो कम से कम यह युग श्री यशोधरा के हृदय हर्ष योग से भर जाएँ इतना परम पुण्य पुरूषार्थ तो जरूर करूँगा इतना परम पुण्य पुरूषार्थ तो जरूर करूँगा......

धन्य मनु.....धन्य भरत........धन्य श्री भारत......

कई युग युगों के पश्चात आज पुनः तेरे हृदय युग योग से निकले परम पावन श्री धर्म धन्य वंदनीय वचन वाणी को सुनकर श्री ब्रह्म ब्रह्मा जी दाता के अमर अनंत असीम गहन गगन में बिराजमान मेरे सर्व श्री-श्री देवदाता माता पिता.......श्री-श्री सर्व गगन गुरु महात्माओं धर्मात्माओं.......श्री-श्री सर्व परम ब्रह्म पुण्य परमात्माओं के हृदय तक तृप्त तटस्थ शांत सुखद हर्ष का संचार हुआ हैं.......

कह रहें हैं.......मेरे हृदय भक्ति के संग सर्व श्री देवदाता.......

कह रहें हैं......मेरे हृदय शक्ति के संग सर्व श्री देवदाता.......

श्री युग योग शक्ति से युगों-युगों की यशोधरा का हृदय भी श्री हर्ष से आज पुनः हे मनु.......हे भरत.....हे श्री भारत.......तू भरकर आ......आज पुनः तू भरकर आ...... आज पुनः तू भरकर आ.......

हे नाथ मेरे.....श्री नाथ मेरे.....आज्ञा अब आप मुझे देवें......

हे सर्व श्री देवदाता.....आज्ञा अब आप मुझे देवें.......

हे सर्व श्री देवदाता.....अपना अपना अमर आत्मीय आशीर्वाद देवे......

अपना अपना अमर आत्मीय आशीर्वाद देवे......

ॐ जयश्री.......ॐ जयश्री.......ॐ जय-जय श्री......

PART – 3

हे धीर वीर जगत जननी माँ वसुधा अपने अंतर्ध्यान से मेरे हृदय योग को अपना हृदय योग......इस युग भी देने की कृपा करुणा करें.....

अपने हृदय योग यथार्थ में रची बसी युगों-युगों की परम पूर्ण श्री वन्दनीय विद्या विनय वरदान का महादान करावें.....

अपने हृदय श्री युग योग का आज पुन: मेरे हृदय......मेरे युग......मेरे हस्ते......दिव्य महादीप प्रज्वलित करावें.....

श्री धन्य धर्मयोग के कर्मयोग महाकुम्भ को आज पुन: आप स्वयं भरावें......

अपने हृदय श्री युग योग का आज पुन: महापर्व मनावे......

अपने हृदय श्री युग योग का आज पुन: महापर्व मनावे......

अपने हृदय श्री युग योग का आज पुन: श्री परम प्रकाश पर्व मनावे......

अपने हृदय श्री युग योग का आज पुन: श्री परम प्रकाश पर्व मनावे......

श्री के सर्व ब्रह्म गगन में इस युग भी श्री योग से हृदय आपके हर्ष हो.....

हृदय आपके हर्ष हो..... हृदय आपके हर्ष हो.....

बस यही इस युग भी मेरा सर्वयोग हो...... सर्वयोग हो...... सर्वयोग हो......

आपका अपना......मनु......भरत......श्री भारत

धीर वीर वसुधा......हे मनु......हे भरत......हे भारत.......मैं तो सोच रही थी कि तू भी अन्य मनुओं की भांति मेरी कोख से जन्म लेकर जीवन को स्वयं में ही समेट कर अपनी जीवन यात्रा को स्वयं तक ही सीमित व गृहस्थ दायित्वों तक ही ले जायेगा.....

हाँ माँ यदि मुझे इस जीवन यात्रा में देव भूमि......गुरु भूमि के रूप में श्री भारत भूमि नहीं मिली होती.....इस जीवन के श्री हृदय प्रिय गुरु महात्मा मनु महात्मा नहीं मिले होते.....पुण्य परमार्थ धर्मकर्म से सदसत क्षत्रिय वंश नहीं मिला होता.......इस जन्म के धर्म माता पिता और पूर्ण परिवार नहीं मिला होता तो निश्चित रूप से मैं भी अन्य मनुओं की भांति अपनी जीवन यात्रा को स्वयं तक ही सीमित गृहस्थ जीवन में ही पूर्ण कर लेता मगर हे धीर वीर माता मुझे अपने आदि-आदि के आदिनाथ ने युग योग में धर्मकर्म से अपना सबकुछ दिया है.......अनंत-अनंत अगिनत धर्मकर्म का श्रमजीवी सौभाग्य दिया है.......तृप्त तटस्थ अमर आत्मीय आत्म आध्यात्मिकता का अमर अजर पूर्ण पथ परमार्थ दिया है.....

हे मनु......हे भरत.....हे भारत......श्री सत्य कहा......देने वाले दिव्य व भव्य श्री दाता दरबार जब भी किसी को कुछ देते हैं तो वही उसका भाग्य सौभाग्य होता है.....जीव जीवात्मा का जीवन व जीवन यात्रा का युग योग व योगत्व होता है......

हाँ माँ......हमारा आदि अतीत वर्तमान भविष्य और भावी जन्म जन्मान्तरों की अद्भुत अमर अनंत यात्रा में योग योगेश्वरों का अर्पण समर्पण सबकुछ दाता के दरबार में विराजमान श्री ब्रह्म ब्रह्मा जी संग भगवान अमरनाथ की अमर सदसत श्री शक्तियों में काल के महाकाल की अनंत कृपा करुणा में खिले कमल कुंज तक आते जाते हंस का हृदय युग योग व यात्रा में सबकुछ आज भी आपके शाश्वत साक्षी भव भाव में अद्भुत अनुपम व अद्वितीय है.......

हे मनु......हे भरत.....हे भारत......यह सत्य है कि जिस हंस ने हृदय से उड़ान भरी है......युग दर युग हर युग माँ सरस्वती के हृदय बसे अनंत अथाह सागर सरोवर तक उड़ान भरी है.....वे वे हंस ही मुझे हर्ष हर्षित

करते आये हैं......हर उस युग में मैं धन्य हुई हूँ जब जब माँ सरस्वती के हृदय हंस ने मेरे लिए युग योग योगेश्वरों तक की अमर यात्रा की है......

युग योग योगेश्वरों भगवान श्री अमरनाथ महादेव ने भी हर युग उस हंस को अपना हृदय योग यथार्थ देकर अद्भुत अमर आनंददायी यात्रा पूर्ण कराई है.....

श्री युग योग पूर्ण सम्पूर्ण कराई है......

मैं तो युगों-युगों से मुझे पालते पोसते मेरे धर्म पितामाह श्री सूर्यनारायण के परम पुण्य श्री प्रकाश में ही आज भी पल रही हूँ तो धर्म कर्म में समस्त जैव जगत को जल थल व नभ में नि:स्वार्थ ब्रह्म मातृ मातृत्व भव भाव में पाल पोष भी रही हूँ।

हे माँ आप जगत जननी जय-जय जयते में अमर अनंत गहन गगन के श्री परम पूर्ण अमर अटल भगवान भास्कर के परम पुण्य परमार्थ में स्वयं शाश्वत धर्मयोगिनी कर्मयोगिनी कालजयी कर्मजयी मेरी शक्ति स्वरूपा है......

हे माँ आप श्री ब्रह्म ब्रह्माजी दाता की सदसत सर्व शक्तियों में विराजमान भगवान श्री विष्णु जी की नाभि में खिले कमल कुँज में वास सौम्य शक्ति स्वरूपा की अद्‌भुत अनमोल परम पूर्ण प्राण प्रतिष्ठित पुण्य प्रतिमा हो.....

हे मनु......हे भरत.....हे भारत.....वे अमर अजर परम हंस धन्य हैं जिनके पंखों पर तू सवार होकर हर युग मेरे युग योग हृदय सरोवर तक जब-जब आया है.......तब-तब मैं धर्मयोग कर्मयोग में जय-जय जयते श्री सत्यमेव जयते में हर्ष हर्षित हुई हूँ......

हे माँ जगत जननी आज आपका हृदय हर्ष हर्षित नहीं है.......
मुझे इस बात की सदसत आत्मानुभूति स्पष्ट स्पष्ट हो रही है.......

हे मनु........हे भरत.......हे भारत.......तू मेरे सरोवर का कभी हृदय कमल बना है तो कभी मेरे हृदय का हंस भी बना है यदि तू मुझे स्पष्ट स्पष्ट आत्मानुभूत नहीं करेगा तो कौन करेगा?

युगों-युगों से मेरे युग योग हृदय में हर युग कमल और हंस दोनों से मेरा अद्‌भुत अमर आत्मीय वास्ता और विश्वसनीय सम्बन्ध रहा है......

हाँ मातेश्वरी......श्री युग योग योगेश्वरी.....आपके अमर आत्मीय सरोवर से ही आज भी अनगिनत कमल खिल रहे हैं और अनंत हंस आपके अमर आत्मीय हृदय और हौसले से सदसत पुण्य परमार्थ में अमरता से आनंददायी उत्साह से उड़कर माँ सरस्वती के आँगन में उतरकर स्वयं माँ शारदे के हाथों ज्ञानामृत को पीकर पूर्ण परम व तृप्त हो रहे हैं......

हे मनु........हे भरत.......हे भारत.......तेरे लिए मैं आदि-आदि से श्री रही हूँ तो मेरे लिए भी तू आज भी आदि-आदि का श्री हंस है.....

हाँ माँ वसुधा......आपका और मेरा आदि-आदि से अद्‌भुत अमर आत्मीय एक एकत्व युगों-युगों का सदसत सम्बन्ध रहा है.......

हाँ मनु.......तभी तो तू आज भी अनंत अनगिनत युग बदल गये, असंख्य योग बदल गये लेकिन तू नहीं बदला.....

हे माँ......रिश्ता अनमोल हैं.......उसे अनमोल ही रहने दे......

किसी भावी काल कालन्तर में भी किसी की नज़र न लगे......

ऐसी दुआ करो माँ......ऐसी दुआ करो माँ..... ऐसी दुआ दो माँ.....

इस घोर काल कलयुग में भी आपने अपने हृदय में इस युग जो स्थान दिया

........इस युग जो परम योग जोग संजोग दिया है.....उसे इस युग इस जीवन काल की यात्रा के बाद भी अपने हृदय यथार्थ सदा आत्मीय स्थान देना माँ.....पुन: कालजयी कर्मजयी श्री युग योग देना माँ..... पुन: कालजयी कर्मजयी श्री युग योग देना माँ.....

सदा मेरे हृदय को सर्वयुग प्रिय श्री भारत की देव भूमि ही देना माँ....
सदा मेरे हृदय को सर्वयुग प्रिय श्री भारत की देव भूमि ही देना माँ....

हाँ माँ मैं तो आज भी युगों-युगों के आत्मीय हृदय योग से माँ शारदे का हंस बन उड़कर ही आपके सदसत हृदय योग में आया हूँ.....

युगों-युगों के मेरे हृदय युग योग को इस युग भी स्वयं माँ शारदे भगवती ने श्री वन्दनीय विद्या विनय वरदान से सींचा है.....श्री वन्दनीय परम विद्या विनय वरदान से सींचा है....

इस युग भी आपके हृदय योग यथार्थ परम आत्मीय पूर्ण हर्ष हो इसीलिए तो सींचा है.....परम आत्मीय श्री युग योग हर्ष हो इसीलिए तो सींचा है

हे धीर वीर माँ वसुधा आज पुन: अपने अमर आँचल को मेरे हृदय मेरे युग मेरे हस्ते हर्ष योग से सींच लेने दो.....हर्ष योग से सींच लेने दो.....

हे मनु......हे भरत.....हे भारत.....मैं तो सोच रही थी की तू भी अत्याधुनिक चकाचौंध पल-पल विकसित मानव विज्ञान युग में मुझे भूल गया होगा और अन्य मनुओं की तरह पूरी तरह हृदय रहित मशीनी मानव बन मेरे सजीव शाश्वत धर्म धरोहर रूप स्वरूप व विश्वास को पूर्णतया भूल गया होगा....

हे मातेश्वरी आप पूर्णतया सदसत हैं....वर्तमान काल कलयुग की दशा और दिशा में कलयुगी मानव को देखकर आपके हृदय की आत्मानुभूति सहज एंव स्वाभाविक है....

हे धीर वीर जगत जननी माता.....यदि युगों-युगों से हर युग की भांति इस युग में भी श्री हृदयप्रिय गुरु महात्मा......श्री श्रेष्ठ मनु महात्माओं ....की श्री अमर अजर कृपा करुणा नहीं मिली होती.......धीर वीर सदसत श्री क्षत्रिय वंश नहीं मिला होता......

मेरे आदि-आदि के पूर्ण परम परिवार की अनंत-अनंत का आत्मीय उपकार अंश नहीं मिला होता.....

घोर काल कलयुग में....श्री गौवंश रक्षार्थ में.....श्री गुरु गौरक्षनाथ नाथाय का युगों-युगों से इस युग भी मेरे हृदय योग श्री साथ नहीं होता....

युगों-युगों से आज भी मेरे युग योग हृदय....मेरे नाथ श्री नाथ का धर्मरथ नस नस में दौड़ा न होता।

मेरे नाथ.....श्री नाथ का परम पुण्य पावन गर्म श्री लहू (श्रीरक्त)......

मेरे हृदय.....मेरी देह.....मेरे देश काल में दौड़ा न होता......

तो निश्चित रूप से मैं भी हृदय रहित पूर्ण मशीनी मानव बन गया होता......

हे जगत जननी धीर वीर माँ वसुधा.....तो निश्चित रूप से मैं भी हृदय रहित पूर्ण मशीनी मानव बन गया होता....

काल के कलयुग में अब तक तो कब का ही पूरा का पूरा कलपुर्जों से बना हृदय रहित मशीनी मानव बन गया होता....

हृदय रहित मशीनी मानव बन गया होता....

हे माँ वसुधा.....हे माँ भगवती.....हृदय रहित मशीनी मानव बन गया होता तो..... युगों-युगों का आपका अमर आत्मीय रक्त मेरे हृदय धमनियों में इस युग योग अब तक न होता..... इस युग योग अब तक न होता.....

हे मनु.....हे भरत.....हे भारत.....मैं तेरे हृदय योग यथार्थ से उत्पन्न हर भव भाव....वन्दनीय वक्तव्य से एक एकत्व आत्मीयता पूर्ण प्रसन्नता से आज पुन: हर्ष हर्षित हुई हूँ।

हे माँ वसुधा....हे माँ भगवती.....हृदय यथार्थ हर्ष हर्षित हो.....तो आपके कमल नयनों में आँसू क्यों है.....

हे मनु.....हे भरत.....हे श्री भारत.....मेरी आँखों में दुःख के आँसू तो रोज होते हैं......मगर आज तो खुशी के आँसू हैं......

आज तो हर्ष हर्षित.....गर्व गौरवान्वित हृदय के आँसू हैं.....

हो भी क्यों नहीं......आखिर श्री ब्रह्म ब्रह्मा जी दाता के अनंत श्री ब्रह्म गगन से मेरे धर्म धन्य पिता श्री सूर्यनारायण.....श्री सत्यनारायण ने मुझसे मिलने मेरे प्रिय मनु......मेरे प्रिय भरत.....मेरे प्रिय भारत.....को आज पुन: मेरे हृदय शक्ति युग योग यथार्थ जो भेजा है.....

हे मनु.....हे भरत.....हे भारत.....कलयुग के कालचक्र में होते हुए भी आज पुन: मेरे हृदय......मेरी आत्मा के अक्ष अस्तित्व को स्वर्णिम श्री सतयुग की मधुर स्मृतियों में मेरे प्रिय पुत्र.....परमपुत्र राम की याद दिला दी....

ऐसा लग रहा है जैसे नवयुग के नव अवतार में हृदय मेरे युगों-युगों का मेरा राम इस युग भी आ गया है......मेरे अमर हृदय आँचल पुन: आज सर्व श्री प्रिय राम राज्य आ गया है.....

सरयू के तटों पर बसे सारे गाँव पुन: आज मेरे हृदय के निकट आ गए हैं......

सरयू के तटों पर बसे सारे गाँव पुन: आज मेरे हृदय के निकट आ गए हैं......

लेने अपने परम प्रिय राम को पुन: आज मेरे हृदय के निकट आ गये हैं...

लेने अपने परम प्रिय राम राज्य को पुन: आज मेरे हृदय के निकट आ गये हैं...

हे मनु.....हे भरत.....हे भारत.....आज पुन: तूने मुझे श्री सत्यार्थ हृदय से कुछ क्षणों या परम प्रिय पलों का ही नहीं.....श्री सतयुग के कई स्वर्णिम सदियों का पुन: हर्ष हर्षित सुख दिया है

धन्य मनु.......धन्य भरत.......धन्य श्री भारत.......

हे मातेश्वरी......श्री युग योग योगेश्वरी......आपको तो पता है कि मेरे पास इस जीवन यात्रा में अब समय कम और श्री धन्य धर्म को श्रद्धा समर्पित कर्म अधिक है

हे मनु.....हे भरत.....हे भारत.....श्री कर्मयोगियों के धर्म धन्य हृदय योग में जो जो सदसत पूर्ण कर्मयोग धर्मयोग होता है उसे काल के महाकाल कम समय में भी पूर्व व परम कर लेते है...बस कर्मयोग धर्मयोग पूर्णतया सदसत सृष्टि समर्पित शाश्वत सत्यार्थ होने चाहिए......

परम पूर्ण प्राकृत ब्रह्म प्रकृति में आज भी सदसत श्री शक्तियों में काल के महाकाल अद्भुत अमर अजर अनंत है.....

हे जगत जननी माँ जगदम्बा......आप आदि-आदि युगों से श्री हृदय योग यथार्थ से हर युग हर धर्म भक्तयोगी के हृदय में अद्भुत अमर अजर अनंत के छोर तक शाश्वत श्री शक्ति स्वरूपा आज भी है....

हे माँ आप धर्मधारिणी के धरा धर्म में ही श्री गुरुओं मनु महात्माओं के परम व पूर्ण पुण्य परमार्थ पथ पर इस जीवन यात्रा में भी मैं कर्मयोगी श्री भारत यात्रा पर श्री हृदय सदसत संकल्पित हो कर जा रहा हूँ....

मेरे हृदय योग....इस युग योग के समस्त श्री सदसत संकल्पों को अपनी अमर अजर युगों-युगों की श्री युग योग हृदय शक्ति से जिस आत्मीयता से प्रारंभ करावें उसे उसी परम प्रसन्नता से परिपूर्ण.....श्री सम्पूर्ण भी करवा देना.....

हे मनु.....हे भरत.....हे भारत.....तूने मुझे आज पूर्ण प्रसन्न परम प्रसन्न किया है और पुन: मुझे अतीत के कालखंडों की मधुर स्मृति का सदसत स्मरण कराया है....मेरी अमर अजर आत्मा में आज भी युग योग श्री धर्म कल्याण में उन धीर वीर युग योग योगियों का स्थान अनमोल अद्‌भुत व अतुल्य है....

मेरे आँचल पर बड़े बड़े राजा महाराजाओं ने अपने सुखमय महलों राजपाटों को त्याग कर मेरे धर्म कर्म मर्म को शाश्वत सदसत पूर्ण जीकर मेरे परम परमार्थ पर अमर पथ के अमर पथिक बन परम प्रसन्न पूर्ण प्रसन्न हुए हैं.....अपने मद मोहमाया को हृदय मन आत्मा से त्याग कर वे मेरे हृदय योग युग के परम प्रिय.....अमर अजर अनंत मंगल महिमामय तीर्थ तीर्थकर बनें हैं.....मेरे हृदय के गौरव गर्व......अनंत गगन तक सदा श्री धर्म में शीतल नीर बन कर तृप्त तटस्थ ही बहे हैं......

काल के महाकाल भगवान अमरनाथ की अनंत कृपा से वे धीर वीर ही मेरे धर्म धैर्य में कभी वीर बनकर तो कभी धीर बन कर आज भी जय-जय जयते में मेरी जगजोत है....

हे मातेश्वरी.....मेरी "कर्मयोग भारत यात्रा" को मैं काल के महाकाल मेरे अमर आत्मीय भगवान अमरनाथ की कृपा करुणा में पूर्ण प्रसन्न परम प्रसन्नता में आपके धरा धर्म में श्री सम्पूर्ण करूँगा.....श्री सम्पूर्ण करूँगा आप अपनी श्री शक्ति क्षमता सामर्थ्य का विश्वास इस युग योग भी बनायें रखें....

हे मनु.....हे भरत.....हे श्री भारत.....तूने मेरी अमर आत्मा के कर्म करुणा सागर में अनंत असीम प्राकृत धर्म तक जो भी श्री सदसत यात्रा अब तक की हैं वह मेरे हृदय को आज भी पूर्ण प्रसन्न परम प्रसन्न हैं....

हे मनु.....हे भरत.....हे भारत.....मैं तेरी युग योग धन्य श्री कर्मयोग यात्रा की पूर्णता में अपनी सम्पूर्ण श्री योग शक्तियाँ सत्यनिष्ठा से समर्पित करती हूँ....सदा श्री धर्म से समर्पित करती हूँ....

हे मातेश्वरी.....श्री योग योगेश्वरी.....श्री दाता गुरुओं को दिये सदसत हृदय वचनबद्ध "कर्मयोग भारत यात्रा"....इस युग की जीवन यात्रा के दौरान सवा करोड़ वृक्ष विधाताओं (श्री चुनरी) को आपके हृदय योग में जहाँ-जहाँ मुझे सौभाग्य मिले उसे अमर आत्मीयता से धरा धर्म में श्री स्वीकार करना और पल-पल पालन पोषण

कर अपनी अमर अजर शाश्वत श्री शक्तियों से काल के महाकाल में परम पुण्य परमार्थ पावन बनायें रखना...श्री धर्म से धन्य धारण करें रखना......श्री धर्म से धन्य धारण करें रखना....

हे मातेश्वरी.....इस युग भी मेरे हृदय हाथों को युगों-युगों की श्री शिव समर्थ सदसत शाश्वत शक्ति देवें....युगों-युगों के सर्व श्री कर्मकार्यों को इस युग भी श्री भारत में आज पुन: श्री सत्कार साकार करू.....आज पुन: श्री सत्कार साकार करू.....

हे मनु.....हे भरत.....हे भारत.....मैं अपने हृदय योग आँचल में तेरे हाथों सदसत समर्पित हर वीर वृक्ष विधाता को आत्मीयता से पालपोस कर परम पुण्य परम परमार्थमय दिव्य व भव्य होने का श्री शुभ मंगलम आशीर्वाद देती हूँ.....श्री शुभ मंगलम आत्मीय वचन देती हूँ।

हे मातेश्वरी.....मेरे हृदय युग योग को हर युग की भाँती इस युग को परम पूर्ण प्रसन्न मेरी कर्मयोग जीवन यात्रा का अब तो श्री गणेश (शुभारम्भ) करावें और माताश्री रिद्धि सिद्धि संग सर्व धर्म काज कर्तव्य श्री सम्पूर्ण भी करावें.....

हाँ मनु श्री सदसत कहा मैं भी युगों-युगों से आज भी सदसत पूर्ण कर्म कर्तव्यों में ही सर्वजगत को परम पुण्य परम परमार्थ में आज भी परम प्रसन्न पूर्ण प्रसन्न कालजयी कर्मजयी कर्मयोगिनी हूँ.....

हे धीर वीर माँ वसुधा आपकी सदसत शाश्वत कर्मयोगमय श्री धर्मयोग अमर शक्तियों से ही आज भी समस्त जैव जगत सजीव सम्पूर्ण है.....

हे मनु.....हे भरत.....हे भारत.....अपना खून पसीना एक कर रातदिन निष्काम (निस्वार्थ) श्री कर्मयोग को सदा धन्य धर्म में मातृत्व स्नेह से सम्पूर्ण जैव जगत को पालते पोसते हुए भी आज के वर्तमान कालखंड (कलयुग) में.....मानव में..... मानव के खून में दानववृत्ति को देखकर......पशुपक्षियों वनस्पतियों पर रात दिन हो रहें क्रूर हिंसक निंदनीय अत्याचारों को देखकर.....कभी कभी तो हृदय मन आत्मा में विचार आता है कि मानव अपना पूरा पूरा धीर वीर परम धर्म भूल चुका है....

अपने धर्म ध्यान धैर्य को भूल चुके मानव देह में निर्दयी दुष्ट दानवों से अकेली ही कब तक लड़ती रहूँगी.....और कितने युग.....कितने काल खंडों तक लड़ती रहूँगी....

सोच रही थी.....स्वयं से स्वयं को समझ रही थी.....समझा रही थी......कब तक अकेली ही लड़ती रहूँगी....काल कलयुग में घुट घुट कर दुष्ट मानव रूपी दानव के हाथों मरती रहूँगी....

काल कलयुग में सबकुछ सहन करती रहूँगी.....
काल कलयुग में सबकुछ सहन करती रहूँगी.....

हे धन्य मनु.....हे धन्य भरत......हे धन्य भारत.....तू ही अपने हृदय यथार्थ से बता.....क्या काल कलयुग के इस युग श्री धर्म के कुरु में....मैं अकेली ही लड़ती रहूँगी....

अगर लड़ती भी रहूँ तो कब तक किस कालखंड तक.....

कम से कम आज यह तो बता....

क्या यह मान लू......आज पुन: यह जान लू कि मेरी कोख ने वीरों को पैदा करना ही छोड़ दिया है.....

हे धीर वीर जगत जननी वसुधा.....अब आप निश्चित रहें.....

श्री धर्म के कुरु में इस युग अब आप अकेली नहीं हैं और न ही मैं अकेला हूँ....

इस युग श्री धर्म के कुरु में आपकी पूरी लड़ाई मैं खुद लड़ूँगा.....

चाहे पूरी दुनियाँ के दुष्ट दानव एक ओर हो जायें....चाहे पूरी दुनियाँ के कलयुगी कौरव आज पुन: एक हो जायें......तो भी इस युग तो श्री धर्म के कुरु में जीवन के अंतिम क्षणों तक पूरे तन मन हृदय योग से ही लड़ूँगा.....

हाँ मातेश्वरी.....युगों-युगों मेरे हृदय युग योग की श्री योगेश्वरी....... इस युग भी श्री धर्म के कुरु में आपकी पूरी लड़ाई मैं खुद लड़ूँगा....

हे मनु.....हे भरत.....हे भारत.....श्री धर्म धन्य हैं तेरे अमर आत्मीय आदि-आदि से आज तक के समस्त सदसत गुरु गुरुत्वीय ऋषि मुनि मनु महात्मा जिनकी तू अमर आत्मीय छाया है.....

हाँ मातेश्वरी.....वृक्ष है तो छाया है....जैसा वृक्ष वैसी छाया....छोटे की छोटी और विशाल की विराट छत्र छाया में हे भगवती वृक्ष भी आपका है और उसकी छाया भी आपकी ही है.....

हाँ मनु.....श्री भरत....श्री भारत.....तू जिस वृक्ष विधाता की छाया है वह वृक्ष मेरे हृदय योग में आज भी अद्‌भुत वृहद विशाल वर वन्दनीय है....मेरे हृदय योग युग योग में मैं स्वयं उसे नित्य धर्म कर्म में सौभाग्य से सींचती हूँ.....संवारती हूँ

हे मनु.....हे भरत.....हे भारत.....जो भी धर्मप्रेमी प्रकृतिप्रेमी सदसत सज्जन मनु महात्मा तेरे हाथों मेरे हृदय युग को भेंट सवा करोड़ वृक्षों की उपहार माला को मेरी तरह नित्य धर्म कर्म में श्री सौभाग्य से पूर्ण सदसत में नि:स्वार्थ (निष्काम) भव भाव में तन मन हृदय से सींचेगा उन सभी पुण्य परमार्थ को मेरी परम प्रसन्नता पूर्ण प्रसन्नता का पुण्य पुण्यार्थ इस जीवन तो क्या आने वाले युगों-युगों जन्म जन्मान्तरों तक जय-जय जयते में सुख शान्ति व समृद्धि का छत्र व छाया का वर वरदान देती हूँ....

हे जगत जननी.....इस युग योग जीवन यात्रा में श्री वसुधा वासुदेवाय धर्म में आपके हृदय आँचल सवा करोड़ वृक्ष विधाताओं के उपहार के श्री सौभाग्य सेवा को साक्षी मान कर आपको पुन: अमर आत्मीय सदसत वचन देता हूँ कि जब-जब भावी कालखंडों में मुझे पुन: सृष्टि सौभाग्य में आपके अमर अजर अद्‌भुत आँचल में हर्ष हर्षित श्री कर्मयोग.....श्री धर्मयोग सौभाग्य मिलेगा तो उसे मनु धर्म में....इस युग की भाँती ही तन मन हृदय वचन से सदसत पूर्ण पुण्य परमार्थ में परम प्रसन्नता में सदा परिपूर्ण करूँगा....

हाँ मनु.....श्री भरत....श्री भारत.....जिस भव भाव से मेरे हृदय हर्ष हर्षित गर्व गौरवपूर्ण इस युग श्री योग यथार्थ मेरा साथ दिया.....अपने हृदय आत्मसात किया.....ठीक ऐसा ही मेरा परम परिष्कृत आत्मसाथी.....आत्मीय श्री सारथी भावी कालखंडों में भी बनें रहना.....श्री धर्म मुझ धरा का हर युग अपने हृदय हंस भरते भराते रहना.....श्री धर्म का अपना हृदय वचन सत्यनिष्ठा से निभाते निभवाते रहना.....बस यही श्री युग मंगल कालजयी हृदय कामना.....श्री मनो भावना मेरी भी है......

हे मनु.....हे भरत.....हे भारत.....तूने आज पुन: तन मन हृदय वचन से इस युग भी मेरी अमर आत्मा मेरे आँचल को हर्ष हर्षित किया है.....मेरे हृदय में बहती श्री धर्म की नदियों को शीतल नीर दिया है।

हे सिद्ध समर्थ शाश्वत श्री मनु.....श्री भरत.....श्री भारत चलो अब कुछ श्री धर्म के शेष कदमों को भी चलते हैं और इस युग को पुन:आज श्री युग शक्ति देते हैं.......श्री योग शक्ति देते हैं......हृदय यथार्थ सर्व शक्ति देते हैं।

हे मनु.....हे भरत.....हे जगत गुरु श्री भारत राष्ट्र......मैं फूलों की माला मेरे गले में पहनने से जितनी प्रसन्न नहीं हूँ उतनी परम पूर्ण प्रसन्नता मुझे मेरे अमर अजर आँचल पर एक पूर्ण वृक्ष धारण करने में है.....

एक वृक्ष की माला से ही मुझे पूर्ण व परम प्रसन्नता है तो सवा करोड़ वृक्षों की माला (श्री वृक्ष भूषण) से तो मैं ना केवल पूर्ण व परम प्रसन्न होऊँगी वरन हृदय से युग योग में एक बार पुन: हर्ष हर्षित होऊँगी......

हे मनु.....हे भरत.....हे श्री भारत.....श्री वृक्ष विधाता भी मेरे अमर अद्‌भुत धीर वीर कालजयी कर्मजयी जय-जय जयते कर्मवीर पुत्र ही है.......मेरे हृदय परम प्रिय श्री कर्म भूषण धीर वीर धैर्य पुत्र ही है......

हाँ मातेश्वरी हर वीर की वीर माता आप ही हैं तो वीर वसुधा का और वसुधा वीर की है.....

हे श्री मनु.....हे श्री भरत.....हे श्री भारत.....श्री धीरों, श्री वीरों, श्री संतो, श्री क्षत्रियों, श्री शास्त्रों, श्री शास्त्रियों, श्री ज्ञानिओं, श्री विज्ञानियों, श्री धर्म ध्यानियों के साथ श्री तरुवरों, श्री सरोवरों, श्री सरिताओं का सम्पूर्ण जीवन सदा......इस शाश्वत सृष्टि में सत्यनिष्ठ समर्पण समर्पित सेवा के लिए ही होता है।

हाँ मातेश्वरी......श्री योगेश्वरी......सभी आप से हैं......सभी आप में आपके हृदय युग योग यथार्थ आज भी है......

हे मनु.....हे भरत.....हे श्री भारत.....एक आत्मज्ञानी और श्री परमब्रह्म योगी के हृदय को तो मेरी अनमोल आत्मीयता की पूर्ण व परम अनुभूति जीवन काल में

जीवन यात्रा में प्रति क्षण रहती हैं......मगर दुर्भाग्य से हर जीव जीवात्मा को मेरी ममता और श्री सदसत क्षमता की शाश्वत का बोध कहाँ है?

हे मातेश्वरी......श्री योगेश्वरी......कोई माने या ना माने, कोई जाने या ना जाने, कोई सोचें या ना सोचें, कोई समझें या ना समझें लेकिन मैं तो आज भी आपकी अनमोल महिमामयी मातृत्व ममता और असीम क्षमता में आप धीर वीर अमर अजर परमज्ञानी.....श्री परम पूर्ण धर्म ध्यानि को पूर्ण अंत: आत्मीयता से मानता जानता सोचता और समझता हूँ......

हाँ मनु........श्री भरत......सदा श्री भारत........तेरी अमर अजर श्री देव आत्मा और उसके आत्मीय आँचल दोनों में श्री बोध बुध बुधत्व में मेरी ममता और क्षमता आज भी अनमोल अनंत और असीम ही है......

हाँ मातेश्वरी......श्री योगेश्वरी......आपकी मातृत्व ममता महिमा और क्षमता आज भी सर्व श्री ब्रह्म गगन में अद्भुत अनमोल अनंत और असीम है.....हे युगों-युगों की यथार्थ हृदय यश-यशस्वी धीर वीर धर्म धारिणी श्री यशोधरा आपकी अनमोल अद्भुत अमर अनंत ममता महिमा और शाश्वत क्षमता सदा परम पूर्ण रहें.....सदा परम पावन ही रहे......

श्री ब्रह्म ब्रह्मा जी दाता के अमर अनंत असीम गहन गगन में आपके कालजयी कर्मजयी श्री कमल नयनों का नूर और नीर सदा अनमोल रहें......सदा अनमोल रहें.....

हे श्री मनु.....श्री भरत.....श्री भारत.....तेरे लिए तो मैं युगों-युगों से हृदय युग योग में आज भी अद्भुत अनंत असीम अनमोल हूँ लेकिन आज के घोर काल कलयुग में देख मनु सर्वत्र चहुँ ओर मेरा मोल लगाया जा रहा है.....दूर दूर तक आज के कलयुगी मानव की आत्मा में मेरी ममता और महिमा का कोई स्थान अक्ष अस्तित्व ही नहीं है......सिर्फ मोल और माया (धन संपत्ति) का ही तन मन में बोल बाला है......

हाँ माँ वसुधा......इस घोर कलयुग को देखते हुए अपने आत्मीय हृदय योग से पूर्णतया सत्य कहा है......आज का मानव मन माया (धन संपत्ति) के आवरण में अंधा होकर आपकी मातृत्व ममता को भूल चुका है।

हे मनु.....हे भरत.....हे भारत.....मेरी नि:स्वार्थ निर्मल निश्चल ममता का मोल चुका सकें ऐसी माया (धन संपत्ति) आज तक मेरे आँचल पर किसी मनु के पास नहीं है ना ही कभी होगी......

आज मेरे लिए तो मनु सिर्फ और सिर्फ हृदय रहित मशीन बन चुका है।

हे धीर वीर माँ वसुधा.......अपने युगों-युगों से श्री युग योग हृदय मन आत्मा में विश्वास रखें कभी न कभी तो मनु की आत्मा मद मोह माया से निकल कर...... अपनी मूल स्थिति परिस्थिति के अक्ष अस्तित्व में आकर......आपकी अनमोल मातृत्व ममता को अन्त:मन से मानेगा जानेगा सोचेगा और समझेगा।

हे मनु.....हे भरत.....हे भारत.....तू जो कह रहा है काश वो सत्य हो जाये.....ऐसी ही मेरी भी भावना है......दुआएं हैं मगर मुझे तो दूर दूर तक मानव की दुर्दशा और दुर्बल ही दिख रही है......पूरा खोखला हो चुका मानव आज किसी दानव से कम नहीं दिख रहा है......सत्य यही है......कि आज का मनु (मानव) अत्याधुनिक विज्ञान के प्रभाव में विधाता को भूल चुका है....

स्वयं के संसार में सृष्टि को भूल चुका है.......
प्राकृत प्रकृति में परम व पूर्ण आनंद को भूल चुका है......
मेरे आँचल में रचे बचे भोजन और भजन को भूल चुका है....

मेरी धीरता और वीरता की वंदना को भूल चुका है.....और तू कहता है कि मैं युग योग हृदय में विश्वास रखूँ......

हाँ माँ हाँ......आप अटूट विश्वास रखें......जिस दिन विज्ञान को विधाता मिल जायेंगे उस दिन फिर से मशीनी मानव को आपकी अनमोल ममता ही नहीं...... आपकी अद्‌भुत अनंत क्षमता का भी भली भाँती भान हो जायेगा.....

हे माँ वसुधा......मनु के मन मानस में आदि-आदि से आज तक हर युग योग यथार्थ में हृदय से आपका आत्मीय ज्ञान ही विज्ञान में अवतरित है......मनु का तो कुछ भी नहीं था लेकिन फिर भी सब कुछ देकर काल कालंतरों को कीर्तिमय कल्याणमय किया है।

हाँ मनु........श्री भरत......श्री भारत......इस जगत में वे मनु मानवी ज्ञानी विज्ञानी जिन्होंने अपने कर्मयोग में.....हृदय योग में धन्य विधाता को सदसत सृष्टि के कण-कण में.......समय के क्षण-क्षण में......मानकर जानकर सोचकर पूर्ण आत्मीय निष्ठा से तन मन व हृदय को जीवन भर आत्मीय आनंद उत्साह के ऊर्जा में स्वयं जीया है......वे सभी चमत्कृत हुए हैं......परम परिष्कृत हुए हैं.....अमर आविष्कृत हुए हैं.....

हे मनु.....हे भरत.....हे भारत.....मेरे हृदय यथार्थ को दुःख तो इस बात का है कि आज ज्ञान का, विज्ञान का उपयोग जिस आत्मीय आनंद उत्साह लगन पूर्ण नेक उद्देश्यों से ज्ञानियों और विश्व विज्ञानियों ने किया था और कर रहे है उसका सदुपयोग शाश्वत उद्देश्यों की पूर्ति करते हुए नवाचारों में नितनूतन नवनूतन में नवयुग नवयोग में आवश्यक किर्तिमय कल्याणमय के लिए ही वरदान स्वरूप में होना चाहिए.....मगर आज तो स्थिति और परिस्थिति दोनों में ज्ञान विज्ञान का उपयोग कुछ अविवेकी अविज्ञानी अमानुष के हाथों में मेरे अक्ष अस्तित्व में रचे बसे सम्पूर्ण जैव जगत के लिए अभिशाप साबित हो रहा है......कहीं ऐसा न हो जाये कि आज के हृदय रहित विवेकहीन मशीनी मनु के हाथों अपनी धूरी पर ही ध्वस्त हो जाऊं.......अपनी गति दशा और दिशा को भूल जाऊं, युगों-युगों से मेरी अमर आत्मा में रची बसी अद्‌भुत अनमोल जैविक प्रणाली पूर्णतया नष्ट हो जायें......

हे मनु.....हे भरत.....हे भारत.....अब तो मुझे अत्याधुनिक विज्ञान के दुर्पयोग करने वाले विकृत विनाशी हाथों व हृदय वाले मनु (मानव) की मानसिकता को देखती सोचती और समझती हूँ तो विचार होता है कि आज नहीं तो कल, कल नहीं तो कभी न कभी तो मैं हारूँगी तो उस मनु से जिसे मैंने अपना हृदय दिया, अपना युग दिया अपना सर्वयोग दिया.....

मेरे सौभाग्य का सितारा कब तक गगन में चमकेगा, अब मैं कुछ भी नहीं कह सकती हूँ....

जो कुछ भी कहना है......जो कुछ भी करना है.......सब कुछ हे मनु.....हे भरत..... हे भारत.....अब तेरे हाथों में है, तेरे हृदय में है.....तेरे युग में है, तेरे योग में है....

हे मनु.....हे भरत.....हे भारत.....युग दर युग, योग दर योग जो भी श्री सदसत शाश्वत सृष्टि में था....वह क्षण-क्षण में स्वयं सधकर काल के महाकाल भगवान

अमरनाथ और श्री सूर्यनारायण मेरे श्री सदसत के आज भी परम व पूर्ण साक्षी है..... कि मेरे हृदय और हाथों में जो भी है वह सब का सब मनु को देती आई हूँ, दे रही हूँ.......लेकिन आगे भावी कालखण्डों में दे पाऊँगी या नहीं इसका विचार विश्लेषण, चिंतन मनन अब मनु को करना है.....

यदि मनु मेरी ममता और क्षमता की सदसत शाश्वत को अंत:आत्मीय हृदय योग की दिव्य दृष्टि से देखें तो उसे मुझे कुछ भी वर्णन, व्याख्या या विश्लेषण करने की कोई आवश्यकता नहीं है क्योंकि यह एक आत्म आध्यात्मिक आत्मानुभूति से स्वयं आत्मचिंतन मनन की आवश्यकता है कि मैंने अपना सबकुछ मनु को आज ही नहीं, अपने अक्ष अस्तित्व की कोख से आदि-आदि कालखंडों से दाता की देवी (श्री ब्रह्मा जी) के रूप में देती ही आई हूँ बदले में आज तक कुछ भी नहीं लिया है.....

आज निर्दयी धर्महीन मानव के दुस्साहस की हद पार हो गयी है अत: आज भी सिर्फ कहने ही आई हूँ....सिर्फ नेक राह रीति रिवाज़ से मुझ धरा पर रहने की नसीहत देने ही आई हूँ....युगों-युगों के मेरे श्री हृदय यथार्थ से इस युग भी आज पुन: सिर्फ इतना और यहीं समझाने आई हूँ कि अनंत ब्रह्म में मेरे हृदय योग में दाता का दिया सब का सब मैंने मनु को दिया.....मेरी ममता और क्षमता सामर्थ्य में मनु कहाँ से कहाँ तक पहुँचा मुझे तो भली भाँती भान है लेकिन मनु (मानव) को तो आज भी अहसास तक नहीं है कि वह मेरी आत्मा के आँचल, आँगन में मेरा ही अंश है...... मेरा ही वंश है......मेरा ही विश्वास है.....

आज मनु (मानव) के पास उसका ज्ञान विज्ञान जो कुछ भी है......सब मेरा है और मेरा जो कुछ है वह श्री ब्रह्म ब्रह्मा जी दाता का है.....

हे मनु.....हे भरत.....हे भारत.....मैं सब कुछ दे सकती हूँ तो सबकुछ ले भी सकती हूँ लेकिन प्राकृत प्रकृति में परम शक्तियों में यह एक परम व पूर्ण हृदय योग धर्म है कि देने वाला लेता कुछ भी नहीं है.....

हे मनु.....हे भरत.....हे भारत.....जरा विचार कर जो मेरा है और मैंने ही दिया है उसे मैं लेकर क्या करुँगी.....

हे मनु (मानव) यह सदसत ब्रह्म सत्य है कि देने वाला लेने वाले से सदैव परम व पूर्ण प्रसन्नचित होता है.....जो धन्य धर्म सुख सौभाग्य देने में है वह लेने में नहीं है.....

यही सर्वश्रेष्ठ शाश्वत सिद्ध श्री धर्म है.....यहीं परम प्राकृत सम्पूर्ण ब्रह्म प्रकृति का परमार्थ परिष्कृत श्री धर्म है......श्री धर्म है......धन्य धर्म है

हे धीर वीर माँ वसुधा.....सदसत श्री ब्रह्म ब्रह्मा जी के अमर अजर अनंत असीम ब्रह्माण्ड में आप आज भी परमपूर्ण परमार्थ श्री धन्य धर्म में सर्व जगत की शाश्वत श्री सिद्ध समर्थ शक्ति स्वरूपा है.....

हे मातेश्वरी.......श्री युग योग योगेश्वरी आपने तो हर युग को जीया है जब-जब युग पुराने वस्त्र की तरह तार तार झर झर हाल हालात अवस्था में हुआ है......तब-तब खुद अपने हृदय हाथों यथार्थ से रात दिन एक कर सिया (सिला) है......रातदिन एक कर सदा नेक हृदय से ही सिया है......युग योग में युग दर युग मनु को हर्ष हर्षित होकर हृदय से ही नहीं हजारों हाथों से अपना सबकुछ दिया ही है......

हे श्री मनु.....श्री भरत.....श्री भारत.....श्री सत्यार्थ कहा.....सर्व श्री सत्यार्थ ही कहा.....मैंने धरा पर मनु को मातृत्व ममता में उसकी सोच समझ क्षमता और सामर्थ्य से सदा अधिक ही दिया है.......आज देश काल परिस्थिति में वर्तमान हाल हालत को देखकर मैं मेरे आँचल में पल रहे सम्पूर्ण मानव जाति से आत्मीय हृदय योग से यही आग्रह कर रही हूँ कि समझ सको तो आज पुन: समझ लेना......सोच सको तो आज पुन: सोच लेना......संभल सको तो आज पुन: संभल लेना.....और जाग सको तो आज पुन: जाग जाना.....

मेरी ममता और क्षमता की कभी परीक्षा मत लेना......कहीं ऐसा ना हो कि मेरा हृदय सूखकर मरुस्थल बन जायें और यदि ऐसा हुआ तो

हे वैश्विक मानवों.....काल कलयुग के दानवों.......मेरे आँचल पर मनु (मानव) की मशीनें तो होगी मगर वह मनु नहीं होगा जिसने मशीनें बनाई.....

हे वैश्विक मनुओं मेरी ममता अनमोल है और मेरी श्री सदसत क्षमता अद्‌भुत है...... दोनों को खण्ड खण्ड खंडित करने का दुस्साहस ना करें.....

हाँ धीर वीर माँ वसुधा.....श्री सत्यार्थ कहा.....सर्व श्री सत्यार्थ ही कहा......आज वैश्विक मानवों को निश्चित रूप से आत्मचिंतन मनन मानस का हंस बनकर करना चाहिए न कि मशीनी मानव बन कर.....

धन्य मनु......धन्य भरत......धन्य श्री भारत......मेरे हृदय योग तक मेरे श्री युग योग तक अमर आत्मीयता से सदसत पूर्ण जय-जय जयते की जोत बन कर आने के लिए अपार अनंत आशीष....... अपार अनंत आशीष.......श्री अमर आत्मीय आशीष...... श्री अमर आत्मीय आशीष.......

हे मनु.....हे भरत.....हे श्री भारत.....मेरे सदसत धर्म कर्म में श्री मनु महात्माओं, ऋषियों, मुनियों, संतो, महंतो, युग योग योगियों से लेकर गृहस्थ जीवन में जन सामान्य तक अपने हृदय युग योग सदा श्री सत्यार्थ धर्म कर्म मर्म रखने वाले धीर वीर हिम्मतवाले......जब-जब मेरे आँचल पर आये हैं......मेरा मरुस्थल तब-तब चमन हुआ है..... मेरा मरुस्थल तब-तब चमन हुआ है.....

हे मनु.....हे श्री भरत.....जिस श्री सदसत धर्मयोग संकल्प से तू मेरे हृदय युग योग में सम्पूर्ण श्री कर्मयोग भारत यात्रा पर जा रहा है.....वह तेरी ही नहीं तेरे साथ-साथ मेरी भी यात्रा है......

हे मनु.....हे भरत.....यह मेरे हृदय का यथार्थ सत्य है कि यदि मैं तेरे स्थान पर होती और तू मेरे स्थान पर तो मैं भी तेरे लिए एक लम्बी यश-यशस्वी युग योग यात्रा.......श्री कर्मयोग......श्री धर्मयोग यात्रा हर्ष हर्षित हृदय से अवश्य करती....

हे मनु.....हे भरत.....मेरे लिए श्री हृदय यथार्थ से इस युग भी एक विराट श्री कर्मयोग भारत यात्रा करले तू...... एक विराट श्री कर्मयोग भारत यात्रा करले तू......

उपकार इस युग भी मेरे हृदय हर्ष श्री योग में युगों-युगों यथार्थ रहेगा तेरा
उपकार इस युग भी मेरे हृदय हर्ष श्री योग में युगों-युगों यथार्थ रहेगा तेरा

मुझे पता है........मुझे पता है.......घोर काल कलयुग में भी करोड़ों कोस मेरे लिए रोज नियम नियमित श्री ब्रह्म गगन में चला है तू......

मुझे पता है........मुझे पता है.......घोर काल कलयुग में भी करोड़ों कोस मेरे लिए रोज नियम नियमित श्री ब्रह्म गगन में चला है तू......

हर कोस पर कलयुग के करोड़ों कौरवों को डरा कर नहीं......हरा कर ही श्री युग योग को पुन: मेरे हृदय आज लेकर आया है तू.....

हर कोस पर कलयुग के करोड़ों कौरवों को डरा कर नहीं......हरा कर ही श्री युग योग को पुनः मेरे हृदय आज लेकर आया है तू.....

हर्ष मुझे आज आपार हैं........गर्व पूरे गगन को भी आज आपार हैं.......

हर्ष मुझे आज आपार हैं........गर्व पूरे गगन को भी आज आपार हैं.......

देख रहें हैं सब देवदाता......आज पुनः मेरे मुख की प्रसन्न मुद्रा को..... देख रहें हैं सब देवदाता..... आज पुनः मेरे मुख की प्रसन्न मुद्रा को.....देख रहें है सब देवदाता..... आज पुनः नव युग के अवतार में मेरे भरत के श्री भारत की नवमुद्रा (Currency) को......

देख रहें हैं सब देव दाता..... आज पुनः नवयुग के अवतार में मेरे भरत के श्री भारत की नवमुद्रा को......

सींच रहें हैं सब देवदाता अपने हाथों से शीतल नीर.....मेरे परम पिता श्री सूर्यनारायण देव को.......श्री सूर्यनारायण देव को....श्री सूर्यनारायण देव को.....

हे श्री मनु....हे श्री भरत....हे श्री भारत....दशों दिशाओं में ॐ जय श्री सूर्यनारायण... जय श्री सूर्यनारायण....जय-जय श्री सूर्यनारायण की मधुर कर्ण प्रिय.....श्री धर्म प्रिय....ध्वनि शाश्वत मेरे श्री कृष्णा के हृदय की ही गीता बनकर पूरे श्री ब्रह्म गगन आज पुनः गूँज रही हैं...... आज पुनः गूँज रही हैं... आज पुनः गूँज रही हैं...

ॐ जय श्री सूर्यनारायण.... जय श्री सूर्यनारायण....जय-जय श्री सूर्यनारायण

ॐ जय श्री.... जय श्री....जय श्री वीर वीराय.... श्री-श्री सर्वदेव देवाय नमो नमः नमो नमः नमो नम: ......

हे धन्य मनु..... हे धन्य भरत....हे धन्य भारत....युगों-युगों से हर युग मैंने श्री सात्विक सनातन योगियों के हृदय को हिमालय की भांति सींचा है और जब-जब मुझे सुख सेवा शांति की आवश्यकता होती हैं तब-तब सदसत श्री सात्विक सनातन शूरवीरों ने अपना अपना कर्मधर्म श्री युग योग कल्याण में मेरे हृदय यथार्थ को दिया हैं.....अपने सम्पूर्ण जीवन काल को उन श्री शूरवीरों ने अमर अटूट श्रद्धा से मेरे हृदय युग योग यथार्थ को भेंट किया हैं.....

मेरे हृदय युग के लिए यह भी एक यथार्थ दुखद सत्य हैं कि कई बार सदियाँ बीत जाती हैं.....युगों-युगों कई युग बीत जाते हैं मगर कोई विराट श्री का शूरवीर....श्री विराट कर्मवीर.... श्री विराट धर्मवीर....मेरे हृदय युग योग यथार्थ आता ही नहीं हैं।

हाँ मनु........हाँ भरत...हाँ भारत.... कभी कभी तो कई सदियों तक भी कोई श्री विराट कर्मवीर....श्री धर्मवीर मेरे हृदय आँचल पैदा ही नहीं होता हैं या मेरे हृदय यथार्थ के आँगन नहीं होता हैं..... तब-तब मुझ धरा मानव का मानव पर ही नहीं सारे जगत में पायें जाने वाले जीव जंतुओं, पशु पक्षियों, पर्वतों, नदियों, वनों वृक्षों आदि सर्वत्र परम प्राकृत प्रकृति पर अन्याय अत्याचार और क्रूर दुराचार इतना बढ़ जाता हैं की मेरे लिए असहनीय हो जाता हैं.....

तब-तब मेरे हृदय की धड़कनों में शांत प्रवृत्ति से बहने वाली.... लयबद्ध लहराने वाली नदियों सागरों ने उफन कर तो विशाल पर्वतों ने टूटकर और नसों से रूद्र लहू का ज्वालामुखी फूट कर मेरे अंग अंग में सर्वत्र दुःख दर्द का गहरा दरिया ही बहा हैं...... ना चाहते हुए भी मुझे अपना हृदय कठोर करना ही पड़ता हैं......कठिन कष्टप्रद समय को श्री सृष्टि में सहना ही पड़ता है.......

हे मनु.....हे भरत......हे भारत.....काल चक्र के ऐसे कालेकाल को मैंने फिर भी मातृत्व ममता और श्री क्षमता की परम पराकाष्ठा पर सब कुछ सहा हैं.....असहनीय हर दुःख दर्द को स्वयं सहा हैं.....

कौन समझें....किसे समझाऊ.....कैसे समजाऊ......एक-एक पल एक दिन.... एक-एक दिन एक माह एक-एक माह एक वर्ष....एक-एक वर्ष एक सदी की भांति लम्बे नीरस और बेबस लगें हैं....लाचार और बर्बर ही लगें हैं.....

हे श्री मनु....हे श्री भरत.... हे श्री भारत...विराट वीरों से शून्य कई युग यो ही दुःख दर्द भरे मेरे हृदय आँचल बीते हैं..... जब-जब मेरे हृदय आँचल श्री विराट वीरों के बिना बीतें हैं....तब-तब के हर युग नीरस, निराश और बेबस बेकार ही बीतें हैं.....

जब-जब ऐसे काल मेरे हृदय युग यथार्थ आयें हैं तो सोचती हूँ की मेरा आँचल पूरा का पूरा सूखकर सिकुड़कर मरुस्थल बन जायेगा मगर काल के महाकाल भगवान श्री अमरनाथ जी और श्री ब्रह्म ब्रह्मा जी दाता की कृपा करुणा में मेरे लिए हृदय योग से कृपालु करुणानिधि देर से ही सही, दुर्लभ ही सही लेकिन अनंत-अनंत दूर

से आती एक किरण भी एक आशा, एक उम्मीद बनकर वर वरदान में कभी कर्म तो कभी मेरे धर्म (प्राकृत) में धन्य धड़कन बनी हैं......

हे श्री मनु.....श्री भरत......श्री भारत......मेरी धड़कनों को जब-जब श्री विराट महावीर मनु ने धड़काया ....तब-तब मेरी टूटती आस बंधी हैं.......

मेरी दुर्दशा और दुर्भाग्य तो तब हुआ हैं जब वे मनु जिनके हृदय में.......जिनके हाथों में बहुत कुछ हैं लेकिन फिर भी मेरे लिए कर्मयोग नहीं हैं दुर्दशा और दुर्भाग्य तो तब भी होता हैं ......जब हाथों में हैं लेकिन हृदय में नहीं हैं.......युग में हैं लेकिन योग में नहीं.......योग में हैं लेकिन युग में नहीं हैं......

हे मनु...हे भरत...हे भारत....श्री सत्यार्थ कहूँ.....सर्व सत्यार्थ सारांश कहूँ तो सदा मेरे हृदय योग आँचल श्री रामा कृष्णा सा एक श्री विराट कर्मवीर....श्री विराट धर्म वंदनीय वीर तो कम से कम मुझे हर युग श्री यथार्थ मिलें..... श्री युग सदा हृदय यथार्थ मिलें.....

श्री युग सदा हृदय हर्ष यथार्थ मिलें....... श्री युग सदा हृदय हर्ष अपार मिलें.....

हे श्री मनु.......श्री भरत........श्री भारत......

यादों ही यादों में युगों-युगों के आदि अनंत अतीत से आज पुनः श्री योग पथ...श्री युग पथ पर मुझ वसुधा के लिए इस घोर काल कलयुग में भी कदम से कदम चलने के लिए........मेरे हृदय कमल में श्री कर्म कल्याण का कालजयी कण-कण बनने के लिए....इस युग भी श्री समय सारथी का क्षण-क्षण बनने के लिए.......मुझ धीर वीर वसुधा का तन मन हृदय यथार्थ से अमर आत्मीय कालजयी कर्मजयी धर्मजयी श्री शुभाशीष.......श्री शुभाशीष......श्री शुभाशीष.......

हे धन्य मनु......हे धन्य भरत.......हे धन्य भारत.......

मैं (धीर वीर वसुधा) अपने धन्य आशीष के कुछ कदम श्री योग पथ........श्री युग पथ पर श्री भारत के वर्तमान विराट श्री कर्मयोगी.......श्री राजयोगी के साथ कदम से कदम मिलाकर चलना चाहती हूँ......

हे धन्य मनु....हे धन्य भरत.....हे धन्य श्री भारत.....

जहाँ इतने कदम चलें हो.....वहाँ कुछ कदम और आज पुनः चलने की आवश्यकता हैं..... कुछ कदम और आज पुनः चलने की आवश्यकता हैं.....अतः हे वीरों ...श्री-श्री सर्व महावीरों......श्री संयम से, श्री श्रद्धा से, श्री समर्पण से सधे कदमों से मुझ श्री कर्मयोगिनी के साथ आज पुनः चलने की आवश्यकता हैं......

श्री हृदय से युग यशस्वी आशीर्वचन देने हैं......

श्री हृदय से युग यशस्वी आशीर्वचन देने हैं.....

श्री हृदय युग के यशस्वी वंदनीय श्री कर्मयोग....श्री धर्मयोग के कर्त्तव्य वचन.....इस युग भी हृदय यथार्थ मानवीय मनु धर्म में निभवाने हैं.....

हे श्री मनु.....श्री भरत.....श्री भारत....मेरे (वसुधा) हृदय की इन पावन जिंदादिल पंक्तियों के साथ आगे की श्री युग योग पथ यात्रा को आरम्भ करते हैं....

थक कर हारना जिंदगी नहीं हैं
हार कर थकना जिंदगी नहीं हैं

हर हाल हर कदम पर चलना ही जिंदगी हैं
हर हाल हर कदम पर चलना ही जिंदगी हैं
चलते चलते हर कदम नेक राह पर चलना ही जिंदगी हैं......

चलते चलते चलते रहना....बिना थके....बिना हारे.....
मेरे हृदय मेरे वीरों.....तुम युगों-युगों तक चलते रहना......
मेरे हृदय मेरे वीरों.....तुम युगों-युगों तक चलते रहना.......

विश्व गुरु गुरुत्वीय श्री भारत भूमि से....हे सम्पूर्ण भारत के हृदय सम्राट अपने श्री मंगल कर्मयोग गीत गीता से भारत ही नहीं.....सम्पूर्ण संसार सागर को आज पुनः तुझे ही स्वर्ग बनाना हैं.....

अपने यथार्थ श्री हृदय योग से इस युग भी....हे महावीर इस संसार सागर को आज पुनः तुझे ही स्वर्ग बनाना हैं...

आज पुनः तुझे ही स्वर्ग बनाना हैं.....

हे मनु.......हे भरत........हे भारत.......

वर्तमान भारत राष्ट्र की बागडोर जिस राजयोगी के हाथों में हैं.....वह राजयोगी भी मेरे हृदय का अद्‌भुत युग योगी ही हैं....

मेरे हृदय के उस युग योगी पर आज भारत राष्ट्र का ही नहीं..... सम्पूर्ण विश्व का भी भाग्य सौभाग्य हैं।

हे मनु...हे भरत...हे भारत.... मेरे हृदयप्रिय इस अद्‌भुत युग योगी के रोम रोम में युगों-युगों का हृदय ही तो धड़क रहा हैं.....गजब शक्ति से गुजरात की माटी का मनु आज इस राष्ट्र का ही नहीं अपितु संपूर्ण विश्व का अटूट अटल विश्वास हैं....गुजरात का गौरव आज सम्पूर्ण विश्व की गर्व गौरवान्वित धरोहर हैं......

हे मनु.......हे भरत.......हे भारत........माँ भारती के इस धीर वीर को भी श्री ब्रह्म ब्रह्मा जी दाता की अनंत कृपा में जो भी युग योग गुरु ऋषि मनु महात्मा ने अपना सदसत सर्वयोग युग योग यश यथार्थ में वह सब कुछ दिया हैं जो एक कर्मवीर को युगों-युगों के योग योगेश्वर ही दे सकते हैं.....

पद प्रतिष्ठा व प्रभाव से र्निमोह में निर्मल यह युग योगी....माँ गंगा के लिए तो राजा भागीरथ का ही दिव्य कर्मयोग दूत बन कर आया हैं......

हाँ मातेश्वरी......आपकी सदसत श्री आत्मानुभूति में इस अमरयोगी ने भी हृदय की अन्तः आत्मा से सबसे पहले माँ गंगा से ही सदसत साक्षात्कार किया था।

हाँ मनु......हाँ भरत.... मेरे इस हृदययोगी के हृदय को स्वयं माँ गंगा ने ही पुकारा था...धन्य हुई माँ गंगा जिसकी पुकार इस युग योगी के हृदय तक पहुँची......धन्य हुआ मेरा हृदययोगी जिसने माँ गंगा की पुकार को सुना....

हाँ मातेश्वरी....हृदय से निकली हर श्री सदसत पुकार काल के महाकाल भगवान श्री अमरनाथ महादेव अपनी अमर अद्‌भुत शक्ति से जहाँ तक पहुँचानी हैं वहाँ तक पहुँचा ही देते हैं......

हे मनु....हे भरत...आज भी भारत भूमि भव्य व दिव्य युग योगियों के कर्म पुरूषार्थ.... श्री धन्य धर्म पुरूषार्थ से ही परम परिष्कृत व शाश्वत चमत्कृत हैं....

हे धन्य मनु...हे धन्य भरत....आज सम्पूर्ण भारत के हृदययोगी (नरेन्द्र) को अपने राष्ट्र तक ही नहीं अपितु मेरे (वसुधा) सम्पूर्ण वैश्विक अंग राष्ट्रों की सुख शांति और समृद्धि में भी अपना सदसत पूर्ण योग यथार्थ में देना हैं......

देश काल सीमा से परे एक श्री सदसत योगी की झोली कभी भी किसी भी काल में लेने के लिए नहीं अपितु देने के लिए ही धारण की जाती हैं

हे मनु.....हे भरत.... श्री सम्पूर्ण सदा सम्पूर्ण सत्य तो यही है कि जो भी जितना भी विधि विधान विधाता हमारी झोली में देते हैं......वह पुनः बाँटने के लिए ही होता हैं.....बाँटने (देने) से पुनः मिलता हैं और झोली में ही रखने से सदा क्षीण हुआ हैं.....

हे मनु...हे भरत....आज भारत का भाग्य जिस राजयोगी के हृदय व हाथों में हैं...... उस युग योगी से मैं यही कहना चाहूँगी की "भारत राष्ट्र" की झोली से आज भी सम्पूर्ण वैश्विक राष्ट्रों को देने के लिए बहुत कुछ ही नहीं.....वह सब कुछ हैं जो एक राष्ट्र की सुख शांति व समृद्धि की मूलभूत परम व पूर्ण आवश्यकता हैं.....

मेरे (वसुधा) वैश्विक अंग राष्ट्रों को भारत राष्ट्र ने जब-जब कुछ दिया हैं तब-तब स्वयं भारत राष्ट्र में भी सुख शांति व समृद्धि में वृद्धि हुई हैं और राष्ट्र के बढ़ते कदम प्रतिदिन प्रति क्षण प्रगति के परम पथ पर निरन्तर निर्भय होकर आगे ही बढ़े हैं......

हाँ मातेश्वरी........श्री सत्य कहा.......सर्व सत्य ही कहा.......आज भी श्री भारत राष्ट्र सम्पूर्ण वैश्विक अंग राष्ट्रों के सुख शांति व समृद्धि की मंगल कामना में मैत्री भवभाव भावना में जितना कुछ कर सकता हैं.......एक कर्मयोगी....एक कल्याणकारी राष्ट्र बनकर अपना नित्य नैतिक धर्म कर्म कदम दर कदम आगे बढ़

कर कर रहा हैं.....हाँ माँ आज भी श्री भारत राष्ट्र अपना राजधर्म सत्यमेव जयते से निष्ठापूर्ण ही निभा रहा हैं......

हे भारत राष्ट्र के राजयोगी........काल के महाकाल भगवान अमरनाथ महादेव....... श्री ब्रह्मा जी दाता और मेरे परम तेज तपस्वी पिता महाराज श्री सूर्यनारायण को सदसत शाश्वत साक्षी भव भाव मेरे (वसुधा) तन मन व हृदय में जो कुछ भी, जितना कुछ भी हैं वह आदि-आदि से आज तक ऋषियों मुनियों व सात्विक सरल मनु महात्माओं को सौभाग्य श्रम व साहस से सदसत पूर्ण देती आई हूँ......और आज देशकाल परिस्थिति में मेरे मनु की कलम से पुनः एक लम्बे कालखण्ड के बाद....... एक लम्बे युग युगांतर के बाद सम्पूर्ण जगत की जय-जय जयते की जोत में हर्ष हर्षित होकर वैश्विक संत सनातन धर्म में अमर आत्मीयता से “जगत कल्याण” की अमर कीर्ति में.....तेरे हृदय द्वार तक वर वरदान वंदना की वीणा वाणी बन कर आई हूँ।

हे राजयोगी.....मर्यादित मान सम्मान व साहस के साथ मैं (वसुधा) इस आत्मीय प्रसन्न पुस्तक को विश्वसनीय हृदय व हाथों में सौंप रही हूँ।

जिस अटूट अटल विश्वास व हर्ष हृदय वाले हाथों को सौंप रहीं हूँ......उस युगों-युगों के हृदय युगयोगी से मेरा अन्तः मन से विनम्र निवेदन हैं कि हे हृदयकमल योगी..... मुझे आज नहीं पता की कितनी सीमाएं आज मेरे सीने पर मनु ने खींची हैं।

कितनी भाषाएँ मेरे अलग अलग भू भाग पर मनु के मन की वाणी में व्याप्त हैं...... कितने देश हैं और कितने मनु किस देश में रहते हैं?

विविध, विचित्र और विलक्षण मनु आज कितने समाज में, कितनी सभ्यताओं में, कितनी संस्कृतियों में कहाँ कहाँ रचा बसा हैं? मुझे आज कुछ पता नहीं हैं.......

पता हैं तो सिर्फ इतना कि आज भी मनु मेरे आँचल में, मेरे ही आँगन में मेरा अपना ही हैं.....अनगिनत करोड़ों करोड़ों को आदि-आदि काल में भी पालती पोसती आई हूँ और आज भी पाल पोस रही हूँ। हे मनु तू तो आज भव्य व दिव्य भारत राष्ट्र का भाग्य हैं और वैश्विक विश्व का शूरवीर समर्थ सौभाग्यशाली विराट कर्मयोगी हैं।

हे विराट कर्मयोगी......हे राष्ट्रदूत........मेरे आँगन मेरे आँचल में टेढ़ी मेढ़ी रेखाओं में विभक्त समस्त अंग राष्ट्रों (सम्पूर्ण विश्व) तक उनकी अपनी भव भाव पूर्ण मातृभाषा (राष्ट्रभाषा) में मेरी (वसुधा) इस युग की इस आत्मीय पुस्तक को श्री भारत भूमि से प्रकाशन कर.....अमर अजर शक्ति स्वरूप माँ गंगा......

माँ यमुना और माँ सरस्वती के त्रिवेणी संगम घाट (परम पावन प्रयाग) पर हर्ष के साथ तेरे धन्य हृदय व धन्य हाथों से विमोचन कर संपूर्ण विश्व को (नि:शुल्क) उपहार स्वरूप सप्रेम सहर्ष भेंट करना और एक बार जब भी श्री युग योग सौभाग्य मिलें मरुधरा (राजस्थान) की पावन भूमि माउंट आबू (सिरोही) में सम्पूर्ण विश्व राष्ट्र मंडलों को बुलाकर दिव्य व भव्य मनु महोत्सव को आत्मीय हर्ष एवं गर्व से जरूर मनाना.....

हे हृदय कमल योगी.....आत्मीय प्रसन्न आनंद और उमंग के साथ विश्व के सभी राष्ट्रों को श्री हृदययोग से आमंत्रित करना.....जिसको भी हृदय यथार्थ से आना हैं..... वे आ जायेंगे.... जो जो राष्ट्र श्री हर्ष हर्षित हृदय से श्री भारत की धन्य पावन धरा धरोहर को आ जाएँ.....उनका आतिथ्य “अतिथि देवों भवः” में देव नगरी में सुस्वागत.....सदसत्कार और आत्मीय आभार करना

हे हृदय कमलयोगी.....युगों-युगों से भव्य और दिव्य श्री भारत संपूर्ण संसार का हृदय प्रिय देश हैं......

सौभाग्यशाली होते हैं......वे नर और नारी जिन्हें श्री भारत जैसा मानमर्यादित महान देश नसीब होता हैं......

सौभाग्यशाली होते हैं.....वे नर और नारी भी जो अपने-अपने देश देशांतर से आकर इस महान देश की परम पावन मिट्टी को छूकर चले जाते हैं......

युगों-युगों से आज भी अद्‌भुत अनमोल और अद्वितीय हैं माँ भारती की मिट्टी.....माँ भारती की मिट्टी.....माँ भारती की मिट्टी.....

हे विराट हृदयकमल योगी.....ऐसा अद्‌भुत अतुल्य अमर आत्मीय श्री भारत राष्ट्र आज तेरे हृदय और हाथों में हैं......तेरे युग में हैं.....तेरे योग में हैं.....

हे हृदय कमल योगी.....तेरी वीणा में, तेरी वाणी में, तेरे विचारों में, तेरे श्रम में, तेरी सोच में, तेरी कर्मयोग साधना में, तेरी शक्ति में, तेरी राष्ट्रभक्ति में, तेरी आत्मनिष्ठा में....तेरे परमपिता परमात्मा की पूर्ण व परम कृपा करुणा हैं.....युग यशस्वी यथार्थ श्री कृपा करूणा हैं।

श्री सम्पूर्ण भारत राष्ट्र में जब-जब भी जहाँ-जहाँ भी तू गया हैं......तब-तब वहाँ-वहाँ एक नव चेतना में, एक नवशक्ति में, एक नवयुग में, एक नवयोग में, एक नव संस्कार में, एक नव संस्कृति में देश जागा हैं।

यह देश ही नहीं जागा (Awake) अपितु जब देश से बाहर विदेश गया तो विदेश भी जागा हैं.......

क्या देश.....क्या विदेश.......सभी जगह सर्व मंगल....सदा मंगल कल्याण की अद्भुत अनुपम तेरे हृदय की मनोकामना.......मुझे (वसुधा) मरुस्थल (Desert) में भी उपवन का अद्भुत आत्मीय अहसास कराती हैं.....

विशाल मैदान, स्टेडियम सभी खचा खच भर जाते हैं.....कुर्सियाँ ही नहीं.....मनु के खड़े रहने के लिए जगह भी कम पड़ जाती हैं।

कुर्सी तो क्या यदि खड़े रहने के लिए जगह भी मिल जाए तो भी मनु अपने आपको सौभाग्यशाली मानता हैं.....जहाँ-जहाँ तक नज़र जाती हैं.....वहाँ-वहाँ मनु ही मनु का अद्भुत अम्बार नजर आता हैं।

चारों और मनु ही मनु और मनु का शोरगुल फिर जैसे ही भारत का सिंह (Lion) तन मन व हृदय से मंच पर आता हैं और एक अद्भुत अमर आत्मीय हुंकार भरता हैं........ सारा शोरगुल थम जाता हैं........एक पल के लिए तो मैं (वसुधा) भी थम जाती हूँ....

सभी सुनते हैं तो मैं (वसुधा) भी जिस तरह सभी सुनने के लिए लालायित रहते हैं....ठीक वैसे ही मेरे भारत के लाल (Son) को सुनने के लिए आत्मीय हर्ष और गर्व के साथ लालायित रहती हूँ....क्या अद्भुत अमर आत्मीयता से बोलता हैं रे मेरे भारत के लाल.....मनु का रोम रोम तो मेरा कण-कण हर्ष हर्षित हो उठता हैं।

हो भी क्यों नहीं, आखिर मेरे भारत का सिंह (Lion) जो हैं.....एक ऐसा सिंह जो पूर्ण शुद्ध सात्विक सदसत शाकाहारी सिंह जो हैं....

मेरे हृदय के शाकाहारी सिंह का Make in India के Logo का शेर भी मुझे अद्भुत आत्मीय आनंददायी लगा........लगे भी क्यों नहीं पूरा मशीनी हैं मगर माँसाहारी नहीं हैं

हे हृदय कमलयोगी........उपकार तेरा मुझ वसुधा पर अनंत होगा.....उपकार तेरा करोड़ों करोड़ों मनुओं के कल्याण में अनंत होगा.....उपकार तेरा करोड़ों करोड़ों निर्बल असहाय और बेबस पशु पक्षियों पर भी अनंत असीम होगा.......

यदि एक बार तू भारत सहित संपूर्ण राष्ट्रों को श्री सदसत भजन और श्री सात्विक भोजन 100% veg के लिए जोरदार आत्मीय दहाड़ लगा दे तो निश्चित रूप से मनु (Human) का मन और Menu दोनों चमत्कृत रूप से शुद्ध सात्विक शाकाहार को प्रेरित होंगे.....

देश और दुनिया दोनों को श्री भजन में भगवान और शाकाहार से निर्मल निरोग सदसत स्वस्थ तन और सदसत स्वस्थ सम्पूर्ण तन में स्वच्छ मन भी अवश्य मिलेगा.....

हे हृदय कमलयोगी....मैं जो कह रही हूँ उसे तूने भी एक बार नहीं अनेकों बार सुना होगा.....कई बार श्री धर्म शास्त्रों और श्री शास्त्रियों.....आचार्यों के मुख से भी सुना, सोचा और समझा ही होगा कि "जैसा भोजन वैसा मन"

हे हृदय कमलयोगी.......यदि एक बार तू अपनी युगों-युगों की अमर आत्मीयता से आहवान करेंगा तो सम्पूर्ण वैश्विक जगत में सदसत सात्विकता और शाकाहार दोनों से करोड़ों करोड़ों मनुओं का आत्म कल्याण ही होगा......हे हृदय कमलयोगी..... तेरे युग में....तेरे योग में आज भी अद्भुत करिश्माई कल्याण और कीर्ति हैं..... विज्ञान की भाषा में कहूँ तो आज भी Super Human हैं और एक असली Super Human वहीं होता हैं जो सर्व जगत को स्वयं की Super Human Power देकर Supreme Human बनाता हैं......

हे हृदय कमलयोगी....मैंने मेरे आदि-आदि से आज तक के अमर आत्मीय मनु महात्माओं, ऋषियों, मुनियों, साधु संतो महंतों को सदसत सात्विक भोजन और भजन की दिव्य महिमा को करोड़ों करोड़ों के आत्म कल्याणार्थ में उनके युग और योग यथार्थ हृदय से होते हुए एक लम्बे चौड़े विराट कल्याणकारी काल कालांतर को

पार करते हुए आज पुनः तेरे युग और योग में तेरे द्वार (Door) पर तेरे दिल तक..... देश की राजधानी दिल्ली तक मेरे मनु की कलम (Pen) बन कर आई हूँ.......

हे हृदय कमलयोगी......मेरे अनगिनत अद्‌भुत सदसत भरत भारतीय श्री कर्मयोगियों ने मेरे वसुधा धर्म में अपने सम्पूर्ण जीवन को जीव दया (अहिंसा परमो धर्म) में लगाकर देशकाल में....युग योग में करोड़ों जीवों को ही नहीं बचाया अपितु करोड़ों करोड़ों मानव जीवन को भजन और भोजन की श्री सदसत आत्मानुभूति करा करा कर उनका आत्म कल्याण भी कराया हैं......

हे हृदय कमलयोगी.......मैं वसुधा ऐसा कुछ भी नहीं माँग (Demand) रही हूँ जो तू नहीं दे सकता हैं या तेरी क्षमता या सामर्थ्य में नहीं हैं।

माता पिता देव दाताओं का दिया हर सदसत आज भी तेरे पास.....तेरे हृदय...तेरे युग और तेरे योग में अकूट अपार हैं.....बस एक बार अमर अद्‌भुत आत्मीयता से अपनी हिम्मत और हौसलें से दिव्य व भव्य श्री भारत भूमि से ऐसी हूंकार भर की देश ही नहीं दूर दूर तक मेरे आँचल पर फैली पूरी दुनिया में करोड़ों करोड़ों का आत्म कल्याण हो जायें.....

काल कलयुग में पूरा काला (Whole Black) हो चुका मानव हृदय (Human Heart) पुनः कालजयी कमल (Lotus) बन जाएँ......कालजयी कमल बन जाएँ.......कालजयी कमल बन जाएँ.......

हे हृदय कमल युग योगी.....आज भी मेरे आँचल में.....मेरी प्रवृत्ति में....मेरी प्रकृति में परम पूर्ण श्री कर्मयोगी दिव्य देव दाताओं का दिया इतना परम प्राकृतिक सात्विक भोजन हैं कि मनु प्रजाति तो क्या चींटी से हाथी तक समस्त जीवों को जीवन भर जन्म जन्मान्तरों तक उनकी सुधा को तृप्त करें...जितना श्री सदसत सात्विक शाकाहार हैं.....

हे हृदय कमल युग योगी.....जब मैंने (वसुधा) भारत कुल भूषण के आदि श्री शंकराचार्यों....महावीर.....बुद्ध और सत्य साईं नाथ से अमर आत्मीय साक्षात्कार किया था.....तब उन सभी युग योगियों से जो प्रश्न (Question) किया था.....कि इंसान ने जानवरों से गंदे भोजन (माँसाहार) को ग्रहण करना सीखा या जानवरों ने इंसान से गंदे भोजन (माँसाहार) को ग्रहण करना सीखा?

हे हृदय कमलयोगी.....मेरे सभी अमर आत्मीय अद्‌भुत योगियों ने अपने हृदय कमल से यही कहा कि.....हे मातेश्वरी आप आदि-आदि अनगिनत कालखंडों से कालजयी कर्मजयी अद्‌भुत शाश्वत श्री शक्ति स्वरूपा हैं......हम तो काल के महाकाल की श्री कृपा करुणा में अपने-अपने युग में कर्मयोग करने परमार्थ परम प्रकृति में आते जाते अमर पथ के पथिक हैं.....जब-जब आपके अमर आँचल पर आनंददायी आँगन में आये हैं.....तब-तब इंसान ही जानवरों पर हावी नज़र आया हैं और आज भी हावी हैं।

हे हृदय कमलयोगी........कालखंडों में एक-एक क्षण में सध कर सदियों को पार कर कई युग बदल गए, युग के कई योग युगत्व आये मगर आज भी मनु (माँसाहारी) और मच्छर (Mosquito) का चित्त स्वभाव एक जैसा ही हैं......मनु (माँसाहारी) भी खून पीता है और मच्छर भी खून पीता हैं.......

मच्छर तो खून ही पीता हैं मगर बर्बर निर्दयी निर्लज मनु तो पूरे के पूरे जीव को ही आहार (Food) में ग्रहण कर लेता हैं जिस निर्दयता से बर्बर मनु सूक्ष्म चींटी से विशाल जीवों को खा रहा हैं उसमें शाकाहारी जीवों को भी खा रहा हैं और माँसाहारी जीवों को भी खा रहा हैं।

हे हृदय कमलयोगी.......तू ही बता क्या यह सत्य नहीं हैं की जब कोई जानवर इंसान को खाता हैं तो जो दु:ख इंसान को होता हैं वही दु:ख जब कोई इंसान जानवर को खाता हैं तो उस जानवर को भी होता हैं या नहीं?

हे हृदय कमलयोगी....आज दिव्य व भव्य भारत राष्ट्र ही नहीं सम्पूर्ण विश्व में सर्वत्र सभी जीवों के जीवन पर आज भी मनु का क्षेत्र क्षेत्राधिकार लगातार अंधी आंधी की तरह बढ़ ही रहा हैं......

हे हृदय कमलयोगी......मेरे आँचल पर चींटी से हाथी तक चूहे (Rat) से शेर (Lion) तक सभी जीवों के लिए सदसत भोजन और सदसत भजन दोनों की कभी कोई कमी नहीं रही हैं और ना ही आज भी कोई कमी हैं लेकिन फिर भी ऐसे इंसानों की कमी नहीं हैं जो बेधड़क निर्लज होकर कहते हैं की यदि भोजन श्रंखला (Food Chain) में जीवों (माँसाहारी) जानवरों को नहीं खाएंगे तो धरा पर अन्न की कमी हो जायेगी.....भूख से हाहाकार मच जायेगा

जबकि सत्य यह है कि यह सिर्फ और सिर्फ आज के बर्बर निर्दयी मनु (माँसाहारी) की विकृत मनोदशा व विक्षिप्त विकलांग सोच व निर्बल मानसिकता हैं......जानवरों को खा खाकर आज का बर्बर निकृष्ट निर्लज मनु (माँसाहारी) पूरा का पूरा जानवर ही बन गया हैं.....

हृदय इस तरह का हृदय रहित हिंसा पूर्ण रुखा सूखा मानव मनु का भव व भाव अपनी समस्त सीमाओं को लांघकर कहाँ से आ रहा हैं और कहाँ को जा रहा हैं.....

यह मेरे (वसुधा) लिए नहीं अपितु समस्त वैश्विक मनुओं के लिए आत्मचिंतन, गहन मनन व विस्तृत शोध का विषय हैं.....

हे हृदय कमलयोगी......ऐसे निकृष्ट नीच प्रवृत्ति और विकृति की मनो मानसिकता वाले निर्दयी निरकुंश हृदय रहित मनु कभी अन्धकार से निकल ही नहीं पाते और अंतकाल में अन्धकार को ही प्राप्त होते हैं पूर्ण प्रकाश परम प्रकाश में पूर्ण प्रसन्न परम प्रसन्न को पाना तो क्या सोचना, समझना भी उनके सौभाग्य में कहाँ हैं......

मैं धीर वीर वसुधा तो आदि-आदि काल से भी कहती आई हूँ और आज भी कह रही हूँ.......फिर मत कहना की मैंने कहा नहीं और तुमने सुना नहीं.......

कोई बहाना, किन्तु, परन्तु नहीं चलेगा......अभी भी सम्पूर्ण वैश्विक मनुओं के पास इस जीवन यात्रा का जो समय शेष हैं......

सदसत पूर्ण शुद्ध सात्विक अन्तः मन से स्वयं सोच लें, जान ले, और मान ले कि परम पिता श्री ब्रह्म ब्रह्मा जी दाता के घर देर हैं मगर अंधेर नहीं......

श्री ब्रह्म ब्रह्मा जी दाता के दरबार में श्री धर्मराज अपने लेखा जोखा में (Accounting) सब का सब आज भी इंद्राज कर रहें हैं.....

वे वैश्विक मनु जो आहार में निर्दोष असहाय जानवरों को खा रहें हैं उन मनुओं के पास अभी भी आत्मीय अवसर (Opportunity) है.....

मेरी आत्मीय भव भाव भावना को भली भांति जान जायें, मान जाये तो निश्चित रूप से वे सभी पाप और पीड़ा से मुक्त पुण्य और परमार्थ धर्म में उन सभी का आत्म कल्याण ही होगा.....

मैं धीर वीर वसुधा बाध्य नहीं बल्कि अमर आत्मीय बोध करा रही हूँ यदि मेरे आँचल और आँगन (राष्ट्र) पर किसी भी मनु को मेरे अमर आत्मीयता का बोध होता हैं तो मैं हृदय से कहती हूँ की वह इस जन्म में तो क्या आने वाले अनंत भावी कालखंडों में भी युग युगत्व में बुद्ध बुद्धत्व (गौतम) में शुद्ध निर्मल चित चैतन्य स्वभाव संस्कार संस्कृति को ही प्राप्त होता हैं.......

बिना किसी पक्षपात के मेरे संपूर्ण आँचल पर, मेरे आँगन अंग राष्ट्रों के माटी के मनुओं को प्रेमपूर्वक सहृदयता से मनाना मेरा फर्ज़ ही नहीं मेरा युगों-युगों का धर्म हैं....

मेरी हृदयवाणी को.......वेदना को मानना या ना मानना दोनों मनु के हृदय व हाथ की बात हैं।

हे हृदय कमल योगी......मेरी वाणी वंदना में मेरी वेदना को कोई जाने या ना जाने, कोई समझें या ना समझें, कोई माने या ना माने, कोई अन्तः आत्मीयता से महसूस करें या ना करें, किसी मनु को फर्क पड़ता हैं या नहीं पड़ता मुझे नहीं पता....

पता हैं तो सिर्फ इतना की किसी के पास इसका हिसाब किताब लेखा जोखा हैं या नहीं मगर श्री धर्मराज के पास एक-एक से अनंत का और अनंत-अनंत में एक-एक का सब हिसाब किताब लेखा जोखा आज भी हैं.....

हे हृदय कमल युग योगी......आज तू श्री भारत राष्ट्र का ही नहीं अपितु मेरे संपूर्ण आँचल का एक अद्भुत अमर योगी हैं.....जिस सदसत भव भावना से तू सम्पूर्ण राष्ट्र की सेवा में राष्ट्रधर्म निभा रहा हैं तो मेरे अन्य वैश्विक अंगराष्ट्रों में भी मेरा विश्वामित्र बन कर मेरे वसुधा धर्म में वैश्विक सुख शांति व समृद्धि में मेरा सौभाग्य रहा हैं.....

हे हृदय कमल योगीं....मेरे लिए तो तू करोड़ों में नहीं अरबों में एक अद्भुत अमर योगी हैं.....

भारत राष्ट्र के लिए तू राजनेता हैं मगर मेरे लिए तो तू मेरे संपूर्ण आँचल का आज भी युगों-युगों का अमर अद्भुत सदसत कर्मयोगी ही हैं।

हे हृदय कमलयोगी.......आज भारत ही नहीं अपितु संपूर्ण वैश्विक अंग राष्ट्रों में मेरे आँचल पर मनुओं का अन्य समस्त जीव जंतुओं के प्रति जो निर्दयी हिंसा और प्रताड़ना

हैं उसके लिए तुझे मेरी वाणी में,वंदना में एक बार मेरा सिंह (शाकाहारी) बन कर दहाड़ना (Roar) ही पड़ेगा और मानव प्रजाति के फैलायें आतंक व जंगलराज को जितना हो सके उतना कम करने में अपना अद्भुत श्री कर्मयोग अवश्य देना ही होगा....

हे हृदय कमलयोगी....तुझे भारत के साथ-साथ समग्र राष्ट्रों में करोड़ों करोड़ों मानवों का आत्म कल्याण कर उनके जीवन की यात्रा को सार्थक अमर यात्रा बनाने में सारथी धर्म में अभी भी विराट कर्म की आवश्यकता हैं......

तू स्वयं एक अमर कर्मयोगी हैं और सौभाग्य से आज माँ भारती का राजपाट संभालने वाला ज्ञानी विज्ञानी धर्मप्रधान राजयोगी हैं....करोड़ों करोड़ों के हृदय का ही नहीं मेरा और मेरे मनु का भी वंदनीय विराट श्री कृष्णा योग में हर युग की भांति इस युग का भी "प्रिय युग युधिष्ठिर" हैं......

इस युग भी युग को यश-यशस्वी पूर्ण योग में परम योग देकर ही युगों-युगों की भांति.......इस युग भी श्री पथ का पथिक और पथिक का श्री पथ बन कर आगे बढ़ना हैं।

हे हृदय कमल योगी.......21वीं सदी के विज्ञान और विधाता दोनों में अद्भुत अटल विश्वास में मेरा ही विश्वास बना हैं....कर्म में कर्मयोगी बना तो धर्म में धर्मयोगी बना हैं.....

आज भारत राष्ट्र में भी गौमाता और गौवंश की दशा बहुत ही खराब हाल और हालात में हैं....युग के इस वर्तमान दौर में इसकी दशा और दिशा दोनों को समय रहते भारत सहित वैश्विक स्तर पर संरक्षण व संवर्धन में धन्य धर्म की पुकार हैं....

हे हृदय कमलयोगी....मेरे विश्व वसुधा वासुदेवाय धर्म में कामधेनु रक्षण सहायतार्थ जब तक श्री कृष्णा का नवयुग नवयोग अवतार नहीं हो जाता.....तब तक हर युग के हर हृदययोगी को धर्म सौभाग्य में इसकी रक्षार्थ हृदय और हाथों दोनों से जितनी सदसत सम्पूर्ण क्षमता सामर्थ्य वीर विधाता ने विराट कर्मयोगियों के कर्मोभाग्य को दिया हैं उसे हर्ष हर्षित पूर्ण प्रसन्न परम प्रसन्न भव व भाव में निष्काम कर्मयोग को पूर्ण करना.....एक अमर अजर कर्मयोगी का ही कर्त्तव्य हैं....

हे हृदय कमलयोगी.....आज के युग का योग का वर्तमान भारत तो तेरे ही हाथों और हृदय में हैं.....

युग योग में तेरे हृदय तक तेरे हाथों तक मेरी वाणी में.....वंदना में....वेदना में.... स्वयं माँ शारदे युग में योग....योग में युग....युग से युग....योग से योग में आज भी तूझे तेरे द्वार तक जो कुछ भी था देने ही आईं हूँ.....गौ गायत्री रूप में तेरे हृदय कमल सरोवर आई हूँ.....मान सम्मान व सहृदयता से जो कुछ भी मेरे पास था.... उसे तेरी झोली में हर्ष हर्षित होकर दे रही हूँ...उसे मेरे सम्पूर्ण अंगराष्ट्रों को अब आगे सदसमर्पित सनातन धर्म में देना तेरे कर्मोभाग्य में हैं।

मेरे आँचल में रचे बसे मेरे अंगीय राष्ट्रों को उनकी अपनी मातृभाषा में भव भाव पूर्ण यथार्थ हृदययोग से अपने हृदय व हाथों से हर्ष हर्षित होकर युग मंगल में आत्मीयता से आत्मतृप्त होकर "श्री सदसत सनातन धर्म" में सम्पूर्ण सदसत सृष्टि के कण-कण में कल्याण की शुभकामना जय-जय जयते से सम्पूर्ण विश्व को देना....

हे हृदय कमलयोगी....हे युग योगी...आज तेरा युग हैं....तेरा योग हैं....तू तो आज भी करोड़ों करोड़ों भारतीयों का ही नहीं अपितु सम्पूर्ण विश्वांचल का हर्ष हृदययोगी हैं....करोड़ों करोड़ों मानव हृदय को "कमलयोग"में कमल की भांति "शांत चित चैतन्य" में सुख शांति व समृद्धि के सरोवर पर खुद खिलकर खिलाने की पूर्ण सदसत क्षमता सामर्थ्यवान श्री की शक्ति हैं तुझमें.....मेरे संपूर्ण विश्वांचल को कमल की भांति खिला दे इतनी अद्भुत श्री की शक्ति हैं तुझमें..... इतनी अद्भुत श्री की परम भक्ति हैं तुझमें.....श्री सूर्य नारायण के श्री स्वामी नारायण की श्री सदसत समर्थ शक्ति के तेज की अद्भुत पूर्ण व परम प्रकाश की पूर्ण परम जग की ज्योति हैं तुझमें.....हाँ हृदय कमल आज भी.....अब भी परम प्रकाश की पूर्ण परम जग की ज्योति हैं तुझमें....

श्री भारत भूमि के गर्भ से जब-जब तेरे जैसे शूरवीर राजयोगी, कर्मयोगी ज्ञानी विज्ञानी धर्मयोगी युग के योग में विद्या विनय विवेक से विवेकानंद हुए हैं....तब-तब दिव्य व भव्य भारत से सम्पूर्ण विश्वराष्ट्र समुदाय को जय-जय जयते में सुख शांति व समृद्धि का सौभाग्य ही मिला हैं.....

विश्व गुरु राष्ट्र श्री भारत के आँगन में समर्थ गुरुओं के हंस तो आज भी हर्ष हर्षित होकर हृदय युग योग से माँ भारती को सदसत भवभाव में मंत्रमुग्ध श्री मंगल शुभ सौभाग्य को गा रहें हैं.....

धरती माँगे, अम्बर चाहें

धरती माँगे, अम्बर चाहें

जग की ज्योति, जग में ज्योति

जग की ज्योति, जग में ज्योति

सब की ज्योति, सब में ज्योति

सब की ज्योति, सब में ज्योति

जब भी माँगे, जग में माँगे

जय से देना, जग में देना

जग में जग को, फिर से देना

जग में जग को, फिर से देना

हे माँ भारती, हे माँ भारती

जग में देना, जग को देना

सबको देना, सब में देना

सबको देना, सब में देना

सुख में देना, दु:ख में देना

जब भी देना, दिल से देना

सबके दिल को, दिल से देना

हे माँ भारती, हे माँ भारती

धरती माँगे, अम्बर चाहें

धरती माँगे, अम्बर चाहें

जग की ज्योति, जग में ज्योति

जग में जग मग तेरी ज्योति,

जग में जग मग तेरी ज्योति

हे माँ भारती, हे माँ भारती

जय से जय में, जय से जय को

तेरी जय की जय-जय जयते

हे माँ भारती, हे माँ भारती

जय-जय जय-जय, जय माँ भारती

हे माँ भारती, जय माँ भारती

जय-जय जय-जय, जय माँ भारती

हे हृदय कमलयोगी.....हे युग योगी.....यह माँ भारती को श्री श्रद्धा से सदसत समर्पित मेरे मनु....मेरे भरत.....मेरे भारत का हृदय युग से गाया कर्मयोग गीत हैं....जो आज तेरे हृदय युग योग हस्ते हैं

हे माँ भारती के लाल (Son)....तुझे इस विराट शाश्वत सजीव समृद्ध राष्ट्र में जो हृदययोग से गाए उस गायक गायिका को मेरा हृदयप्रिय गौरवशाली कर्मयोग गीत देना.......

एक से बढ़कर एक गायक गायीकाएं इस राष्ट्र को सौभाग्य से हर युग में मिले हैं.....

इस युग में जो तेरे हृदय के योग में युग यश यथार्थ में गाएं उसे सदसत पूर्ण सहृदयता से समर्पित कर देना.....

हे माँ भारती के लाल.....अब भारत तेरे हृदय युग व हाथों में हैं तुझे जैसा भारत बनाना है.....हर्ष हर्षित हो कर बना देना......

हे हृदय कमल योगी......पूरी दुनिया पूजे इतना पवित्र बना देना.....युगों-युगों के श्री सदसत समर्थ गुरुओं का गौरवराष्ट्र हैं....गर्व के साथ एक बार फिर से विश्वगुरु राष्ट्र बना देना.....

हे हृदय कमल योगी.....सम्पूर्ण श्री सृष्टि के दाता दरबार श्री ब्रह्मा जी महाराज के सदसत शाश्वत में काल के महाकाल भगवान अमरनाथ महादेव के अमर अनंत में जल वायु अग्नि नभ ग्रहों तारों नक्षत्रों में सर्वत्र परम पुण्य व परमार्थ ही बसा हैं.....

हर देवदाता के हृदय आज भी श्री भारत बसा हैं....श्री भारत ही बसा हैं.....मुझ धीर धर्म धरा पर तो आज भी हर देवदाता के हृदय को तो विश्वगुरु श्री भारत ही लगा हैं....श्री भारत ही लगा हैं...

खरे सोने (Pure And Prime Gold) के श्री सूर्यनारायण.....श्री स्वामी नारायण के पुण्य प्रकाश से ही मेरे हृदय का कमल आज पुनः खिल रहा हैं....और श्री परम हंसो को कर्म कल्याण के कमल सरोवर तक पूर्ण व परम प्रकाश का पुण्य पथ परमार्थ आज पुनः मिल रहा हैं।

हे हृदय कमल योगी....हे युग योगी....आज फिर मेरे धीर वीर शाश्वत परम प्रकाश पूर्ण प्रकाश के श्री सूर्यनारायण.....श्री स्वामीनारायण की अनंत-अनंत असीम कृपा करुणा में धीर वीर भरत की भारत भूमि से ही सदसत सौभाग्य का श्री सूर्योदय (Good Morning) समर्थ भारत में मेरे सक्षम (Capable) भरत में हुआ हैं....

युगों-युगों की तपोभूमि (भारत) में मेरे (वसुधा) हृदय का परम प्रिय मेरा मनु.... मेरा भरत इस घोर काल कलयुग में भी खरा तपा हैं इस घोर काल कलयुग में भी पूरा तपा हैं....तभी तो इस युग भी मेरे सम्पूर्ण विश्वांचल का अमर आत्मीय श्री धर्म रक्षार्थ कवच बना हैं....श्री धर्म रक्षार्थ कालजयी कवच बना हैं.....

हे हृदय कमल योगी .... आज जगतगुरु भारत राष्ट्र के भरत (देशवासी) और भारत दोनों तेरे हृदय और हाथों में ही हैं....एक से बढ़कर एक अद्‌भुत भरत का भारत आज तेरे हृदय में हैं....आज तेरे हाथों में हैं....

हे हृदय कमल योगी....हे युग योगी...तुझे जैसा भारत बनाना हैं हर्ष हर्षित होकर बना देना...भारत को भरत में और भरत में भारत को फिर से एक बार जगतगुरु बना देना....गुरुओं के गर्व में खड़े युगों-युगों के गुरु शिखर (आबू पर्वत राजस्थान) "मनु महोत्सव" पर्व को धूम धाम से मनाकर "माँ भारती" के मुकुट को फिर से चमका देना...तुझे जैसा भारत बनाना हैं....हर्ष हर्षित होकर "मनु महोत्सव" में बना देना....

हे हृदय कमल योगी....भव्य भारत राष्ट्र मेरा हृदय हैं और जब तक तेरे जैसे दिव्य भरत हैं....मेरे सर्वोदय का श्री सूर्योदय सम्पूर्ण विश्वांचल पर विद्या विनय विवेकपूर्ण हर युग हृदयांचल रहेगा....हर युग यश-यशस्वी विध्यांचल रहेगा....

हे हृदय कमल योगी....काल के महाकाल का समय प्रबल हैं, पूर्ण हैं परमार्थ हैं.... परम प्रबल पूर्ण पुण्य परमार्थ में तेरे हृदय व हाथों से जितना सदसत पूर्ण हो सके, जितना सदसत युग योग यथार्थ में कर्म करुणानिधि "भारत भाग्य विधाता" के लिए कर सकें उतना श्री कर्मयोग हर्ष हर्षित होकर ऐ मानस के हंस करते रहना.......

तेरे सर्वकाज मैं स्वयं संवारूंगी......

हर युग ध्यान धर्म कर्मयुक्त ज्ञान की गंगा तेरे हृदय योग उतारूंगी.....

हे हृदय कमल योगी.......आज से चार वर्ष पूर्व तूने पूरे विश्व को तन मन हृदय को एक सूत्र में पिरोने वाला खुशहाल योग ही नहीं.......एक यथार्थ युग भी दिया था।

योग में युग और युग में योग दोनों का परस्पर मेल ही सम्पूर्ण विश्व का खुशहाल योग दिवस है....खुशहाल युग दिवस हैं....

योग महाशक्ति हैं.....युगों-युगों की एक आंतरिक शक्ति (Internal Power) हैं.... केवल करतब या शारीरिक कसरत (Physical exercise) का नाम योग नहीं बल्कि युगों-युगों को एक युग में.....

युगों-युगों को हर युग खुशहाल जीवन जीने की समृद्ध सर्वगुण संपन्न सात्विक संस्कार संस्कृति की परिपूर्ण पद्धति हैं......

The power of body.........the power of will........the power of heart when start journey.......century over century with endless true power of the whole universe.......for the pleasant pleasure of the whole universe is called a complete crystal clear true yoga.........a complete crystal clear true yug........

हे हृदय कमल योगी.....आदि-आदि से आज तक को अमर आत्मीयता से पालती पोसती सम्पूर्ण प्रकृति के परम तक दिव्य योग की किरणों में कल्याण कहूँ....या युग दर युग नवयुग में नवशक्ति कहूँ.....संसार सागर के हर राष्ट्र की सुख शांति व समृद्धि का शंखनाद सदा श्री भारत राष्ट्र से बजा हैं.....अपने-अपने युग के श्री भरत ने ही बजाया हैं.......

बड़ा ही श्रेष्ठ और अनुपम सुखद दिन था वो जब इस युग भी 21 जून 2015 को श्री भारत ने ही सम्पूर्ण विश्व को अपना युगों युगों का यथार्थ हृदय युग योग देकर अपना परम्परागत "गुरु धर्म" निभा दिया था.......

सम्पूर्ण विश्व मंडल को युगों-युगों का यथार्थ खुशहाल हृदय योग युग देने के लिए.... मैं वसुधा तुझे और तेरे जैसे धर्म धैर्य और निष्ठावान संस्कार संस्कृतियों की विराट वीर विभूतियों को वर्तमान जीवन काल में जब-जब देखती सुनती और सोचती हूँ.... तब-तब मुझे धर्म के पर्याय....धर्म के अध्याय पांडु पुत्र याद आते हैं....तब-तब मुझे मेरा अमर आत्मीय प्रिय अभिमन्यु याद आता हैं.....

आज के युग में भी वो युग याद आता हैं.......

आज के युग में भी वो युग याद आता हैं.......

क्षण-क्षण संग चलायमान समय चला.....चलते समय संग चलते चलते युग योग भी चलते रहें....चलते समय संग चलते युग योग सदा चलते रहेंगे.....

श्री युग के अमर अभिमन्यु तो हर युग श्री भारत की भूमि में पैदा होते रहेंगे..... कोई साथ दे या ना दे....अपने दम खम पर ही धर्मयुद्ध को आखिरी साँस तक हर युग लड़ते रहेंगे.....

हे हृदय कमल योगी....बात आज के युग परिप्रेक्ष में करू तो वर्तमान आधुनिक युग में जहाँ वैश्विक मानव के पास सब कुछ था.....वहाँ सम्पूर्ण विश्व के लिए हृदय युग योग दूर दूर तक नहीं था....परम्परागत योग का मानव जीवन में महत्व एवं समर्थ सार्थक उपयोगिता लगभग लगभग समाप्ति के छोर पर थी.......

आधुनिक मानव जीवन की आपाधापी में अंतिम डोर पर थी.......लेकिन तेरे समर्थ सहयोग से ही युगों-युगों का यथार्थ हृदय युग योग United Nation (संयुक्त राष्ट्र) तक पहुँचा.......तेरे निष्ठावान परम परिष्कृत पुरूषार्थ से ही सम्पूर्ण विश्व राष्ट्रों तक पहुँचा और सम्पूर्ण विश्व को 21 जून के रूप में विश्व योग दिवस मिला.....

हे हृदय कमल योगी.......सरल सटीक एवं सार्थक भव भावपूर्ण भारत की भाषा (Language Of India) मेरे हर अंग राष्ट्रों को नहीं आती हैं लेकिन फिर भी मेरे

हर अंग राष्ट्रों को योग की परिभाषा....योग की महत्ता और खुशहाल एवं स्वस्थ मानव जीवन की सम्पूर्णता में योग की समर्थ सार्थक उपयोगिता समझ में आ गयी....अद्भुत एवं अनुपम योग की काल कालांतरों से कभी क्षीण (Minus) न होने वाली संजीवनी शक्ति समझ में आ गयी......

हे हृदय कमल योगी....हे मनु....हे भरत....हे भारत....हे अभिमन्यु....युगों-युगों के लम्बे कालखण्ड के बाद एक बार फिर सिद्ध हो गया की श्री भारत एक दिन में बना कोई देश नहीं....श्री भारत किसी एक देश के लिए ही कर्मयोग एवं कल्याणकारी देश नहीं....अपितु यह तो युगों-युगों से सम्पूर्ण संसार का देश था.....सम्पूर्ण संसार का देश है और सदा सम्पूर्ण संसार का देश रहेगा.....

रही बात मेरे हृदय के इस युग के आज के अभिमन्यु की तो.......

इस युग का चक्रव्यूह तो द्वापर युग से भी जटिल था......

इस युग का चक्रव्यूह तो द्वापर युग से भी क्रूर और कुटिल था

फिर भी हिम्मत ना हारी....मेरे वीर अभिमन्यु ने

एक-एक जटिल क्रूर और कुटिल कलयुगी अधर्म के घेरे को तोड़कर....

आखिर बाज़ी मारी मेरे अभिमन्यु ने....
आखिर बाज़ी मारी मेरे अभिमन्यु ने....

हे हृदय कमल योगी....हे यश-यशस्वी युग योगी.....अनंत असीम नील गगन में मुझ धीर धर्म धरा के यथार्थ युग योग हृदय आँचल तेरे जैसे युगवीरों योगवीरों से ही युगों-युगों से आज भी धीर वीर माता हूँ.....

ऐसा भी नहीं हैं की मैंने कायरों को....कौरवों को आत्म कल्याण का कोई मौका ही नहीं दिया......

मैंने तो कायरों और क्रूर कुटिल कौरवों को भी श्री धर्मधारी श्री कर्मधारी युग वीर योग वीर बनने के एक नहीं बल्कि अनगिनत बार अनगिनत मौके दिए.... हर बार यह सोचकर शायद (Perhaps) जो सदियों सदियों तक नहीं सुधर पाएं

वे किसी ना किसी एक सदी तो जरूर सुधर ही जायेंगे.....तन मन हृदय युग एवं आत्म कल्याण कर ही लेंगे मगर कायर क्रूर कुटिल कौरव कभी मेरा गौरव नहीं बन पायें....धर्म व धैर्यहीन कौरव आज भी मेरे प्रिय पांडवों की जुती (Footwear) की भी होड़ नहीं कर पायें......

परमवीर पांडवों जैसी धीर वीर विभूति बनना तो बहुत दूर की बात हैं....बहुत बड़ी बात हैं....

विचारणीय वर वंदनीय बात तो यह हैं की एक वंश वृक्ष की दो शाखाएं होते हुए भी.....एक ही मूँग (Pulse) की दो फाड़ होते हुए भी....क्रूर कुटिल कौरव कभी मेरा गौरव नहीं बन पाये.....कभी मेरा गौरव नहीं बन पायें....

मेरे तन मन हृदय युग योग में जो आदर्श एवं उच्च स्थान अक्ष अस्तित्व परम वीर पांडवों का द्वापर (Dwaapar) युग में था....वह आज कलयुग में भी यथार्थ यथावत (As it is) हैं....

यही मेरे (वसुधा) तन मन हृदय युग योग का यथार्थ श्री भारत हैं.....यही मेरे तन मन हृदय युग योग का यथार्थ श्री महाभारत हैं....यही मेरे तन मन हृदय युग योग का यथार्थ दिव्य धर्म कर्म को दर्शन दर्शित शास्त्र हैं.....युगों-युगों को भाषित परिभाषित सत्यार्थ सात्विक संस्कार संस्कृति की गहन गम्भीर गाथा हैं......

हे हृदय कमल योगी....हे युग योगी.....बात युगों-युगों के यथार्थ युग योग हृदय की हो रही हैं.....तो युगों-युगों बाद आज के युग की भी हो रही हैं.....अतीत के गर्व गौरवशाली श्री भारत की हो रही हैं....तो आज के आधुनिक अत्याधुनिक राष्ट्र राष्ट्रों के बीच आज के श्री भारत की भी हो रही हैं.....

युगों-युगों बाद आज पुन: बात मेरे हृदय प्रिय युग योग कमल योगी से हो रही हैं.... युगों-युगों बाद उस श्री भारत से हो रही हैं....जो हृदय योग से वर्तमान में चाहे तो मेरे विश्वांचल पर पुनः सतयुग का नया सवेरा ला सकता हैं और दूर दूर तक फैले भटकाव के अंधेरे को आज का आज भगा सकता हैं.....

अधर्म अन्याय आतंक अत्याचार से लड़ना आरम्भ कर दे तो मेरा भारत एक-एक कर सबको एक साथ जड़ों सहित उखाड़ कर फेंक सकता हैं....सबको एक साथ पूरी दुनिया से भगा सकता हैं....

मैं तो मेरे हृदय कमल.....मेरी अमर आत्मा....और मेरे आत्मीय आँचल में बसे उस भरत और भारत को नमन करती हूँ जिसमें आज भी अटूट सत्य समर्पण समर्पित साहस हैं....अद्‌भुत समर्थ सामर्थ्य युग योग यथार्थ शक्ति हैं....सतयुग के परम पथ पर हर उस सतयुगी को मेरा नमन जो कलयुग में भी उस (सतयुग) युग को ही जी रहें हैं......आज भी खुद के लिए खुद नहीं जी रहें मगर फिर भी मानव जीवन को जिंदादिली से खुद में जिंदा रखें हुए हैं.....

क्षण-क्षण में समय बीत जाने के बाद भी.....आज भी बीते समर्थ समय के युग योग को हृदय में जिंदा रखें हुए हैं.....युग दर युग हर युग सतयुग को जिंदा रखें हुए हैं..... हर युग श्री सतयुग को जिंदा रखें हुए हैं.....

हे हृदय कमल योगी.....हे युग योगी....मैं तो तुझ से आज पुनः इस कालखण्ड में भी यही कहना चाहूँगी की चाहें राज्य राज सिंहासन, शासन, सत्ता, शक्ति, संगठन सब चले जायें मगर फिर भी जीवन में सत्यार्थ सत्य का साथ नहीं छुटना चाहिए..... सत्य की शक्ति क्या होती हैं.....सत्य में कितनी शक्ति होती हैं यह एक सत्यवादी या सतयुगी ही अनुभूत भी कर सकता हैं और सहृदयता से उसे अभिव्यक्त भी कर सकता हैं।

सत्य के पथ पर संयम से सधे कदमों से कदम दर कदम हर कदम को चलना ही सत्यवाद हैं और जिसने अपने जीवन काल के अंतिम कदम को भी सत्य की दहलीज पर रख लिया.....वो ही सत्यवादी हैं।

श्री के साथी हैं.....श्री के सर्वकाल के सारथी हैं......

आज की बात करू तो जो आज सत्यमेव हैं.....वे पूर्व के आदिकाल कालांतरों में भी थे.....और भावी काल कालांतरों में भी सत्यमेव ही रहेंगे.....

राज्य, राजसिंहासन, शासन, सत्ता, शक्ति, संगठन तो आते रहेंगे.......जाते रहेंगे.....

समय के घोड़े पर बैठ कर चाहें आये....चाहें जाये.....मगर फिर भी हे हृदय कमल योगी....जीवन के किसी भी कालखण्ड में सत्यार्थ सत्य का साथ नहीं छूटना चाहिए.....जीवन के किसी भी कालखण्ड में सत्यार्थ सत्य सारथी का साथ नहीं

छूटना चाहिए.....बस यही आज मुझ भगवती.....मुझ वसुधा का मेरे विश्व विश्वांचल के समस्त वीर महावीर महारथियों से नम्र विनम्र निवेदन हैं.....

हे हृदय कमल योगी.....हे युग योगी....रही बात आज के युग सत्य कि तो आज का युग सत्य तो यही हैं की मानव और दानव (Human and Monster) के बीच अन्तर स्थापित करने वाली दया धर्म की दीवार लगभग लगभग पूरी की पूरी (Completely) गिर चुकी हैं बस कहीं कहीं पर ही दुर्लभ आधार स्तम्भ एवं अवशेष ही अब तो नजर उस दीवार के आते हैं.....बस दुआ करती हूँ की मानव में मानव की शेष अवशेष वह दीवार भी भर भराकर गिर न जायें.....

हे हृदय कमल योगी...हे युग योगी....बात सीधी सरस एवं सरल हैं की 100 कौरवों को देखकर यदि 5 पाण्डव (Pandav) भी क्रूर कुटिल कौरवों में शामिल हो जायें तो फिर क्या फर्क (Difference) रह जायेगा कौरवों एवं पांडवों में......

क्या फर्क रह जायेगा अधर्म एवं धर्म में......

जो फर्क (अन्तर) हैं.....वह फर्क एक मजबूत एवं अटूट दीवार के रूप में मानव एवं दानव के बीच सदैव रहना चाहिए.....सदैव रहना ही चाहिए.....

हे हृदय कमल योगी....हे युग योगी.....आज भी क्रूर कुटिल कौरवों को धर्म ध्यान रास नहीं आता हैं......अधर्म अन्याय अत्यचार ही आज भी खूब रास उन्हें आता हैं

तभी तो द्वापर से कलयुग तक फेका हर पासा आज भी उनके काम नहीं आता हैं......

देशकाल में दूर दूर तक फेंका (Throw) अब तो कोई पासा काम नहीं आता हैं।

देशकाल में दूर दूर तक फेंका अब तो कोई पासा काम नहीं आता हैं।

देशकाल में दूर दूर तक अब भी मेरे प्रिय पाण्डवों के पास अधर्म कभी पास नहीं आता हैं

अधर्म अन्याय आतंक अत्यचार वाला क्रूर कुटिल कौरवों का कोई पासा अब भी कभी किसी देशकाल के काम नहीं आता हैं....

हे हृदय कमल योगी....हे युग योगी.....मेरे परम प्रिय पाण्डवों को मान देते हुए.... श्री धर्म को ध्यान देते हुए....समय के एक-एक क्षण को सार देते हुए चलो प्रिय अब आगे बढ़ते हैं.....

बढ़ते कदमों संग....जय से धर्म को आज पुनः विजय करते हैं.....जय से जय को आज पुनः विश्व विजय करते हैं....गौमुख से बहती माँ गंगा की हर धीर धर्म धारा को सागर तक आज पुनः सादर नमन करते हैं.....सादर नमन करते हैं....सादर नमन करते हैं.....

धर्म के अमर आत्मीय अध्याय के शेष विशिष्ट विवरण को हृदय युग योग में पिरो कर यथार्थ एवं सार्थक वर वंदनीय विजय पूर्वक मिलकर आज पुनः पूरा करते हैं......

हे हृदय कमल योगी....हे युग योगी....तू विश्वास रख तेरे भाग्य का भारत.....तेरे सौभाग्य का भारत अतिशीघ्र ही तेरी देखनी में ही गौ कल्याणकारी गौरव राष्ट्र बनेगा....काल कल्याणकारी राष्ट्र बनेगा भारत से ही गौ सेवा एवं संरक्षण संवर्धन का पूरे संसार में पुनः कालजयी क्रांतिकारी श्री शंखनाद बजेगा....तेरे सानिध्य में ही सारा संसार गौ की अनंत असीम महिमा को मानेगा.....

माँ की ममता जब संसार गौ को मानेगा.....गौ को ममतामयी माता मानेगा....तब गौ को कोई नहीं मारेगा....पूरा भारत मानेगा....पूरा संसार जानेगा...गौ पूजनीय हैं....गौ वंदनीय हैं.....जिसने भी हृदय से पूजा हैं.....जिसने भी हृदय योग से वंदना की हैं.....वे भली भांति जानते हैं.....आज भी अन्तरमन से मानते हैं की गौ मानव प्रजाति से भी उच्च मातृत्व ममता की मंगल महिमा हैं......

हे हृदय कमल योगी......हे युग योगी....तू ठान ले तो क्या असम्भव हैं....गौ कल्याण में एक जोरदार दहाड़ हृदय युग योगपूर्ण लगा दे तो पूरे भारत से तेरी गुंज गूंजती हुई मेरे वैश्विक आँचल के हर अंग राष्ट्र तक पहुँचेगी.....धीर धर्म से धन्य धर्म से मुझ धरा के कोने कोने तक कालजयी कर्मजयी परम वेद वाणी बन कर ही पहुँचेगी..... यथार्थ युग की सत्यार्थ वेदना ही पहुँचेगी.......

जो कालजयी कर्मयोग करोड़ों करोड़ों से भी न हो वह तू अकेला ही आसानी एवं आत्मीयता से कर सकता हैं......हाँ आज भी श्री की मुक्त हृदय युग योग से एक यथार्थ योगी को योग योगेश्वर प्रदत्त सर्व शक्तियाँ तुझमें समाहित हैं.....और सत्यार्थ

भी यही हैं की यथेष्ट समय पर यथार्थ शक्तियों का उपयोग न किया जायें तो वे प्रभावहीन ही नहीं क्षीण भी हो जाती हैं......यथेष्ट समय पर उपयोग उपयोगार्थ किया गया निष्ठापूर्ण सच्चा श्रम स्वयं एक सार्थक शक्ति हैं....सत्यार्थ हृदय से किया गया चिंतन मनन भी महाशक्ति हैं....स्वयं अपने आप में देवों के देव महादेव की ही एक महाशक्ति हैं.....

तू क्या हैं और क्या नहीं.....यह मुझे किसी से भी पूछने की आवश्यकता नहीं हैं....मैं तुझे जानती हूँ इसलिए तो आज भी युगों-युगों से अपना मानती हूँ.....हाँ वीर आज भी हृदय युग योग से अपना मानती हूँ.....

मानवों में श्रेष्ठ मानव आज भी सम्पूर्ण विश्व का मानती हूँ......

देवों के देव महादेव के मनोहृदय की श्रेष्ठ मानव मणि मानती हूँ......

युगों-युगों के हिम हिमालय समान हृदययोग से आज भी विश्व विराट मानती हूँ......

युग के इस दौर में आज पुनः तुझे मैं भारत का ही नहीं पूरे विश्व का विराट हृदय सम्राट मानती हूँ....हृदय यथार्थ से मानती हूँ.....हृदय यथार्थ से जानती हूँ..... इसलिए तो देवों के देव महादेव से युग कल्याण में हर युग वीर विराटो को हृदय विश्वास से ही माँगती हूँ......

करोड़ों करोड़ों को आज भी मैं नहीं माँगती हूँ.......

करोड़ों करोड़ों को आज भी मैं नहीं माँगती हूँ.......

करोड़ों करोड़ों में बस आज भी कुछ विराट वीर ही माँगती हूँ.....

करोड़ों करोड़ों को मैं नहीं जानती हूँ लेकिन करोड़ों करोड़ों में आज भी कुछ वीर हैं जिन्हें मैं जानती हूँ......

करोड़ों करोड़ों में आज भी युगों-युगों के कुछ धीर हैं जिनमें धड़कते वीर हैं...... जिनमें धड़कते वीर हैं......

एक अकेले होते हुए भी पूरी दुनिया हिला देवें......इतना हौसला तो आज भी मरते दम तक रखते हैं.......

कोई साथ न देवें तो भी परवाह नहीं करते हैं.......अपने दम पर अकेले होते हुए भी पूरी लड़ाई लड़ते मेरे वीर हैं.....

अपने दम पर अकेले होते हुए भी पूरी लड़ाई लड़ते मेरे वीर हैं......

शरीर जिनका आज भी राम हैं......शक्ति जिनकी आज भी सीता हैं......हृदय जिनके युगों-युगों की गीता हैं......ऐसे वीर ही मुझे काल कलयुग में भी कर्मयोगी कृष्णा बनकर ही जीते हैं.......

जय से जय के विजय दीप उन श्री विराट वीरों के.......हृदय आज भी मेरे जलते हैं.....हृदय आज भी मेरे जलते हैं......

जय से जय के जगमगाते जलते विजय दीप ही अंधकार आज भी भगाते हैं..... अंधकार आज भी भगाते हैं.....

खुद से खुद को जीत कर जो दीप खुद में जलाते हैं.....वे जलते दीप ही मेरे हृदय आज भी जय से जय को जगमगाते हैं....

खुद से खुद को जीत कर जो जलते दीप बनते हैं....वे ही एक दिन मेरे विश्व विजय वीर बनते हैं.....वे ही एक दिन मेरे विश्व विजय विराट वीर बनते हैं......

हे हृदय कमल योगी.......हे युग योगी.......अब वक्त फैसला लेने का हैं....अब वक्त गौ सेवा संरक्षण संवर्धन का विराट वैश्विक फैसला लेने का हैं.....अब वक्त गौ कल्याण के फैसले आज ही लेने का हैं.....अब वक्त समय के सत्यार्थ को समझ कर वीर विराट युग योग यथार्थ फैसले लेने का हैं.......

मैंने तो तुझे अपने हृदय युग योग का वीर मान लिया हैं.....वक्त वक्त के साथ वक्त वक्त पर मैंने तुझसे जो वास्ता रखा हैं....युग योग पूर्ण युगों-युगों से वर्तमान में भी वहीं वास्ता रखा हैं.....इस युग को भी हर्ष हर्षित धर्मयोग पूर्ण पार करता कराता विराट कर्मयोग रास्ता रखा हैं......विराट कर्मयोग रास्ता रखा हैं.....

हे हृदय कमल योगी....हे वीर....प्रथम पंक्ति में सबसे आगे सबसे पहले चलना तो परम वीर को ही पड़ता हैं.....

कोई चले या ना चले पर परमवीर तो परम धर्म से परम गति से प्रथम पंक्ति में सबसे पहले चलता हैं.....सबसे पहले चलता हैं......

युग योग हृदय से कालजयी कर्मजयी गौ सेवा संरक्षण संवर्धन का विराट वैश्विक जो रास्ता मैंने तेरे लिए रखा हैं.....उस पर तुझे मजबूरी में नहीं.....मजबूती से चलना तो पड़ेगा ही....धीर धर्म धैर्य से कदम दर कदम हर कदम चलना तो पड़ेगा ही.....

तू विश्वास से अपने पथ पर प्रथम पंक्ति में परम धर्म कर्म से चलेगा तो तेरे पीछे तेरा पूरा देश चलेगा....तेरे देश के पीछे पूरी दुनिया चलेगी

जो चलते हैं उनके रास्ते पार हो जाते हैं......

जो लगातार चलते हैं....जो लगन से चलते हैं.....उनके लिए लम्बे रास्ते भी छोटे पड़ जाते हैं.....

लगातार लगन से जो चलते हैं.....बीच राह लम्बा रास्ता देख जो नहीं रुकते हैं..... कठोर एवं कठिन परिस्थितियों को बीच राह में देखकर भी जो वीर मुँह नहीं मोड़ते हैं.....वे निश्चित मंजिल पाते हैं......वे निश्चित मंजिल पाते हैं......

युग योग योगेश्वर भी उनकी कामयाबी के गीत हृदय यथार्थ से गाते हैं......
युग योग योगेश्वर भी उनकी कामयाबी के गीत हृदय यथार्थ से गाते हैं....

हे हृदय कमल योगी.....हे युग योगी....तू विश्वास रख तेरे भाग्य का श्री भारत तेरे सौभाग्य में....तेरी देखनी में ही "गौराष्ट्र गुरु राष्ट्र" में विश्वराष्ट्रों का "श्री विश्वामित्र" भी बनेगा.....

हे हृदय कमल योगी.....तू मेरे सौभाग्य का धीर वीर युगों-युगों का हर्ष हृदय योगी हैं......तूने योग में युग को पुनः योग योगेश्वर दिए हैं....तू किसी एक जन्म का नहीं.....जन्म जन्मांतरो से मेरी जय जयकार करता जय-जय जयते का जगदीप हैं......जयदीप हैं......

हे हृदय कमल योगी.....हे युग योगी.....तूने युगों-युगों मेरी जय में जय से जय को ही जीया हैं......हे विश्व योगी.....मैं धीर वीर वसुधा तेरी और तेरे राष्ट्र की हृदय युग योग यथार्थ से युगों-युगों

जय जयकार करुँगी जब तू और तेरा राष्ट्र गौ (गायत्री) को मुझ धरा पर पूरे विश्व में माँ (गौमाता) का दर्जा दिला देगा.....काल कलयुग के घोर अंधकार से निकाल कर स्वर्णिम सुखमय सतयुग का नया सवेरा पुनः गौ माता को दिखा देगा.....

जय जयकार करुँगी.....युगों-युगों तक हृदय युग योग यथार्थ से तेरी और तेरे देश की जय जयकार करुँगी.....

हे हृदय कमल योगी.....हे युग योगी....यदि तेरे राजयोग में भी गौ को पुनः भारत राष्ट्र से सम्पूर्ण विश्वमंडल में.....कालजयी कमल कमण्डल में ममतामयी माँ का दर्जा नहीं मिलता हैं.....और पूर्ण कल्याणकारी संरक्षण सेवा सौभाग्य प्राप्त नहीं होता हैं तो शायद पुनः किस कालखण्ड में कब किस योग में किस युग में होगा.....पता नहीं पुनः "गौ" को माता का राष्ट्र राष्ट्र दर्जा और संवर्धन संरक्षण सदसत पूर्ण मिलेगा भी या नहीं....मुझे (धीर वीर वसुधा) कुछ पता नहीं.....

तू धीर वीर विचारवान विद्वान हैं.....तेरा भी फर्ज़ बनता हैं.....श्री शिवशक्ति के नंद नंदी हैं......

हे हृदय कमल योगी.....हे युग योगी ....तेरे तो हृदय और हाथ की बात हैं.....आज तो तू भारत राष्ट्र का ही नहीं....मेरे सम्पूर्ण विश्वांचल का सिरमोर हैं....द्वारकाधीश के मुकुट का मोर पंख हैं.......

वर्तमान युग योग यथार्थ भारत का भरत ही नहीं....भारत का भाग्य भी हैं और मेरे आँचल विश्वांचल का सौभाग्य भी हैं......

हाँ हृदय कमल योगी....तेरे हृदय और तेरे हाथ की बात हैं

तेरे युग और तेरे योग की बात है......

तू युग में आया हैं.....
तू योग में आया हैं.....

फिर से एक बार तू भारत में भारत का राजयोगी बनकर आया हैं.....

देख हृदय कमल योगी....आज जिस गौ को "गुरु माता गायत्री माता" के राष्ट्रीय व वैश्विक संरक्षण की आवश्यकता हैं.....वह तू दे सकता हैं यदि तू वीर विराट ही गौ को गर्व गरिमामय सेवा संरक्षण नहीं देगा तो कौन देगा.....

जिसको दाता के सूर ने सर्व दिया हैं.....वह सारे संसार को अपना सर्व देने का साहस रखता हैं.....

आज तू भारत के राजपाट का प्रधान कर्मयोगी हैं....तेरे पास तेरी सर्व सबल प्रभु सत्ता हैं.....

सब कुछ हृदय और हाथ में होते हुए भी यदि राष्ट्र की गऊ गुरु माँ संस्कार संस्कृति को भारत भरत राष्ट्र में राष्ट्रीय संवर्धन संरक्षण नहीं मिलता हैं तो यह दु:ख का ही नहीं चिंतन का भी विषय हैं.....

अपनी अपनी चिता पर सोने से पहले (Before Last Sleep) यह सर्व संसार के लिए भी स्वयं चिंतन मनन का विषय हैं....विश्वास एवं वास्तविकता का युग योग हृदय यथार्थ का विषय हैं.....

कालजयी कर्मजयी कामधेनु के कल्याण में क्रांतिकारी पहल कर कलयुग को हृदय से हर हाल में यथार्थ हरा कर (Defeat) पुनः सतयुग को स्थापन स्थापित करने का हर संसार संसारी का विषय हैं.....

संसार में आने वाले हर संसारी का विषय हैं.....

संसार छोड़ कर जाने से पहले हर संसारी का विषय है......

यदि समर्थ विश्वगुरु राष्ट्र से भी मेरे आँचल वैश्विक राष्ट्र गौ माता की मंगल ममतामयी महिमा नहीं समझते हैं....तो काल कलयुग में कामधेनु का आने वाला हर कल काला ही होगा.....क्रूर कुटिल दुष्ट कलयुगी कौरवों का दुस्साहसपूर्ण काला कष्टदायी पेहरा ही कामधेनु पर होगा.....

दूर दूर तक तब मुझ धरा पर धर्म कहीं पर भी नहीं ठेहरा होगा.....

काल कलयुग में इस तरह से तो आने वाले हर कल के साथ क्रूर कुटिल कष्टदायी अत्याचार ही होगा.....आज नहीं तो कल इस तरह से तो कामधेनु का हर बीतते कल के साथ दु:खद अंत ही होगा.....

तू ही बता वीर.....कामधेनु का ऐसे में कैसे कालजयी कल्याण होगा.....काले काल कलयुग का आज का दौर ऐसा हैं तो अंतिम दौर तक यह कैसा होगा?

चल....मैं वीर माता ही आज पुनः बता देती हूँ.....समय रहते सर्वसंसार को आज पुनः बता देती हूँ.....समय रहते सतयुग की आज पुनः शुरुआत मुझ धर्म धरा धरोहर पर कामधेनु के कल्याण से ही हो जायें तो....उल्टे पैरों दौड़ता (Running on back foot) काला कलयुग होगा....

उल्टे पैरों दौड़ता काला कलयुग होगा.....

उल्टे पैरों दौड़ता दौड़ता ही शून्य में समाकर सुनसान काल में पुनः कलयुग होगा
शून्य में समाकर सुनसान श्मशान में स्वयं अपनी चिता पर पड़ा पुनः कलयुग होगा।

महादेव के नंद नंदी के पैरों तले रौंदा पड़ा पुनः काल कलयुग होगा.......रूद्र महादेव के क़दमों तले पुनः श्री सतयुग से हारा काला कर्मठोक कलयुग होगा।

हाँ वीर.....तुझ भरत भारत राष्ट्र से ही मुझ धरा पर पुनः सतयुग का नया सवेरा होगा....राष्ट्र राष्ट्र हर राष्ट्र में गौ माता का पुनः परम पावन स्थान होगा.....परम पावन स्थान होगा.....

हाँ वीर.....वक्त रुकने का नहीं हैं.....काल कलयुग के आगे झूकने का नहीं हैं.....काल में कलयुग से कामधेनु को बचाना हैं तो झट झट रथ चला मेरे भारत.....सतयुग का नया सवेरा कल तक लाना हैं तो झट झट रथ चला मेरे भारत......

झट झट रथ चला मेरे भारत

झट झट रथ चला मेरे भारत

काल में कलयुग कल तक न हो

फिर से ऐसा रथ चला मेरे भारत

राष्ट्र राष्ट्र हर राष्ट्र तक झट झट रथ चला मेरे राम
राष्ट्र राष्ट्र हर राष्ट्र तक झट झट रथ चला मेरे श्याम
रक्त न बहे कभी कामधेनु का ऐसा रक्षा तीर चला मेरे भारत
काल में कलयुग कल तक न हो.....काल में कलयुग कल तक न हो
फिर से ऐसा रथ चला मेरे भारत......फिर से ऐसा रथ चला मेरे भारत

पूरे कलयुग को भेद सके.....ऐसा तीर चला मेरे भारत
आर पार सैकड़ों छेद कलयुग की छाती में हो ऐसा तीर चला मेरे भारत
राष्ट्र राष्ट्र हर राष्ट्र तक सतयुगी सुनहरी भोर जब तक न हो
तब तक झट झट रथ चला मेरे भारत

काल में कलयुग जब तक ना हारे
तब तक रथ चला मेरे भारत
राष्ट्र राष्ट्र हर राष्ट्र तक झट झट रथ चला मेरे भारत

झट झट सतयुग का नया सवेरा मुझ धरा को कल तक पुनः दिखा मेरे भारत
राष्ट्र राष्ट्र हर राष्ट्र देखें......ऐसा नया सवेरा दिखा मेरे भारत.....

हृदय युग योग यथार्थ में आज पुनः माँ भारती के भारत भाग्य विधाता बनकर
आया समय.....क्षण-क्षण में व्यर्थ बीत न जायें.....

क्षण-क्षण में व्यर्थ बीत न जायें.....

झट झट रथ चला मेरे भारत

झट झट रथ चला मेरे भारत

काल में कलयुग कल तक न हो

फिर से ऐसा रथ चला मेरे भारत.....फिर से ऐसा रथ चला मेरे भारत......

हे मेरे वीर विराट.....हे युगों-युगों के मेरे हृदय कमल योगी......

तुझमें आज भी मुझ वीर वसुधा की पूरी-पूरी भवभावपूर्ण भक्ति हैं.....

तुझमें आज भी मेरे हृदय युग योग में रचे बसे हर देवदाता की पूरी-पूरी शक्ति हैं.....

मेरे भरत ने तो माँ भारती के भारत रथ को सत्यनिष्ठ हृदय युग योग यथार्थ से ही आज तक दौड़ाया हैं.....आज तक जितना दौड़ाया हैं....उससे आगे राष्ट्र राष्ट्र हर राष्ट्र तक दौड़ाना अब तेरा धर्म कर्म एवं फर्ज़ हैं.....

हे वीर नरेन्द्र मुझ वीर वसुधा माँ का अपने हृदय युग योग विश्वास रख.....युग में आज माँ भारती के रथ को पूरे विश्व मण्डल में कामधेनु के कालजयी कल्याणकारी कामना के लिए मेरे साथ मेरा सारथी बन अब आज से आगे रथ तुझे ही चलना हैं.....

हे वीर नरेंद्र मुझ वीर वसुधा माँ का अपने हृदय युग योग विश्वास रख....मेरा वीर महेन्द्र तो आज भी मेरे साथ हैं....काल में कलयुग को हारने....काल में कालजयी कामधेनु को हर हाल में बचाने.....माँ भारती के रथ पर आज दायें बायें दोनों वीर मेरे साथ हैं......

मुझ धीर वीर वसुधा के लिए तो आज पुनः युगों-युगों बाद हर्ष हर्षित हृदय से गर्व गौरव की बात हैं की कालजयी गौ कल्याण के लिए माँ भारती के रथ पर एक नहीं दो सारथी अब मेरे साथ हैं.....दो वीर विराट विश्व भारती अब नर में नारायण की शक्ति बन आज पुनः माँ भारती के रथ पर सवार हैं......

कामधेनु के कालजयी कल्याण के लिए कलयुग को हर हाल में आज पुनः हृदय युग योग यथार्थ से हराने (Defeat) के लिए स्वयं देवों के देव श्री महादेव बाबा भी अनंत असीम अथाह् गहन गगन में बसे देश देशांतर के हर देव दाता गुरुओं के साथ माँ भारती के वीर विराट रथ पर आज पुनः सवार हैं.....आज पुनः सवार हैं.....

सागर सागर हर सागर का कमल आज पुनः बारी बारी से माँ भारती की श्री महाकाल कल्याणजयी आरती के लिए अमर आत्मीयता से व्याकुल हैं......

श्री विष्णु जी की नाभि से आज पुनः अनंत कमल सतयुग की सुनहरी धूप में खिलने के लिए आतुर हैं......

वक्त रुकने का नहीं हैं....काल कलयुग के आगे झुकने का नहीं हैं....

सतयुग का नया सवेरा कल तक लाना हैं तो झट झट रथ चला मेरे भारत

काल में कलयुग से कामधेनु को बचाना हैं तो झट झट रथ चला मेरे भारत

झट झट रथ चला मेरे भारत

झट झट रथ चला मेरे भारत

काल में कलयुग कल तक न हो

फिर से ऐसा रथ चला मेरे भारत

ज्यादा दूर तक अब काल में कलयुग भाग (Run) नहीं सकता हैं

इतना दूर भी नहीं हैं कि अब उसे पकड़ा न जा सकें

इतना बड़ा भी नहीं हैं कि श्री भरत भारत की माँ भारती के हाथों जकड़ा न जा सकें.....

हे वीर विराट......प्रिय नरेंद्र मुझ वीर माँ वसुधा का अपने हृदय युग योग विश्वास रख.....जय से विजय को आज पुनः मेरे भरत भारत की बलवती माँ भारती ही वरण करेगी......

जय से विजय को आज पुनः मेरे भरत भारत की धर्मवती माँ भारती ही धारण करेगी.....

कहीं से भी कमजोर नहीं हैं......आज भी मेरे भरत भारत की कालजयी माँ भारती.....हाँ कहीं से भी कमजोर नहीं हैं......आज भी मेरे भरत भारत की कर्मजयी माँ भारती.....फिर भी पारखी परखती नजरों से देख रहें हैं आज पुनः सर्व ब्रह्म गगन के दूर दूर सुदूर तक के सारे तारे सितारे.....मुझ धर्म धरा पर मेरे भरत भारत की माँ भारती को......

फिर भी पारखी परखती नजरों से देख रहें हैं आज पुनः सर्व ब्रह्म गगन के दूर दूर सुदूर तक से सारे तारें सितारें.... मुझ धर्म धरा पर मेरे भरत भारत की माँ भारती के वीर विराट रथ को.....

देख रहें हैं..... माँ भारती के रथ में सवार एक-एक हर क्रन्तिकारी युग परिवर्तनकारी वीर विराटों को........

पूछ रहें हैं (Asking) आपस में आज पुनः सर्व ब्रह्म गगन के दूर दूर सुदूर तक के सारे तारे सितारे ....

क्या जय से विजय को आज पुनः वरण कर पायेगी श्री भरत भारत की बलवती माँ भारती ......

क्या जय से विजय को आज पुनः धारण कर पायेगी श्री भरत भारत की धर्मवती माँ भारती ....

क्या काल में कलयुग को आज पुनः राष्ट्र राष्ट्र हर राष्ट्र हरा पायेगी मेरे भरत भारत की माँ भारती ....

क्या काल में कामधेनु आज पुनः राष्ट्र राष्ट्र हर राष्ट्र कालजयी कल्याण कर पायेगी .... मेरे भरत भारत की माँ भारती .....

चीर कर छाती कलयुग की आज पुनः क्या सतयुगी सिंह पर सवार हो पायेगी मेरे भरत भारत की माँ भारती ....

समग्र ब्रह्म सृष्टि में सर्वत्र सबके मुख सम्मुख सवाल आज पुनः बस एक ही हैं क्या काल में कलयुग को हर हाल में हरा कर .... श्री सतयुग का नया सुखद सुनहरा सवेरा कल तक ला पायेगी मेरे भरत भारत की माँ भारती......

अतः हे माँ भारती के वीर विराट सारथी (नरेन्द्र).... तू तो मुझ धरा पर हृदय युग योग यथार्थ कर्मयोग से राष्ट्र राष्ट्र हर राष्ट्र आज पुनः माँ भारती का रथ परम पुरूषार्थ से गर्व के साथ दौड़ा।

हे हृदय कमल योगी ..... हे युग योगवीर सारथी ..... मैने और मेरे भरत ने तो युग योग यथार्थ धर्म कर्म से माँ भारती क विराट विजय रथ आज पुनः तेरे हृदय युग योग यथार्थ हाथों .... कामधेनु के कालजयी कल्याण कामना के जय से विजय वर वरदान के साथ सौंप (Handover) दिया हैं.......

माँ भारती के श्री सारथी का भी यह समग्र धर्म होता हैं कि किसी हाल हालात में किसी काल कालांतर में भी अब माँ भारती का रथ रुकना नहीं चाहिए......

हे श्री सारथी ..... किसी काल कालांतर में भी अब माँ भारती का विराट विश्व रथ रुकना नहीं चाहिए ..... रुकना नहीं चाहिए ....

हे हृदय कमल योगी ...... हे युग योगी नरेन्द्र ..... तुझमें आज भी देवों के देव श्री महादेव की सिद्ध समर्थ शक्ति हैं.... तुझमें आज भी भवों भवों की भव भाव पूर्ण भव्य श्री सतयुगी भक्ति हैं .... इसलिये हृदय यथार्थ से आज पुनः मैंने माँ भारती का रथ तुझे सौपा है.......

हे हृदय कमल योगी ..... यह एक वीर माँ का रथ हैं..... यह एक उस माँ का रथ हैं.....जो युग में मुझ धर्म धरा वसुधा के विश्व विश्वांचल पर तभी चलता हैं जब तुझ जैसा विराट वीर सारथी ..... इस वीर विराट माँ भारती को मिलता हैं ...... माँ विश्व भारती को मिलता हैं।

सर्व श्री सौभाग्य ही हैं कि माँ भारती को भी सदियाँ बीत जाने के बाद भी आखिर सारथी मिल ही जाता हैं.... युग योग हृदय यथार्थ से माँ भारती को आखिर तुझ सा तृप्त तटस्थ श्री समर्थ सारथी मिल ही जाता हैं..... श्री समर्थ शाश्वत भरत माँ भारती को मिल ही जाता हैं..... देश काल परिस्थिति में दिन महीनों वर्षो वर्ष बीत जाते हैं..... वर्षो बरस में सदियाँ निकल जाती हैं..... बीतती सदियों में से आखिर माँ भारती का भरत .... श्री कमल कुंज से निकल ही आता है.... श्री कमल कुंज से निकल ही आता हैं ....

नव युग के नव अवतार में जब तक भरत .... माँ भारती के ह्रदय युग योग आता नहीं हैं .....हाल हालात माँ भारती का कैसा होता हैं..... हाँ भरत जब तू माँ भारती के पास नहीं होता हैं ....

कैसे बया आज पुनः मैं तेरे ह्रदय करूं.....समय के क्षण-क्षण में बीत चुकी सदियों को एक पल में कैसे बया आज पुनः मैं तेरे ह्रदय करूं

आज युग योग में तू माँ भारती का सारथी बनकर काल में कालजयी होकर पुनः आया हैं .....काल कलयुग से माँ कामधेनु को बचाने धर्म के कुरु में आज पुनः तू विश्वगुरु बनकर आया है.....आज पुन: तू विश्व विजय बनकर आया हैं.....

सदियाँ बीत गई ...... सदियाँ बीत गई ......

माँ भारती के भाग्य पुनः श्री भरत को आते आते

माँ भारती के भाग्य पुनः हे भरत तुझे आते आते

हे भरत क्या तुझे पता भी है या नहीं .... पर मुझे पता है तेरे बिना .... तेरी यादों में तेरी माँ भारती का जीवन काल कैसे बीता .... क्या कहूँ ..... कैसे हूँ .... ज्यादा नहीं पर इतना जरूर आज पुन: मैं तुझसे कहूँगी कि जब तक हे भरत तू माँ भारती के भाग्य पुनः न आया तब तक भूखी प्यासी ही माँ भारती रहीं.......

बहती नदियाँ बहती ही रहीं..... फिर भी माँ भारती तो प्यासी ही रहीं

आते जाते राही को अपनी रोटी देती रही .... फिर भी खुद रोटी एक न खाई

बस मेरे भरत तू जल्दी आजा..... कहते कहते माँ भारती तो बस अपने दुःख को ह्रदय ही ह्रदय रोती रहीं।

रोते रोते रोज अपने मन को स्वयं समझती समझाती रहीं .... वर विद्या विनय दायनी माँ शारदे भगवती से अपने भवों भावों के भव्य भरत को भाग्य अपने माँगती रहीं.....

अपने ह्रदय युग योग में .... एक भरत हर युग माँ भारती माँगती रहीं

नव युग के नवयोग में श्री भरत को अमर अवतार में माँगती रहीं

अपने ह्रदय युग योग में...... एक भरत हर युग माँ भारती माँगती रहीं

नव युग के नवयोग में अपने भवों भावों के प्रिय भरत को अमर अवतार में माँगती रहीं......

क्या कहूँ...... कैसे कहूँ ..... ज्यादा नहीं पर इतना जरूर आज पुनः मैं तुझसे कहूँगी कि काल में कलयुग फिर से हारे .... काल में कलयुग फिर से हारे .... हे श्री भरत भारत की माँ भारती

हे श्री भरत भारतीयों की माँ विश्व भारती

धन्य धर्म के कुरु में आज पुनः काल में कलयुग तुझसे हारे ....

राष्ट्र राष्ट्र हर राष्ट्र माँ कामधेनु के कालजयी कल्याण से मुझ धर्म धरा पर कल तक पुनः श्री सम्पूर्ण सतयुग आवे.... श्री सम्पूर्ण सतयुग आवे.... काल में कल तक पुनः श्री सम्पूर्ण सतयुग आवे.... श्रीं सम्पूर्ण सतयुग आवे....

हे धीर वीर भरत .... अब तो हर युग तू ह्रदय यथार्थ माँ भारती के आवे.... माँ भारती के रथ पर आज सवार श्री-श्री सर्व गुरुवर देवदाता ..... युगों-युगों तक हर युग बनकर भाग्य श्री भरत भारत का ह्रदय यथार्थ माँ भारती के आते रहना....

हे गुरु देव देवताओं.... हे माँ भारती के विजय वीर विधाताओं .... ह्रदय युग योग यथार्थ मुझ धीर धर्म वसुधा के अमर आँचल युगों-युगों तक आते रहना .... युगों-युगों तक आते रहना ....

जय से विजय के गीत माँ भारती के युगों-युगों तक गाते रहना .....

जय से विजय के गीत माँ भारती के युगों-युगों तक गाते रहना .....

हे ह्रदय कमल योगी .... हे युग योगी नरेन्द्र ...... मैंने (वसुधा) मेरे भरत भारत की माँ भारती ..... माँ विश्व भारती के ह्रदय आँचल के श्री-श्री सर्व ब्रह्म गुरुवर देव देवताओं ... विजय वीर विराट विधाताओं ने तो अपना कालजयी धर्म कर्म योग पुरूषार्थ माँ कामधेनु के कल्याण में सत्यार्थ सत्य से सर्वस्व समर्पण समर्पित कर श्री सतयुग का जयघोष आज पुनः कुरु में श्री शंखनाद से कर दिया हैं ......

हृदय युग में जो दुःख दर्द दूर दूर युगों-युगों से काल कलयुग में यहाँ वहाँ पैर पसार कर पसरा पड़ा था .... आज उसे पकड़ कर देवों के देव महादेव के नंद नंदियों के पैरों तले रूद्र रौंदन के लिए पटक दिया हैं......

युगों-युगों बाद आज पुनः काले काले कलयुग का कोने कोने से नामोनिशान मिटा हैं.....

काल में काला काला कलयुग आज पुनः स्वयं महादेव के हाथों बुरी तरह पीटा हैं.....

महादेव के नंद नंदी ने भी बुरी तरह से पूरी राह घसीटा हैं......

काल में महाकाल के सामने रोम रोम कलयुग का आज पुनः काँपा है....

काल में महाकाल के सामने रोम रोम कलयुग का आज पुनः काँपा है....

दसों दिशाओं में आज पुनः माँ भारती के सिर पर तो बस केसरियाँ रंग का ही साफा हैं....

दसों दिशाओं में आज पुनः माँ भारती के सिर पर तो बस केसरियाँ रंग का ही साफा हैं....

जहाँ देखो वहाँ तक .... मुझ वसुधा से अम्बर तक बस केसरियाँ केसरियाँ ही साफा हैं.....

धन्य वीरों .... धन्य धीरों .... हे युगों-युगों के अमर युगवीरों.....

हे हृदय कमल योगी .... हे हृदय योगी नरेन्द्र ....

यह कालजयी कर्मजयी माँ भारती की कोई काल्पनिक या कागजों में काल कलयुग से लड़ी लड़ाई नहीं थी ...... बल्कि कलम बनी तलवार से लड़ी मेरी (वसुधा) मेरे युगों युगों के श्री भरत भारत और उनकी माँ विश्व भारती के रथ पर सवार .... मेरे भरत के समस्त श्री-श्री सदसत समर्थ आदि गुरुओं श्री आदि शंकराचार्यों, ऋषियों, मुनियों, तपस्वियों, ध्यानियों, ज्ञानियों, विद्वानों संग सानिध्य परम ब्रह्म सृष्टि के कण-कण में आज भी समय के क्षण-क्षण में सर्वत्र व्याप्त श्री कर्मयोगियों एवं

श्री धर्मयोगियों की ह्रदय युग योग यथार्थ से काल में काले कलयुग से लड़ी लड़ाई थी......

युगों युगों से सर्व ब्रह्म सृष्टि में व्याप्त सत्य सत्यार्थ की युग योग पूर्ण परम ह्रदय यथार्थ से गुरु गोरक्ष नाथ नाथाय की गौ माता की रक्षा रक्षार्थ में भारतमाता के रथ पर सवार होकर रात दिन लड़ी गौरवशाली लड़ाई थी...

श्री धर्म के कुरु में श्री गुरु गौरक्ष नाथ नाथाय की काले काले कलयुग से एक लम्बी लड़ी लड़ाई थी.... एक लम्बी लड़ी लड़ाई थी....

काल कलयुग से ..... ह्रदय युग योग यथार्थ से कुरु के मैदान में डटकर खड़ी खड़ी खरी खरी लड़ी माँ भारती की एक लम्बी लड़ी लड़ाई थी....... एक लम्बी लड़ी लड़ाई थी.......युग योग में यथार्थ लड़ी लड़ाई थी... युग योग में यथार्थ लड़ी लड़ाई थी...

दसों दिशाओं में रथ माँ भारती को घुमाना पड़ा था.... युग योग ह्रदय यथार्थ से एक-एक दिशा पुनः श्री भरत को दिव्य दर्शन सुदर्शन में दिखानी पड़ी थी ....

मुझ धीर वीर वसुधा से परम ब्रह्म गगन तक एक युग में ही युगों-युगों की ह्रदय यथार्थ से एक लम्बी निर्बाध यात्रा करानी पड़ी.....

बिना थके .... बिना हारे .... बिना रुके.... मेरे भरत संग माँ भारती को श्री ब्रह्म ब्रह्माजी दातागुरु की छत्र छात्रा में रात दिन चलना पड़ा.... श्री सूर्यनारायण से .... सर्व श्री-श्री स्वामी नारायण से कालजयी मंगल कल्याणकारी कामना अनंत-अनंत तक अर्ज हुई .... देश देशांतर के हर मानव में पुनः मनु धर्म में दर्ज हुई .... बनकर ममतामयी महिमा वैश्विक मानव धर्म में मर्ज हुई.....

हे ह्रदय कमल योगी ... हे युगों-युगों अमर योगी नरेन्द्र .....आज मेरे ह्रदय युग योग में अपार अनंत सुखद हर्ष हैं कि श्री सतयुग का नया सवेरा आज पुनः माँ भारती के श्री भरत के ह्रदय उगता उगता (Rising) पूरे भारत में उगा .... मेरे सम्पूर्ण विश्व विश्वांचल हर राष्ट्र की अमर आत्मा में उगा .....

हे ह्रदय कमल योगी .... हे युग योगी...... कितनी आत्म सुखद श्री सतयुग की आज सुनहरी सुबह हैं।

कितनी आत्म सुखद श्री सतयुग की आज सुनहरी सुबह हुई हैं.....काले काले काल कलयुग को हरा कर आखिर श्री देवों की कामधेनु कालजयी हुई हैं ... सर्व देवों में आज पुनः कर्मजयी हुई हैं.......

देख भरत .... देख भारत .... श्री सतयुग की सुनहरी सुबह हुई हैं.... तेरी माँ भारती में हँसते हँसते पूरे भारत में उदय हुई हैं .....

हाँ भरत ...... परम भारत .... तेरी माँ भारती के ह्रदय हँसते हँसते आज पुनः पूरे भारत में उदय हुई हैं.... श्री सतयुग की सुबह हुई हैं .... श्री सतयुग की सुबह हुई हैं ......

देख भरत ..... देख भारत ..... सुनहरी सुनहरी श्री सिंधुरी सर्व जगत में सुबह हुई हैं......

काली काली रात के बाद .... काले काले कलयुग के बाद ... आज पुनः श्री सुनहरी सुबह हुई हैं.... श्री सतयुग की सुबह हुई हैं....

देख भरत ..... देख भारत ..... आसमान में आज पुनः माँ भारती उदय हुई हैं.... युगों-युगों बाद आज पुनः पूरे आसमान में माँ भारती उदय हुई हैं.

सुनहरी सुनहरी श्री सिंधुरी सर्व जगत में सुबह हुई हैं......
श्री सतयुग की सुबह हुई हैं..... श्री सतयुग की सुबह हुई हैं.....

देख भरत .... देख भारत ..... आसमान में आज पुनः माँ विश्व भारती ही विजय हुई हैं.... विजय हुई हैं..... श्री सतयुग के सिंह पर आज पुनः माँ भारती ही सवार हुई हैं.....

सुन भरत .... सुन भारत ..... गा रहे हैं सारे तारें सितारें गुणगान गर्व गौरव से गहन गगन में आज पुनः सिंह सवार माँ भारती के ..... सिंह सवार माँ भारती के ..... श्री धर्म से सर्व धर्म से धन्य गुणगान गर्व गौरव से गौ माता का हो रहा हैं.....

देख भरत ...... देख भारत ..... मुझ धर्म धरा से गौ लोक तक श्री-श्री सर्व देव दाता गुरु गोरक्ष संग माँ भारती का विजय पर्व आज पुनः धूम धाम से मना रहें हैं.... धूम धाम से मना रहें हैं.... केसर चन्दन और कुमकुम का विजय तिलक .... श्री-श्री सर्व

देव दाता गुरु माँ भारती के विजय पर्व में एक दूसरे के लगा रहें हैं..... माँ भारती के विजय पर्व में जय जयकार लगा रहे हैं..... माँ भारती के विजय पर्व में जय जयकार लगा रहे हैं....

देख भरत .... देख भारत ..... आसमान में आज पुनः माँ भारती उदय हुई हैं.... श्री सतयुग की सुबह हुई हैं...... श्री सतयुग की सुबह हुई हैं......

हे ह्लदय कमल योगी.....हे युग योगी नरेन्द्र ..... आज तू सर्व गुण संपन्न सिद्ध समर्थ सबल श्री भारत राष्ट्र का प्रधान कर्मयोगी हैं.... सपना नहीं ..... श्री का शाश्वत हैं कि तू श्री भारत का राजा हैं माँ भारती का राजा बेटा हैं..... माँ भारती का राजा बेटा हैं......

भाग्यशाली हूँ मैं कि आज तू मुझ वीर वसुधा का एक विराट कर्मयोगी बेटा हैं.... हे ह्लदय कमल योगी... हे युग योगी .... तेरे तन मन ह्लदय सदा श्री सिद्ध समर्थ परम देव दाता गुरुओं की शक्ति बनी रहें...... तेरे कर्मोभाग्य सदा परम परिष्कृत कर्मयोग सौभाग्य बना रहें...... ॐ जय श्री ...... जय श्री .... जय श्री.....

हे ह्लदय कमल योगी.... हे युगों-युगों के योगी..... जी भर कर धन्यवाद दे दू.... इस युग के शेष बचे कालजयी कर्मयोग भी श्री सिद्ध सम्पूर्ण करवा दू ...... नवयुग के नवयोग में मेरे ह्लदय की योग शक्ति आज पुनः तुझे दे दू .... श्री-श्री सर्व देव दाता गुरुओं के ह्लदय यथार्थ हस्ते हँसते हँसते आज पुनः तुझे दे दू......

हे युगों-युगों के योगी .... आज पुनः तुझे सर्व जगत कल्याण में दे दू ..... जय से विजय हर देव दाता गुरुओं की मुझे प्राप्त सर्व श्री योग सिद्ध शक्तियाँ इस युग में तो क्या युगों-युगों तेरे ह्लदय यथार्थ सदा तेरे काम आएंगी .....

कभी कृष्ण बनकर तो कभी कामधेनु बनकर .....

कभी राम बनकर तो कभी सीता बनकर .....

कभी गुरु बनकर तो कभी गीता बनकर ......

कभी एक बनकर तो कभी अनंत बनकर .... आज युग योग में ह्लदय यथार्थ मेरी दी हुई श्री योग सिद्ध शक्तियाँ युगों-युगों युग युगांतर तक तेरे काम आएगी .....

हाँ मृग मृगेंद्र .... गज गजेन्द्र .... नर नरेन्द्र....... पूर्व की श्री ह्लदय योग परम सिद्ध शक्तियों से ही तुम श्रेष्ठ थे.... तुम श्रेष्ठ हो ..... और आज पुनः प्राप्त श्री नवयुग योग

सिद्ध शक्तियों से भावी युगों-युगों के युग युगांतर में भी सदा सर्वश्रेष्ठ ही रहोगे..... सदा सर्वश्रेष्ठ ही रहोगे......

हे ह्लदय कमल योगी ..... हे युगों-युगों के योगी ...... विज्ञान के वर्तमान विशिष्ट युग में तूने पूरे विश्व को युग का सबसे बड़ा वही योग दिया था जो युगों-युगों से आज भी योग योगेश्वर श्री कृष्णा का है....युग को श्री कृष्ण देने वाला ...... माँ गंगा को उसका युगों-युगों का पुनः निर्मल आँचल देने वाला.....श्री कैलाश मान सरोवर तक भगवान शिव गौरी के ह्लदय हंसो को सुन्दर सुगम श्री पथ देने वाला ..... तू मेरे ह्लदय युग का सौभाग्यशाली कर्मयोगी वीर हैं....

जो ह्लदय योगी ह्लदय से इतना भव्य कर्मयोग करने का साहस श्रम व क्षमता सामर्थ्य रखता हैं वह शिवगौरी के नंद नंदी (गौवंश) को भी भारत राष्ट्र में तो क्या मेरे सम्पूर्ण विश्वांचल (अंगराष्ट्रों) में गुरु गौरक्षनाथ नाथाय में परम धर्मवचन को पालकर गौ को धरा धरोहर धर्ममाता ..... संस्कार संस्कृति माता का राष्ट्रीय व वैशिक दर्जा दे सकता हैं......

हे ह्लदय कमल योगी .... तू हंस बनकर कहूँ या माँ सरस्वती का कमल बन कर कहूँ या श्री कृष्ण का कर्मयोगी ह्लदय बनकर कहूँ तुझे जो भी करना हैं कर मगर गौवंश के कल्याण में अपना सम्पूर्ण कर्मयोग हर्ष हर्षित होकर दे देना.....

श्री कृष्ण की कामधेनु ही तेरे सर्वकाज संवारेगी..... कामधेनु को वैश्विक स्तर पर भारत और भारत के भरत ही रक्षण संरक्षण की सदसत संस्कृति में साकार सरोकार नहीं करेगा तो कौन करेगा?

तेरे युग में तेरे योग में मेरी तुझसे और योगमाया से विनती हैं की जितना सदसत पूर्ण परम पूर्ण प्रसन्नता से हो सकता हैं उतना कर्म तो कर्मयोगी श्री कृष्ण और उसकी कामधेनु के लिए एक बार पुनः श्री भारत को जगाकर विश्व अंग राष्ट्रों तक गौमाता की जय जागृति में जन जन को जगा देना..... जय से जय-जय जयते के जलते दीपों से सारे जग को जगमग कर देना।

विद्या विनय विवेक से मेरे विश्वांचल को एक बार पुनः मेरे भारत का भरत तू ही जगायेगा ... तू जगा है तो विश्वास रख तेरा राष्ट्र भी तेरे जगाने से ही जागेगा.... मानव ह्लदय से अंधकार भागेगा.... मानव ह्लदय से अंधकार भागेगा जागे का धर्म

जगाना हैं .... दीप से दीप जलाने से जितने दीप जले हैं उतना अँधेरा छटा ही हैं..... हे ह्रदय कमल योगी ..... राष्ट्र धर्म में राष्ट्र को जगाना राष्ट्र के प्रधान का ही कर्मयोग दायित्व एवं धर्मयोग श्री सौभाग्य होता है..... तू अपना राजधर्म दायित्व आज भी पूर्ण आत्मीय निष्ठा से निभा रहा है आज भारत का भाग्य तेरे कर्मयोग पर है ... राष्ट्र धर्म में राष्ट्र कल्याण में आज भारत को यदि विश्वपटल पर पुनः गुरुराष्ट्र गौराष्ट्र बनाएगा तो तू ही बनाएगा....

राष्ट्र को राष्ट्र धर्म में राष्ट्र कल्याण तथा राष्ट्र से विश्वकल्याण में भरत का भारत पुनः विश्व गुरु बनेगा तो तुझ भरत के भाग्य से ही बनेगा काल के महाकाल भगवान अमरनाथ के अमर अनंत कृपा करुणा सागर से भारत और भारत के भरत एक बार पुनः कमल कल्याणी, काल कल्याणी कामधेनु कल्याणी विश्व दीप बनेगा तो भारत के भरत से ही बनेगा.....

विश्व दीप कहूँ या गौरवशाली गुरु गौराष्ट्र कहूँ..... श्री अमरनाथ की महिमा में हे भारत के भरत तुझे जैसा भारत बनाना हैं तू एक बार बना देना मुझ धारा के धन्य धर्म में एक बार पुनः तू गौ में गुरुओं एवं गुरुओं में गौ को धारण धरोहर राष्ट्र बना देना....

हे ह्रदय कमल योगी ..... आज श्री योग योगेश्वर ने युग योग में तुझे कमल कल्याणी विराट यश यथार्थ ह्रदय दिया हैं.... ह्रदय में युग योगेश्वर कमल को हर युग सींचना संवारना और सहेजना तेरा सौभाग्य कहूँ या तेरी श्रम साधना में श्री सर्वेश्वर श्री सारणेश्वर के सदसत सृष्टि धर्म कृपा में हर सागर सरोवर पर परम परमार्थ गगन में परम पिता पूर्ण पिता श्री सूर्यनारायण श्री स्वामी नारायण की स्वर्ण संजीवनी किरणों में खुद खिलकर सर्व संसार सरोवर को भी हर्ष हर्षित ह्रदय योग से खिलाना हैं...... हे ह्रदय कमल योगी... तेरे जैसे धीर वीर भरत से भारत का भाग्य बदलेगा तो मेरे विश्वांचल का सौभाग्य भी बदल जायेगा......

मेरे ह्रदय को माँ भारती के भरत जिस सदसत सात्विक सुख शांति व समृद्धि को मेरे सम्पूर्ण विश्वांचल में युगों-युगों के योग योगेश्वर की जय श्री जोग माया की जय-जय जयते की भव भाव भावना से निष्काम धर्म निरपेक्षता में बांटता आया हैं .... आज फिर युग योग में युगों-युगों को पार कर ह्रदय योग से भरत के भारत सौभाग्य में निष्काम कर्मयोग में कहूँ या परम पूर्ण परमार्थ में पथिक धर्म में कहूँ या परम प्रसन्न

पूर्ण प्रसन्न दाता दरबार श्री ब्रह्म ब्रह्माजी के धन्य धर्म धान्य श्री ब्रह्म धर्म में कहूँ ...... भारत जब भी जग में जागा हैं .... भारत के भरत में जागा हैं और भरत से भारत ही नहीं बल्कि मेरा सम्पूर्ण विश्वांचल भी जग मग जागा है।

जय से जग में ..... जय से जगदीश तक

जग में जय से ..... जय से जगदीश तक

हर युग भरत जगा हैं .... हर युग भारत जागा हैं

जय से जय में जय से जगदीश तक

जय में जय से जय से जगदीश तक

जय-जय जयते से जग में जगदीश

जगदीश में जग की जय-जय जयते

भारत के भरत ने ही बोली हैं

हुआ शंखनाद सृष्टि के स्वर में

हुआ शंखनाद सृष्टि के सरोवर में

भारत भाग्य विधाता का ..... भारत भरत भाग्योदय का

जय-जय जयते में ... जय-जय जयते में

जय-जय जयते में .... कर्मयोग सौभाग्य से

जय-जय जयते में ...... जय-जय जगदीश में

जय जाय जयते ...... जय-जय जयते

श्री सत्यमेव जयते ...... श्री सत्यमेव जयते ...... श्री सृष्टिमेव जयते......

ॐ जय श्री जय श्री जय श्री ......

हे हृदय कमल योगी .... तू भारत का भरत हैं

तुझे भारत को ही नहीं बल्कि मेरे समस्त अंग राष्ट्रों को भी जगाना हैं

मेरे विश्वांचल पर देश काल परिस्थिति में फैले अंग राष्ट्रों में दाता दरबार श्री ब्रह्म ब्रह्माजी के ब्रह्म धर्म में समस्त सद सत सृष्टि कल्याण यज्ञों को पूर्ण पावन करती माँ कामधेनु के गौवंश की महिमा मातृत्व को बता कर रक्षा में गुरु गौरक्षनाथाय

के आशीर्वाद में भारत को पुनः विश्वगुरु राष्ट्र के गर्व गौरव को युग योग यथार्थ में गुरु शिखर (Mount Abu) पर गुरु वंदन में गौ गुरु गरिमा में गर्व से मनु महोत्सव मनाना हैं कमल कर्म करुणा का का सागर सृष्टि के छोर तक बहाना हैं

भारत में भरत को मनु महोत्सव मनाना हैं
भरत में भारत को मनु महोत्सव मनाना हैं
राष्ट्र राष्ट्र हर राष्ट्र को श्री भारत में बुलाना हैं
मेरे भारत में प्रिय भरत को मनु महोत्सव मनाना है
प्रिय भरत में मेरे भारत को मनु महोत्सव मनाना हैं

हे ह्रदय कमल योगी .... तू भारत का भरत हैं .... तू भारत में भरत हैं .... युग योग में .... श्री योग युग में तू भारत को फिर से मेरा सर्व सौभाग्य बना देना ..... श्री कृष्णा की कामधेनु को भारत राष्ट्र से फिर मुझ धरा की धरोहर बना देना .... तू भारत को फिर से श्री समर्थ गुरुओं के गर्व में गौ गुरु गौरव राष्ट्र बना देना ..... गौ गुरु गौरव राष्ट्र बना देना .....

तू भारत का भरत ..... तू भारत का भरत ...... युग योग में ..... श्री योग युग में तू भारत को फिर से भारत भाग्य विधाता में गौ गुरु गौरव (Gaurav) राष्ट्र बना देना ...... युगों-युगों का हर्ष हर्षित युग राष्ट्र बना देना .... तू भारत को पुनः श्री योग युधिष्ठर राष्ट्र बना देना ..... श्री योग युधिष्ठर राष्ट्र बना देना ....

तू भारत का भरत .... तू भारत का भरत ...... माँ भारती की जय..... माँ भारती की जय .....श्री-श्री सर्व धर्म शीर्ष सारथी की जय .... श्री-श्री सर्व शीर्ष सारथी की जय ...... जय भारत जय भरत जय-जय भारत ॐ जय श्री जय श्री .... जय-जय सर्व श्री-श्री ....

हे ह्रदय कमल योगी ..... हे युगों-युगों के योगी ..... मेरे योग में .... मेरे युग में यश यथार्थ ह्रदय से तन मन वचन में जितना निष्काम कर्मयोग भाव भावना से जो भी श्री सदसत सत्यार्थ सात्विकता से सर्वजगत कल्याण में कमल कर्म करुणा से वर विद्या विनय विवेक में हो सका उसे श्रद्धा समर्पण सेवा सौभाग्य से हर्ष हर्षित धर्म धन्य पूर्ण किया .....

हे ह्लदय कमल योगी .... तू राष्ट्र योगी हैं ... आज राष्ट्र तेरे ह्लदय व हाथों में हैं .... राष्ट्र कल्याण से विश्व कल्याण तक तेरा निष्काम कर्म योग पथ पर तू सदा कमल करुणामय कल्याणी रहें

श्री गौ गुरु गर्व से सदा वर विद्या विनय विवेकपूर्ण रहें

युग में योग .... योग में युग ..... युग में योग .... योग में योगेश्वर ह्लदय से युगों-युगों हर्ष हर्षित धर्मराज युधिष्ठर रहें

माँ सरस्वती स्वयं ह्लदय हंस पर सवार होकर हर्ष हर्षित ह्लदय व वर वन्दनीय हाथों से युग योग में हर युग तेरे कमल ह्लदय को सींचने आती रहें.... काल के महाकाल भगवान श्री अमरनाथ की अनंत असीम महिमा में निष्काम कर्मयोग कमल ह्लदय हर्ष हर्षित युग योग यथार्थ में सदा परम पूर्ण सौभाग्य से खिलता रहें......

हे ह्लदय कमल योगी .... श्री ब्रह्म ब्रह्माजी दाता के श्री ब्रह्म धर्म में काल के महाकाल भगवान अमरनाथ की अनंत-अनंत कृपा करुणा युगों-युगों के सदसत योग पथ पर युग धर्म में योग धर्म में सदा हर्ष हर्षित रहें....

युग धर्म में ...... योग धर्म में ..... युगों-युगों के श्री योग योगेश्वर के ह्लदय की अमर आत्मीय वर वन्दनीय वंदना में कहूँ या विद्या विनय विवेक में मैं धीर वीर वसुधा तो आज भी हर श्री सदसत युग योगी को तन मन ह्लदय वचन से यही कहूँगी कि हंस हैं तो हंस बनकर ..... कमल हैं तो कमल बनकर

योगी हैं तो युग बनकर ..... युग हैं तो योगी बनकर
कर्म हैं तो कर्मयोगी बनकर ..... कर्मयोगी हैं तो कर्म बनकर
धर्म हैं तो धीर बनकर ..... धीर हैं तो धर्म बनकर
ह्लदय हैं तो हर्ष बनकर ..... हर्ष हैं तो ह्लदय बनकर
सागर हैं तो जल बनकर ...... जल हैं तो सागर बनकर
वीर हैं तो विराट बनकर ..... विराट हैं तो वीर बनकर
वर हैं तो वंदना बनकर ...... वंदना हैं तो वर बनकर
विद्या विनय विवेक में आना ...... विद्या विनय विवेक में आना

हर युग यश यथार्थ हर्ष हर्षित ह्लदय से युग धर्म में आना ....
योग धर्म में आना ..... युगों-युगों के योग योगेश्वर के हर युग में आना
श्री कृष्णा के निष्काम कर्मयोग में आना
श्री कृष्णा के निष्काम कर्मयोग में आना.......

हे ह्लदय कमल योगी ...... अनंत असीम सृष्टि में श्री काल के महाकाल का क्षण-क्षण सम्पूर्ण समर्थ सबल हैं..... श्री काल के महाकाल की मंगल महिमा में इस युग इससे ज्यादा मेरे पास कुछ भी नहीं हैं।

जो कुछ भी हैं "दाता" का है ...... वर विद्या विधाता का हैं

श्री दाता के दरबार से मुझे अर्पित सदसत मैंने सदा "मनु धर्म" में कहूँ या "वसुधा वासुदेवाय धर्म" में तुझे सदसत शाश्वत सत्यता से समर्पित किया हैं.

हे ह्लदय कमल योगी .... हे युग योगी नरेन्द्र ..... मेरी पुकार पर तू हर युग आना .... हर्ष हर्षित युग यशस्वी यथार्थ ह्लदय से ही आना..... देखना मैं भी तेरी पुकार पर अपना ममतामयी मातृत्व धर्म निभाने हर युग चली आऊँगी..... हर युग चली आऊँगी ..... हाँ माँ भारती के सारथी ..... श्री सत्यार्थ ह्लदय से साथ तेरा निभाने हर युग चली आऊँगी......

हे ह्लदय कमल योगी ..... श्री भारत भाग्योदय वीर भरत तेरी और तेरे भारत की जय-जय जयते श्री सत्यमेव जयते में सर्व जगत कल्याण की जयघोष करती हूँ इन्हीं श्री शुभ कामनाओं के साथ ह्लदय से हर्ष हर्षित होकर जिस पथ से आई हूँ.... जिस परमार्थ में आई हूँ उस परम पूर्ण परमार्थ के परम पूर्ण निष्काम कर्मयोग पथ पर प्रस्थान की आज्ञा चाहूँगी..... जाते जाते जय-जय जयते से कह रहीं हूँ कि मेरे मनु के लिए .... मेरे लिए एक मनु महोत्सव जरूर मनाना .... इस युग योग कम से कम एक मनु महोत्सव तो जरूर मनाना ....

मुझ वसुधा पर रचे बसे राष्ट्र राष्ट्र हर राष्ट्र को श्री ह्लदय युग योग से आमंत्रित करना .... श्री धर्म से युग कल्याण में मनु महोत्सव जरूर मनाना.....

हे ह्लदय कमल योगी .... मेरे मनु की गौ गुरु ऋषि मुनि महात्माओं की जय-जय जयते में कहूँ या माँ भारती के महापर्व को भेंट इस युग मेरे धरा धर्म में मेरे मनु के

सदसत संकल्पित सवा करोड़ (१२५०००००) श्री वृक्ष विधाताओं की हरी भरी चुनड़ी मेरे मनु के हाथों माँ भारती को ओड़ा देना......

युग धर्म से तू भी अपना श्री योग यथार्थ धर्म निभा लेना
हाथों हाथ श्री धर्म की पूरी चुनड़ी ओड़ा देना ......
अपने ह्रदय वचन से युग धर्म तो निभा ही लेना .....
युग योग धर्म तो निभा ही लेना ...... युग योग धर्म तो निभा ही लेना....

देवों के देव श्री महादेव की मंगल महिमा में महात्माओं ऋषियों मुनियों साधु संतों योगियों ज्ञानियों विज्ञानियों एवं धीर वीर श्री क्षत्रियों की ह्रदय प्रिय देव भूमि श्री आबू पर्वत (श्री सिरोही) पर हर्ष हर्षित युग का सबसे बड़ा मनु महोत्सव धूम धाम से जरूर मना लेना....

माता अर्बुदा देवी का आबू आँगन फूलों से सजा धजा देना ....नक्की में श्री गुरुओं की विजय पताका लिए नवभारत के नवयुग की नौकाओं को भी सजा-धजा देना..... देवद्वारों में देलवाड़ा के आदि अनंत वीरों महावीरों बुद्ध बौद्ध बुधत्व देवों को दिव्य फूलों फलों से सजा-धजा देना ....

देव भूमि श्री सिरोही को सदी संस्कृति कहूँ या श्री सारणेश्वर तक सत्यम् शिवम् सुन्दरम् में अद्‌भुत भव्यता से सजी-धजी श्री शिव सृजन संस्कृति में पूरे सिरोही को सजा-धजा देना ......

हे ह्रदय कमल योगी ...... श्री सौभाग्य के धनी अमरनाथ की अमर अरावली में आबू आज भी आत्म आत्मानुभूतियों में शीर्ष शीर्षस्थ शिरोधार्य हैं युगों-युगों से अद्‌भुत आबू को श्रीकाल के महाकाल भावी काल खंडों में भी स्वयं सजते संवारते साधते रहें ..... खिलते खेलते खिलाते रहें..... गर्व से गगन में सदा ऊँचा श्री गुरु शिखर रहें ..... श्री गुरु शिखर रहें..... ह्रदय युग योग मनु महोत्सव मनाने ...... श्री भरत गुरु शिखर आता रहें .... श्री भरत गुरु शिखर आता रहें....

इन्हीं शुभ मंगल कामनाओं के साथ श्री योग युग योगेश्वरों की धन्य ध्यान धूरी पर जय-जय जयते में जाने से पूर्व एक बार पुनः तुझे ह्रदय योग से कहूँ या युग योग से कहूँ ...... हे ह्रदय कमल योगी मेरे मनु के समस्त सदसत संकल्पित मनोयोग को

परम पूर्ण करने में अपना यथार्थ हर्ष हर्षित योग देना......युग योग में परम प्रसन्नता से मेरे मनु के ह्रदय को प्रसन्न वन मंत्रालय तू दे देना ... मेरे मनु के सदसत संकल्पित सवा करोड़ श्री वृक्ष विधाताओं को वन देवी की हर्ष योग वंदना करते हुए मेरे वसुधा वासुदेवाय धर्म में लगा देगा।

वन देवी के श्रीवन उपवन में मन मेरा पूर्ण प्रसन्नता से पुनः खिल उठेगा.... श्री नवयुग के नवयोग में सवा करोड़ दिव्य श्री वीर वृक्ष विधाताओं की हरी भरी सुन्दर चुनड़ी मेरे श्री मनु के यथार्थ युग हाथों ओढ़कर ह्रदय कमल माँ भारती का पूरी तरह से खिल उठेगा.....

श्री भरत के हाथों मेरे अमर आंचल श्री वन उपवन में ह्रदय युग मेरा भी पुनः प्रसन्न हो उठेगा...... ह्रदय आँचल मेरा भी श्री भरत के वन उपवन में सौम्य कमल की भांति खिल उठेगा .... सौम्य कमल की भांति खिल उठेगा

हे ह्रदय कमल योगी ..... हे युग योगी ...... विश्वास मुझ धीर धर्म वसुधा का कर वर वंदनीय सवा करोड़ श्री वृक्ष विधाताओं को स्वयं युग योग ह्रदय हाथों से लगा कर वचन सभी मेरा मनु निभा लेगा ...... श्री भारत में मेरा भरत श्री वचन सभी निभा लेगा ..... श्री वचन सभी निभा लेगा ....

सुंदर सुंदर श्री वन उपवन श्रेष्ठ शाकाहारी जीव जंतुओं के लिए मेरा भरत उगा देगा....

प्यारे प्यारे हर जीव के लिए न्यारे न्यारे श्री वन उपवन मेरा भरत उगा देगा....

झगड़ा न हो किसी जीव में......भगदड़ न मचे किसी जीव में.....ऐसे अजब गजब निराले मन भावन श्री के सुंदर सुंदर वन उपवन मेरा भरत उगा देगा.....हृदय युग योग यथार्थ में श्री के प्यारे प्यारे वन उपवन मेरा भरत उगा देगा.....

श्री के वन उपवन में मेरा प्रिय भरत उदय हुआ है......

श्री के वन उपवन में मेरा प्रिय भारत उदय हुआ है......

श्री सुबह से दिन अस्त तक खुद पसीना बहा देगा....

श्री सुबह से दिन अस्त तक खूब पसीना बहा देगा....

जहाँ-जहाँ भी जायेगा......जब-जब भी जायेगा खुद वृक्ष उगायेगा....

जहाँ-जहाँ भी जायेगा......जब-जब भी जायेगा खूब वृक्ष उगायेगा....

मंगल महिमा मेरे श्री भरत की गौ गज मृग वानर जब-जब श्रीवन उपवन में आयेंगे... तब-तब हृदय यथार्थ से गाएंगे.... मंगल महिमा मेरे श्री भरत की हृदय यथार्थ से श्री वन उपवन में गायेंगे....

फल फूल और मेवे का श्री वन उपवन में श्रद्धा भाव से भोग लगाने स्वयं हनुमंत भी आयेंगे......

फल फूल और मेवे का श्री वन उपवन में श्रद्धा भाव से भोग लगाने स्वयं हनुमंत भी आयेंगे......

वन में मेरे राम हैं ..... मन में मेरे राम हैं.... गीत मधुर गाते गाते श्री हनुमंत भी आयेंगे.... श्री हनुमंत भी आयेंगे....

श्री भरत भारत के वन उपवन में गीत मधुर गायेंगे..... गीत मधुर गायेंगे....

हे हृदय कमल योगी ..... हे युग योगी ..... गर्व मुझे श्री धर्म में मेरे भरत पर हैं पर्व श्री कर्म का पूरे भारत में होगा..... परम प्रत्यक्ष उपकार अनंत-अनंत तक युग योग यथार्थ में तेरा भी होगा...... श्री कर्मयोग कल्याण ही होगा

श्री कर्मयोग कल्याण ही होगा....

अवसर एक बार तू मेरे भरत को युग योग हृदय यथार्थ से दे देना.....
मंत्रमुग्ध वन मंत्रालय मेरे समर्थ भरत को तू दे देना....
मंत्रमुग्ध वन मंत्रालय मेरे श्री समर्थ भरत को तू दे देना.......

हे हृदय कमल योगी.....हे युग योगी....विश्वास मुझ धीर धर्म वसुधा का कर वर वंदनीय सवा करोड़ (12500000) जय-जय श्री वृक्ष विधाताओं को स्वयं युग योग हृदय हाथों से लगाकर वचन सभी मेरा मनु निभा लेगा.....श्री भारत में मेरा भरत श्री वचन सभी निभा लेगा.....

मुझे तो तनिक भी मेरे श्री भरत भारत पर संशय नहीं हैं.....

आज भी मेरे श्री भरत भारत में सत्यनिष्ठ श्री कर्मयोग साधना की कोई कमी नहीं हैं श्री कर्मयोग को सत्यधर्म वचन में कर्ता कर्म कारक....तनिक भी मेरे लिए भार नहीं हैं.....तनिक भी मेरे लिए भार नहीं हैं......

श्री कर्मयोग कोई भार नहीं हैं.....श्री कर्मयोग कोई भार नहीं हैं......

श्री कर्मयोग से बड़ा श्री जगत का कोई सार नहीं हैं....

श्री कर्मयोग के बिना श्री जगत का कोई सार नहीं हैं....

हे हृदय कमल योगी........हे युग योगी.........श्री का समय सबल हैं

समय का क्षण-क्षण प्रबल हैं....परम परमार्थ में बहती नदियों की धारा सदा श्री में बहती रहें........श्री की नदियाँ श्री में सदा सर्वजगत में बहती रहें......

श्री की नदियाँ श्री में सदा सर्वजगत में बहती रहें.......

बहती नदियाँ बहती रहें....मुझ धीर धरा पर इस जगत में कोई ना प्यासा रहें इन्हीं मंगल कामनाओं के साथ....सदा श्री कर्मयोग भावनाओं के साथ माँ गंगा जी श्री यमुना जी और श्री सरस्वती जी सदा श्री भरत भारत में बहती रहें........

सदा जगत में बहती रहें....ॐ जय श्री......जय श्री..........जय-जय श्री........

हे हृदय कमल योगी.........माँ शारदे से आशीर्वाद स्वरूप जो कुछ भी तुझ तक सद सत समर्पित भव व भाव मेरे भगवत मेरे भागवत ने "माँ भारती" की जय-जय जयते में रखें.........वे माँ भगवती की माँ भारती के महापर्व में रखें हैं।

तू भी इसका भाग्य बना........तू भी इसका भरत बना.........तुझे जैसा पर्व सजाना हैं.........जैसा पर्व मनाना हैं.........

हृदय हर्ष से युग हर्ष में मना लेना........

गहरे नील गगन में युग हर्ष योग हर्ष में उड़ते समस्त श्री परम हंसो के युगों-युगों की यश यथार्थ यात्रा में इस युग योग.........हे भारत के भरत मैं जिस तरह मेरे मनु के श्री सरस्वती शास्त्र में आई कहूँ या श्री सदसत के शिवशक्ति की शाश्वत सृजन में सजने संवरने आई हूँ........हर युग यथार्थ योग में आती रहूँगी.....

सदा अमर अटल विश्वास रख मेरे वीर वसुधा वासुदेवाय धर्म का........जो मुझे धन्य हृदय धारण कर लेता हैं........उसे धारण ही नहीं धन्य करना मेरा भी धीर वीर धर्म हैं......

मेरे मनु और मेरे हृदय को एक एकत्व युग युगत्व योग में हृदय पसंद "Atlas Logo" को देवी माँ अर्बुदा के आबू आँगन में तू लगा देना.....

अमर अरावली के आबू में एक मनु महोत्सव तू मना लेना.....श्री गुरुओं के गर्व में गुरुद्वारों को बनाकर दिव्य दक्षिणा मुझे तू दे देना.....

योगी मेरे युगों-युगों का हैं......कहीं रूठ ना जाएँ
खिलौना मेरी माटी का हैं.....कहीं टूट ना जाएँ
युग योग में हाथों से मेरे छूट हृदय इसका टूट ना जाएँ

हे हृदय कमल योगी....ध्यान रखना....धर्म रखना....रथ मिले तो रथ से.....रेल मिले तो रेल से.....मेरे मनु को माँ भारती के भव्य भारत की एक अद्भुत यात्रा तू करा देना

हर्ष हर्षित हृदय से युग योगेश्वरों की जय-जय जयते में हे माँ भारती के भरत "भारत भाग्य विधाता" का मंगल महिमामय शंखनाद कर अपने धर्म अपनी धूरी पर जाने की आज्ञा अब मुझे तू दे.......

वर विद्या विनय का वचन दिया हैं तो तन मन हृदय से सभी मनोरथ तेरे भी पूर्ण करने दौड़ी दौड़ी आऊँगी......युग ही नहीं हृदय भी बिछा दूँगी.....हे भारत के भरत

हे भारत के भरत.....अब मुझे जाने दें

हे माँ भारती....जय माँ भारती जय माँ भारती के भरत.....जय-जय माँ भारती के भरत.....

ॐ जय श्री.....जय श्री.....जय-जय श्री......

www.ingramcontent.com/pod-product-compliance
Lightning Source LLC
LaVergne TN
LVHW040427051026
849517LV00002B/498
9798889755555